Lk 7
5985
A

cedt. liure a esté Imprimé
In 16 apartt chés galior
corrozet es 1581.

et en 1561 chés le mesme gilles
corrozet, corrigé et augmenté
In 8.º.r la 2.de edit. & mais
pas si ample que celuy cy.

LES ANTIQUI-
TEZ, HISTOIRES,
CRONIQVES ET SINGVLA-
ritez de la grande & excellente cité de
Paris, ville capitale & chef du Royaume de France : Auec les fondations &
baſtimens des lieux : Les ſepulchres &
Epitaphes des princes, princeſſes &
autres perſonnes illuſtres.
Auteur en partie, *Gilles Corroz et Pariſien, mais beaucoup plus augmentees,
par N. B. Pariſien.*

A PARIS,
Par Nicolas Bonfons, ruë neuue noſtre
Dame à l'enſeigne S. Nicolas. 1577.
Auec Priuilege du Roy.

AVX LECTEVRS
SALVT.

AINSI que anciénement tous hommes illustres ont trauaillé pour leur patrie & pays de leur naissance, comme il se void infinité de histoires tant des Romains que autres nations: les imitant de mon petit pouuoir ay voulu remettre en lumiere ce petit abbregé, auquel est descript les Antiquitez & singularitez de la grande & excellente ville de Paris, comme estant la principalle de tout le Royaume de France (dicte sans per) ville Royale, d'autant que les receptions, entrees & demeure ordinaire des roys qui ont regné se font en icelle: aussi que iamais il ne se trouuera que les habitans n'ayent tousiours craint reueré & honnoré leurs superieurs, encores que beaucoup d'aduersitez & occasions se sont presentez, pour leur faire faillir & cesser l'obeyssance, mesmes de nostre temps, mais tant s'en faut que ainsi soit auenu. Or afin de ne m'attribuer plus grand' gloire que ie ne merite, ou que par quelque enuieux ne sois nommé pipeur du labeur d'autruy: ie ne veux point nier que ce liure n'ayt esté premierement ramassé & mis en lumiere par Gilles Corrozet, comme mesme i'ay laissé vne Epistre qu'il adresse aux nobles & illustres familles de Paris, pour te faire cognoistre que ne veux luy oster l'honneur qui luy est deu pour merite de son labeur, mais regardant le vieil exemplaire auec cestuy tu cognoistras de combien il est ac-

AVX LECTEVRS.

compagné & augmété de plusieurs choses memorables, qui se verront au grand contétement du Lecteur, toutesfois ie sçay bié que plusieurs choses n'estant si bien recherchees par moy, & auec tel labeur qui merite, se trouuera beaucoup de defautes à augméter pour la seconde impression, mais il plaira au Lecteur considerer que cest œuure combien qu'elle soit petite est de grand trauail, ioinct que ie n'auois deliberé le mettre si tost en lumiere sans estre mieux accompagné de plusieurs remarques de l'antiquité, mais i'ay esté forcé de ce faire par la priere de mes amys, d'autant que tousiours il y a moyen d'augmenter en ce liure & de téps en temps: Ie te suppliray, amy Lecteur, prendre le tout en bonne part. A Dieu.

ã iij

AVX NOBLES ET ILLVSTRES FAMIL-
les de Paris.

G. CORROZET, S.

V'n des principaux honeurs que les anciens ayent donné les vns aux autres, entre leurs louenges, ou qu'ils ont reputé leur estre faict, c'est quãt ils ont esté dits & nommez enfans engendrez, & nez en villes excellentes, franches, & de grande renõmée. Et sans particulariser les passages des Histoires, ceux qui ont leu les harangues & concions de Thucidide, Isocrates, Demosthene, & tant d'autres, peuuent iuger comme cela a esté pratiqué de long temps, & en quelle reputation d'excellence les hommes se sont estimez d'estre appellez enfans de telle & telle ville : ou s'ils estoient eestrangers, d'estre nombrez & inscrits au catalogue des familles, citoyens & bourgeois d'icelles. Et si cela a eu lieu entre tous les peuples, combien se doiuent attribuer de tiltres honnorables, les enfans & habitans de la plus magnifique, grande, populeuse & souueraine ville de France, voire de toute la Chrestienté? C'est vn poinct ou il n'y a que debatre : car Paris sans pair, excede toutes les autres en grandeur & estendue, en multitude d'hommes, bastimens & maisons, en Religion chrestienne, en Temples, en biens-faicts, en iustice, en police, en science, en bons esprits, en marchandise, en arts & mestiers, en commoditez humaines, en viures & viandes, & en tout ce que le cueur peut souhaitter, si habondamment que nul ne sçauroit s'apposer au contraire : ce sont argumens (Seigneurs Parisiens) pour vous esleuer, sans arrogance, entre les autres nations, vous trouuans bien venus, fauoris, prisez, & recueillis en tous pays estrangers, par ce que le seul nom de vostre ville vous rend illustres & ennoblis enuers les autres. Or pour vous mouuoir d'auantage à vertu, & à l'amour du pays (car ce n'est pas assez de dire, Ie suis d'vn tel lieu, qui n'en sçait aussi exprimer les prerogatiues & beautez) i'ay dressé à l'honneur de la Treschrestienne Couronne de France, & à l'exaltation de voz familles, les Antiquitez, Chroniques, & Singularitez de ceste grand' ville de Paris, corrigees & augmentees de moitié, lesquelles ie vous dedie: ou trouuerez par la deduction, combien noz Roys ont enrichie & decoree ceste ville capitale de priuileges, de bastimẽs, & de leurs propres personnes, voire apres leur mort: comme elle a esté commencee, & depuis paruenue à ceste grandeur. Le but de

FAMILLES.

mon intētion est d'oster l'obscurité d'entre nous, & afin que la memoire de si belles choses, soit perpetuelle entre les hommes. Acceptez (doncques de grace) la lecture de ce liure, supportant & corrigeant benignement les omißions que ie pourrois auoir commises, iugeant que le dessein du labeur, qui n'est de petite importance, ioinct à l'affection, qui peut quelquesfois s'esgarer, ce que i'ay euité auec diligence, A Dieu.

De Paris, ce premier iour de May, mil cinq cens soixante & vn.

PLVS QVE MOINS.

Table des Antiquitez histoires & singularitez de la grande & excellente ville de Paris.

Avertissement sur les diuerses opiniõs de la fondation de Paris, comment & en quel temps elle fut erigee l'estat d'icelle, lors que Cesar & Iulian l'Apostat regnoiēt: de l'antiquité du pays nommé Parisi. Chapitre 1. fol. 2.

Les Roys qui ont regné en la Frãce estans payens, suyuant leurs effigies mises au palais royal de Paris de S. Denis premier Euesque de Paris, qui apporta la foy au pays de France, & de ses fondations. Chap. 2. fol. 12.

Accroissemēt de la ville de Paris,

TABLE.

fous Clouis le premier Roy Chreſtien de france, de la preeminence ancienne d'icelle ville, de la fondation de l'Egliſe Saincte Geneuiefue, Paris aſſiegé par les hongres.
Chap. 3. fol. 15.

Fondatiõ de l'Abbaye de Sainct Germain des prez autresfois nommee S. Vincent les Paris les ſingularitez & Roys qui y giſſent: De Childebert ſixieſme Roy de France & autres hiſtoires.
Chap. 4. fol. 19.

Les Roys qui ont regné en france iuſques à Dagobert, premier fondateur de l'abbaye S. Denys en frãce, enſemble les noms & Epitaphes des Roys, Roynes, & grands ſeigneurs qui y giſſent.
Chap. 5. fol. 23.

Du baſtimẽt de l'Egliſe S. Denys

TABLE.

& de la dedicace, faicte par noſtre ſeigneur Ieſus Chriſt. fol.25
Fondations du prieuré de S. Eloy, de l'Egliſe de S. Paul, ſaincte Aure, de S. Landry, S. Germain Lauxerrois, & de leurs fondations, & autres incidens: Auſſi les Roys qui ont regné ſur la France, depuis Dagobert, iuſques à Pepin le bref.

Chap.6. fol. 36.

Le Pape Eſtienne 3. du nom vint à refuge en Fráce & ſa reception par le Roy. fol. 41.
L'inſtitution & ordre de l'Vniuerſité de Paris, fondee par Charlemaigne, des fondateurs de S. Iaques de l'hoſpital, de S. Marcel & autres choſes memorables.

Chap.7. fol. 42.

De l'eſtabliſſement du Lendit, de la cource des Normans des Comtes de Paris, de l'egliſe ſainct Germain le viel des Roys qui ont regné depuis Charlemaigne iusques à Hugues Capet & autres matieres.

Chap. 8. fol. 46.

Des fondations des Eglises S. Magloire & changement des moynes de S. Barthelemy, S. Nicolas des champs, nostre dame des cháps S. Martin des champs, S. Victor, & les Blancs manteaux.

Chap. 9. fol. 49.

Du bastiment de l'Eglise nostre Dame de Paris & de ses singularitez de S. Anthoine des champs: Des Roys qui ont regné en ce temps, en la france.

Chap. 10. fol. 61.

TABLE.

De la Creation des Preuosts & Escheuins, des armoyries de la ville, de sa fermeture ancienne, reedification du Chastelet, tour du Louure, & errection du Cymetiere des Innocēts, de la foire des Ladres, Bānissement des Iuifs, d'vn Concile celebré à Paris, des fondations des Eglises, de la Trinité, de S. Honoré S. Iean en greué Saincte Geneuiesue des ardents.

Chap. 11.　　　fol. 68.

La fondation de la saincte Chappelle, description des sainctes reliques en icelles: des 15. vingts aueugles, filles Dieu, Blancs manteaux, saincte Croix, Saincte Auoye, Les maisons des quatre ordres des mendians, les Chartreux, saincte Catherine du val des escoliers, college de

TABLE

Sorbonne, les Haudriettes, S. Anthoine le petit, Les Mathurins, l'hostel de Bourbon & autres fondatiōs faites sous le regne S. Loys.

Chap. 12. fol. 75.

L'Edifice du Palais de Paris, Les noms des Roys qui y sont en effigies, fondation du College de Nauarre, description des escritures qui y sont, college du Cardinal le moyne, des Billettes, du miracle de la saincte hostie auenu a Paris.

Chap. 13. fol. 96.

Des innundations & crue du fleuue de Seine, edifice de l'hostel de Flandres : D'aucuns cas aduenus à Paris, sous le Roy Philippes

le bel, de la porte Barbette, du Té-
ple, & des Templiers, de Sainct Ieā
de Latran & de la mort d'Enguerrand de marigny.

Chap. 14. fol. 109.

Erection du Parlement, nombre
des chambres & estats d'iceluy, des
Roys qui ont regné sur la france, &
choses les plus memorables.

Chap. 15. fol. 113.

De Philippes le long & autres
Roys de france, fondation du college de Bourgoigne, mort d'vn Pre
uost de Paris, ponts rompus, de l'E-
glise du S. sepulchre, du tresorier
Pierre Remy, du gibet de Monfau
çon, du Roy Philippes à Cheual
dans nostre Dame, de maistre Pierre de

re de Cumiers, du colege d'Authun du college de Tours, des Bernardins.

Chap. 16. fol. 123.

Des Choses aduenues au temps & regne du roy Iean, du trouble estant a Paris, & aduersitez de ce temps.

Chap. 17. fol. 128.

Du regne du roy Charles le quint edification de l'hostel des tournelles, fondatiõ des Colleges de Beauuais, & de Presles, edifice des Celestins, Epitaphes de corps nobles qui y gissent, Priuileges des Bourgeois, & des fauxbourgs, fondation du College de dainuille & autres.

Chap. 18. fol. 132.

Des Guerres ciuiles aduenues à Paris, regnant le Roy Charles sixiesme, des autres Roys qui ont regné apres luy, de Hugues Aubriot Preuost de Paris, & edifices par luy dressez, sedition a Paris, fermeture des fauxbourgs, de la Preuosté des Marchans, & errection d'icelle, de la chappelle de Braque rasemēt des maisons, de celle de Sauoysi, & autres.

Chap. 19. fol. 139.

La Prinse de la ville de Paris, pour & au nom du Duc de Bourgoingne, & des grandes seditions en icelles de la domination des Anglois, le siege de la ville, Couronnement du Roy d'Angleterre à Paris.

Chap. 20.   fol. 147.

Reduction de Paris, au Roy de France, famine & pestilence en icelle, l'Entree du Roy Charles septiesme, Institution des requestes du Palais.

Chap. 21.   fol. 150.

Du regne du Roy Loys vnziesme & autres ses successeurs, des partialitez en Paris pour le Roy, & le Duc de Bourgongne du siege deuát icelle ville par les Princes, des Priuileges des bourgeois, de la monstre des habitans en armes, fondation du monastere de Laue Maria.

Chap. 22. fol. 164.

Edifices sous le Roy Charles huictiesme punition d'vn sacramétaire, fondation du College de Mótagu, institution des filles Penitentes, des bordement du fleuue de Seine, & errection de la chambre du Thresor.

Chap. 23. fol. 168.

Du Roy Loys douziesme, & de ses ordonnances, la ruyne & reedificatiō du pont nostre Dame, decoration de la grant chambre de Parlement, edifices de la Chambre des Comptes, fondation du conuent des minimes pres Paris.

Chap. 24. fol. 172.

TABLE

Du regne du Roy François premier du nom, & aucuns actes d'iceluy du deluge Sainct Marceau, Entree de la Royne, Edifice de l'Eglise Sainct Eustace, du bastiment de l'hostel de ville, procession du Roy augmentation de l'hostel Dieu, ruine de la tour de Billy, fondation des Colleges de Cambray, Escolles de Picardie College Sainct Michel & du Mans. Institution des enfans rouges, entree de l'Empereur à Paris & de plusieurs Eglises.

Chap. 25. fol. 177.

Des Edifices sous le regne du Roy François, du Quay de la megisserie, du Chasteau du Louure cómencé à reedifier, de Madric, des Ramparts, l'augmentation des fauxbourgs, lieu nobles baillez à baſtir, reedification des Egliſes, & autres accroiſſement.

Chap. 26.   fol.183.

Sous le regne du Roy Henry 2. du nom, ruyne & reedification du pont Sainct Michel, seditiō du pré au clercs, defences de ne plus edifier aux fauxbourgs.

Chap. 27.   fol.186.

L'Entree du Roy Henry deuxieſme à Paris, & de la Royne son eſpouſe, la proceſſion par luy faicte, le baſtiment à loger l'artillerie, des fontaines Sainct Innocents, ouuerture de la porte de Neſle, des autres diuers baſtimens de son temps, des Edits par luy faits, pour

TABLE.

la closture & police de paris, & renouuellement des halles & autres actes.

Chap. 28. fol. 188.

Le sacre de reueréd pere en Dieu, l'Euesque de Paris, procession du Roy, reedification du petit pont assiette des premiers fondemens des ramparts & bouleuerts de la ville, auec continuation d'iceux, fondation de l'hospital des pauures à S. Germain des prez, la Paix entre les Princes, & le trespas du treschrestien Roy Henry second du nom.

Chap. 29. fol. 195.

Du regne, entree, sacre & Couronnement du Roy François deuxiesme de ce nom, en la ville de

ẽ iiij

Reims, & de plusieurs choses durant son temps.

Chap. 30. fol. 201.

Du regne du Roy Charles neufiesme du nom, cōtinuation de l'assemblee des Estats en la ville d'Orleans, l'entree sacre & couronnement du Roy à Reims, l'entree du Roy à Paris, merueilleuse gresle tombee, poudres bruslee dedans l'arsenac Bastiment du neuf marché Edification de la porte sainct Victor, & autres faits.

Chap. 31. fol. 203.

Des choses aduenues du temps que la Royne à esté regente en la France, en l'absence du Roy Henry troisiesme du nom, Roy de Frāce & de Poulongne, le partement du sudit Roy pour venir en ses pays, son entree en plusieurs villes, sacre & couronnement du Roy à Reims & autres choses memorables.

Chap.32.   fol. 114.

Les noms de tous les Euesques qui ont esté depuis sainct Denys premier Euesque de Paris : & luy ont succedé l'vn apres l'autre.
fol.218.

Les noms de tous les Rues & Eglises chappelles & colleges qui sont dans l'enclos de Paris & fauxbourgs, aussi les plus illustres & magnifiques hostels des nobles & Princes.   220.

Le Chatologue des Roys de Frāce, ensemble pour trouuer le temps qu'ils ont regné, ainsi qu'il est decrit dans ce liure.

Les François ont esté premierement gouvernez par Ducs, iusques au commencement de l'an de Iesus Christ quatre cens vingt: auquel temps ils creerent Roy le fils du Duc Marcomire, nommé Pharamond.

Nombre des Roys de France.	Le lieu ou il traite de chasque Roy se verra marqué cy dessous.
1. Pharamond	12.
2. Clodio le cheuelu	idem
3. Meronnee.	12.
4. Childeric	13.
5. Clouis le grand premier Roy Chrestien.	16.
6. Childebert	19.
7. Clotaire premier du nom	23.

TABLE.

8. Cherebert   idem
9. Chilperic premier   idem
10 Clotaire duxiesme du nom 23.
11. Dagobert premier.   23.
12. Clouis deuxiesme   39.
13. Clotaire troisiesme   idem
14. Childeric deuxiesme   idem
15. Theodoric premier   idem
16. Clouis troisiesme   idem
17. Childebert deuxiesme   40
18. Dagobert deuxiesme   idem
19. Clotaire quatriesme du nom
    & Chilperic deuxiesme fu-
    rent tous deux Roys ayant
    guerre l'vn contre l'autre
    idem
20. Chilperic 2. du nom   40.
21. Theodoric deux   40.
22. Chilperic trois linsensé der-
    nier de cette race, priué du
    Royaume se rendit moy-
    ne   idem

TABLE.

La lignee des Pepins.

23. Pepin le bref — 41.
24. Charlemagne — 42.
25. Loys debonnaire premier — 46.
26. Charles le chauue — idem
27. Loys le begue deux — 46.
28. Loys & Charloman — 47.
29. Loys faineant ainsi surnommé — idem
30. Odo qui estoit conte de Paris — 48.
31. Charles dit le simple troisiesme — idem
32. Raoul — idem
33. Loys quatriesme du nom — idem
34. Lotaire quatriesme — 48.
35. Loys cinquiesme du nom, fils de Lotaire susdit fut fait Roy, l'an 887. Regna vn an seulement. Mourut sans hoirs à compiegne: où il

fut empoisonné.

Icy finist la seconde generation des Rois de France en ligne masculine, qui à duré depuis Pepin 233. ans.

36. Hugues Capet fils de hugues le grand   50.
37. Robert fils de hue Capet   52.
38. Henry premier du nom   52.
39. Philippes fils de Henry   53.
40. Loys le gros sixiesme du nõ 54.

L'an 1129. le Roy feist couronner son fils Philippes. lequel deux ans apres mourut à Paris, tombant sur le paué, par vn pourceau qui se mit entre les iambes de son cheual, puis feist couróner Loys son autre fils, par le Pape Innocent, estãt lors en France.

41. Loys 7. surnommé le Ieune   59.
42. Philippes, Auguste surnommé de Dieu donné   61.

TABLE.

43. Loys fils de Philippes 73.
44. Sainct Loys 74.
45. Philippes 3. fils de S. Loys 96.
46. Philippes le bel 4. du nom 106
47. Loys 10. surnommé hutin 113.
48. Philippes le long 123.
49. Charles le bel 124.
50. Philippes de Vallois 125.
51. Iean fils de philipes de valois 128
52. Charles le quint 132.
53. Charles 6. fils de Charles 139.
54. Charles septiesme 149.
55. Loys vnziesme du nom 164.
56. Charles huictiesme 168.
57. Loys douziesme 174.
58. François de Valois 177.
59. Henry second du nom 186.
60. François de Valois 201.
61. Charles IX. de ce nom 203.
62. Henry troisiesme du nom premier du nom Roy de Poulongne à present regnant. 214.

Fin de la Table.

LE BLASON DES
Armes de la ville de
Paris.

Le chef d'azur de fleurs de lys semé
Monstre Paris estre ville Royale,
La Nef d'argent sur vn champ enflammé
Note qu'elle est des autres capitale:
Le Roy est chef, & elle est principale,
Souz tel patron, pour faire & decider
Ce qui luy plaist, iustement commander,
Donc au moyen de si haute puissance
Toutes luy font entière obeissance,
Comme à leur dame, entendant la prati-
  que
De gouuerner, en ce pays de France,
La belle Nef d'vne grand' Republique.

PLVS QVE MOINS.

Louanges de la Cité de Paris.

En fin ie voy paroistre vn autre beau Palais,
Et siege d'Appollon, Paris temple de Paix.
Pleine de citoyens & laquelle flamboye
D'or, & d'autre metaux: ou le grec coule en ioye,
Ou l'estude Indien, & le Poëte Romain
Sont en pris ou le sage Attique est en la main
Du François: c'est Paris, la Rose de la terre,
Ou le baume flairant de l'Vniuers, s'enserre:
Qui en son ornement imite la grandeur
Des sydons & l'appreſt des banquets pleins d'hō
   neur.
   Paris riche en ses champs, & en vins abōdāte,
Courtoise au Laboureur, les moissons recueillante
A foison, ou les champs ne sont point offencez
De halier espineux: la l'on voit entassez
Les raisins, comme és boys les fueilles espandues:
Tu y vois les forests de verdeur reuestues
Formilier en gibier, & toute venaison.
Elle à vn puissant Roy, & fort en sa maison,
Auquel elle obeit, qu'elle sert, & caresse
Là est l'air bon, & doux, & l'assiette sans cesse
Pleine de tout bon heur: car tout y est plaisant,
Tout est beau & ioyeux, si l'heur n'estoit nui-
   sant
Aux bons qui sont pressez d'vne faute cōmune,
Ayant tousiours au dos les rigueurs de fortune.

LES ANTIQVITEZ, HISTOIRES, ET SINGVLAritez de la grande & excellente Cité de Paris, ville capitale & chef du Royaume de la France.

Chapitre premier.

J'Aurois assez matiere pour escrire vn iuste volume, si les choses dignes de celebrer, faites en cette ville de Paris, apparoissoyēt à la lumiere, eu esgard à l'antiquité, à la grandeur d'icelle, & à la frequentation des hommes de toutes les nations du monde, depuis que les Roys de Fráce y ont mis leur siege, Mais la negligence de ceux, qui ont eu les charges en icelles, & ont manié les affaires, & la paresse de ses enfans mesmes, ou les guer-

A

res en quoy les parisiés se sont exercitez, ou l'iniure du temps, qui n'a laissé venir les escritures iusques à l'occasion de ses mutations, tout cela ensemble nous à priuez de ce fruit, & laissez en ignorance, dont noz deuanciers sont beaucoup à reprendre: car i'ose asseurer que si les Histoires de nostre ville n'eussent esté precipitees en l'oubliance, que les Romains n'y les Grecs ne nous eussent surmontez (encores qu'ils ayent escrit quelquesfois à plaisir) mais la copie de leurs escritures les à ainsi haussez iusques au sommet & perfectiõ de l'histoire. Ie ne parle seulement de Paris, mais des autres villes, & d'auantage de tout le Royaume de France, qui n'a encores eu Historiographe egal à son merite: combien que plusieurs s'en soyent efforcez, & ausquels nous sommes redeuables pour le labeur de leur plume. De ceux la toutesfois & d'autres vieux fragmens non imprimez, ensemble des tesmoignages des anciens, & des Epitaphes des Princes & monumens antiques, i'ay basty cette petite ville, pour rendre à ma patrie l'honneur que ie luy suis tenu, m'ayant produit & nourry en elle: non que ie sois suffisant pour atteindre au comble du deuoir, mais pour n'estre ingrat au pays d'ou ie suis, & ayant fait ce que i'ay peu ne seray à reprendre: car ie pense y auoir trauaillé selon la volonté qui à esté telle que elle deuoit, & comme naturellement contraint à m'en aquitter, par l'amour & faueur que chacun porte au lieu d'ou il à prins sa naissance & nourriture. Venons à l'histoire, & voyons si elle à quelques fondateurs que nous voususions approuuer.

Plusieurs s'esbahissent comme d'vne telle & si noble ville on ne trouue mieux à la verité le nom & le temps de son fondateur. Ie pense respondre à cela, & dirōs les opinions des Autheurs qui en ont escrit, aucuns desquels (peut estre) seront reputez fabuleux: car à considere la diuersité d'icelles, on n'en peut attendre autre fin que les vnes sont fauces ou toutes ensemble. Toutesfois à fin qu'on ne pense que ie les aye ignorees, ie ne les ay voulu passer en silence: car auec les coniectures qu'on pourra prendre de ce qui s'ensuit, les vns adhereront à vne opinion, & les autres à l'autre, cōbien que ie sçache que ie trouueray au tāt d'hōmes du party, que iay, a declarer,

Auertissement sur les diuerses opinions.

A ij

comme d'autres qui voudront nyer: si est ce que pour ne rien oublier ie diray ainsi.

Les opinions diuerses de la fondation de la ville de Paris, & en quel temps elle fut erigee selon plusieurs Historiographes.

NOz Ancestres, soit que la grossiere simplicité les rendit stupide ou que ils estimassent, que sans escrit la memoire de l'antiquité des choses se gardast par le recit des anciens de pere en fils, ont esté si peu soigneux de laisser la souuenance de l'origine des villes, qu'ils ont basties, que de peu des anciennes à l'on vne certaine asseurance de leur source premiere. Et qu'il soit ainsi encores voyez vous, q̃ l'on fait des doutes sur la premiere fondation de la Cité de Rome, & tiennent aucuns, que Romule n'en fut point le premier bastisseur, ains en donnent l'hõneur à ne sçay qu'elle dame Grecque, qu'il luy donna son nom.

Et souz l'iniquité de telle loy à passé vne des plus anciennes, belles, populeuses, riches, magnifiques, & des mieux policees, qui soyent en l'Vniuers, à sçauoir la

Voy Denys de Halicarnasse.

ville de Paris, que les anciens ont nommee Lutece : L'origine de laquelle ceux qui ont les Troyés à cueur, & aufquels ils attribuent la gloire d'eſtre les peres de la pl⁹ part des Peuples, & citez de l'Europe, raporte à ne fçay quel Paris Troyen, ou à tout le moins aux Troyens fugitifs de la conflagation de Troye, lefquels en fouuenance, & memoire de celuy qui eſtoit cauſe de leur ruïne, baſtiſans cette Cité la nommerent du nom de cet effeminé. Or s'il eſt ainſi, qu'vn Paris en ſoit le baſtiſſeur, encore ne feroit ce pas ce Troyen ains vn Gaulois de ation, & lequel viuoit plus de deux cens ans auant, que ce mol fils de Priam naſquiſt. Et lequel Gaulois eſtoit de la race, & fang de cet ancien Samothé, lequel du temps meſme de Noé poliça les Gaulois, & les inſtitua en toute vertu, honneſteté & doctrine. Car de dire que la Cité de Paris ait eſté baſtie par les Troyens, ou Sicambriens lors, que laiſſans le pays Scythien, il vindrent en Gaule, ce feroit ſe moquer du tout de la verité de l'hiſtoire, comme ainſi ſoit, que plus de ſix cens ans auant cette volee de François en Gaule la Cité de Pa-

A iij

ris estoit bastie, & portoit le nom de Lutece, soit qu'elle fut ainsi appellee, à
cause qu'elle estoit boüeuse, ce que ie
ne peux receuoir, veu que les Gaulõis
n'auoyent point la pratique, n'y vsage
du Latin, & que les Autheurs plus illustres l'appent Leucotece du nom comme
ie pense de Luce Roy des Celtes comme
aussi les Parisiens furent nommez Luceens : comme le pays és entours fut appellé Parisis, & le peuple Parisien, du
nom du sudit Roy des Celtes Paris, l'vn
Roy estant le fondateur des villages Parisiens, l'autre de la ville, laquelle à porté le nom de Leutece ou Leucotece, car
ainsi l'appele Strabon, parlant d'elle en
cette maniere. Le long de la riuiere de
Seine sont les Parisiens, qui ont vne Isle, & en icelle, la Cité de Leucotece.
Aucuns (mais sans preuue que de coniecture) ont voulu donner nom à ce peuple pris de plus loing, que de leur pays,
à cause que ce que vient des estrangers
nous semble plus exquis que ce que nostre terre nous apporte : Par ainsi disent
que noz Luteciens, ou Luceens ont esté
dits Parisiens de certains voyageurs de
Grece la conduits par Hercule, & tirez

Strab.
lib. 4.

du recoing de l'Arcadie, ou Strabon les rencontre, & les dit estre les plus anciens peuples de la Grece, mais il ne fait aucune mention que ces Parrhasiens (car ainsi s'appeloyent ces Archadiens) ayant voltigé hors de leur pays pour nous venir fonder cette belle cité au cueur de la Gaule. Aucuns ont dit que Iules Cesar estoit fondateur de Paris, mais cela est faux comme il appert par son dire.

Iules Cesar rend tesmoignage de Paris, & l'aissiete & pourpris d'icelle ville.

Parlant donc de soy-mesmes, & de ses affaires en Gaule, il vse de ces mots. Ayant commandé que l'assemblee des Estats fut faite de tous les pays de Gaule sur l'entree du printemps, cõme tous les Gaulois y fussent venu, sauf les Senonois, les Chartrains, & ceux de Treues, il soupçonna ce delay, comme pour commencement de reuolte, & de guerre: & pource il changea le lieu du conseil, & assemblee des estats à Lutece, ville des Parisiens, lesquels estoyent voisins des Senonois: & des la memoire de leurs peres, ils auoyent alliance ensemble, neant-

Cesar 6 des Cõmentaires.

A iiij

moins pour lors, estimoit on, qu'ils n'estoyent point de la ligue, & coniuration des rebelles. Ou est l'homme si simple, qui osast dire ayant leu cecy, que Cesart soit le fondateur de Paris, puis que c'est luy, sans autre, qui confesse, & rend tesmoignage, que de tout temps, & memoire les parisiens auoyent alliance iuree auec ceux de Sens, lesquels de toute anciéneté estoyent les mortels ennemys de la cité de Rome, & des Romains? Car commandant de transporter le cōseil à Lutece de Paris, c'est signe, qu'elle estoit desia bastie, & qu'en si peu de temps qu'il auoit de sa venuë en Gaule, il n'eust pas dressé vn lieu propre à faire telle assemblee. Or pour mieux esplucher cecy oyez comme il en parle en vn autre passage. Ces choses se passans, & demeslans ainsi deuant Cesar, Labié laissāt à Prouins celle crüe de gendarmerie, que nouuellement on auoit amenee d'Italie à fin qu'elle seruist pour la garde du bagage de son camp, il s'en alla à Lutece, accompagné de quatre legions: Lutece est vne ville des parisiens, assise en vne isle de Seine. Puis adiousta, parlant de Camulogene le general de larmee des Gaulois, & declarant qu'elle e-

Cesar. li. de la [g]er. Gaue.

ſtoit l'aſſiette de cette ville. Ceſtui-cy (dit il) voyant que tout eſtoit aux entours marecageux, & que ces palus perpetuels ſe vuidoyent en la Seine, & donnoyent empeſchemēt à ceux qui auroyent deſir d'aſſaillir le lieu, ſi arreſta auec deliberation d'empeſcher le paſſage aux noſtres. Diſant donc, que Lutece eſtoit vne ville du terroir Pariſien, & fondee en vne Iſle, il eſt aſſez euident, que Ceſar, l'ayant trouuee baſtie, venant en Gaule, n'en fut iamais le fondateur, comme en ſes eſcrits n'y a pas vn trait duquel on puiſſe rien tirer pour prouuer qu'il ait fait baſtir. Voila quant à l'origine de cette excellente cité, laquelle nous deuons aux anciens Gaulois longtemps auant les Romains, n'y que les Sicambriens vincent onques en Gaule.

Iulian l'apoſtat aux Antiochiens.

Pour voir le plant de Paris, & comme iadis ſe comportoit ſon eſtendue, ie vous ameneray ce qu'en eſcrit Iulian l'apoſtat, qui fut depuis Empereur, lequel eſtât Ceſar, & gouuerneur des Gaules ſouz les enfans du grand Conſtantin, faiſoit ſa residence ordinaire à Paris, ainsi que luy mesme tesmoigne en vne Epistre, qu'il enuoye aux Antiocheens, laquelle porte le tiltre de Misopogon, ou il descrit fort proprement cette ville, ainsi qu'elle estoit de son temps, parlant en cette maniere. I'estois iadis passant l'hyuer en ma bien aymee Lutece (c'est ainsi que les Parisiens appellent leur cité) laquelle est, & sied en vne petite Isle, voisine du fleuue qui l'enuironne de toutes parts, sur lequel y à des ponts de boys, qui facilitent le passage de chacun costé, pour entrer en la ville, & la riuiere ne croissant, ou decroissant guere, est toute telle presque en hyuer, qu'elle à de coustume de se monstrer en esté: l'eau de laquelle est tresplaisante, & claire à la regarder, & d'icelle boyuent les citoyens, d'autant que se tenans en vne Isle, il faut qu'ils pouruoye de cette eau pour leur vsage. L'hyuer n'est point trop rigoureux en ces cartiers la, à cause (comme l'on dit) des chaleurs de l'Ocean, qui n'en est eslongné, que d'enuiron 45. lieuës. Au texte de Iulian y à 900. stades, qui reuiennent à 45. lieuës prenant deux mil & demy d'Italie pour lieuë. Et peut estre, que

Description de la ville de Paris.

quelque aleine du vent marin y vient, & s'espand iusqu'en ce lieu, & qu'aussi l'eau de la mer semble estre plus chaude, que celles des riuieres d'eau douce. Et ainsi vous voyez, quel estoit Paris pour lors, & quelle sa grandeur, si bien qu'Ammiã Marcellin, pour cest esgard, l'appelle Chasteau ou petite ville, lors qu'il poursuyt la vie, & gestes de l'Apostat: à la suyte duquel il estoit, viuant en ses gages. I'ay dit (auec Iulian) que les Luteciens habitoient en vne isle, pour la preuue, dequoy il se trouue encores des memoires, & registres faisant foy, que du costé du grand Chastelet, & en la vallee de misere y auoit vn pont: & par consequent, l'eau y passant, au bout duquel fut basty le Chastelet par Iulian, & non par Cesar premier Empereur, afin qu'il seruist de forteresse, & de Citadelle, si par quelque cas on vouloit assaillir l'Isle, ou si les habitans attentoient quelque sedition, ou dressoient quelque reuolte. Ie sçay que le vulgaire, qui a ouy quelquesfois dire que cest edifice du Chastelet estoit de l'œuure de Cesar, a conclud tout

Ammian Marcelin.li. 15

aussi tost, que ce fut Iules Cesar, qui en
causa l'edifice, mais il faut voir le temps,
Commē- que Iule s'arresta à Paris, apres qu'il s'en
taire Ce- fut rendu seigneur paisible, veu qu'au
sar li. 7. parauant il fut long temps sans y entrer,
si bien que luy venant du costé de Me-
lun, & Corbeil, vers le Heurepois, as-
sist son camp du costé des Marests, ou à
present est bastie l'Abbaye sainct Victor,
les Gaulois poserent le leur de l'autre
costé de la riuiere, qui estoyent aussi
des Marests, ou à present sont les Celestins, & tout ce cartier de ville, ou
est la ruë sainct Anthoine, & lieux ad-
iacents. Or estoit cecy sur les dernieres annees, que Iule Cesar se tint en
Gaule, & qu'il dompta les forces des
Gaullois : & par ainsi faut conclure
qu'elle impossibilité il y a, que soit e-
sté luy, qui feit bastir les forteresses de
Paris, puis que par sesgens conduits
par Labien, la ville susdit fut ruïnee,
& bruslee, & restauree par ceux du
pays, & depuis par les gouuerneurs
y enuoyez au nom de l'Empire. Par
ainsi nous ayant asseurance par les es-
Ammiā scrits d'Ammian Marcelin, que Iu-
li.17. lian faisoit sa residance ordinaire à Pa-

ris, tirons ceste consequence que ce fut luy, & non Iule, qui bastit le chastelet, & autres lieux, qui encores portent marque d'antiquité en cette ville, & ne importe le nom de Cesar, veu qu'il estoit imposé aux princes du sang Imperial, ou à ceux, qu'on voyoit estre pour venir à la succession de l'Empire tel, qu'estoit ce Iulian, & comme à present on nomme Roy des Romains celuy qui est designé pour succeder à la couronne de l'Empire. Le susdict Iulian, citoyen de Paris, ou aussi il fut proclamé Empereur, feit bastir, outre le Chastelet, l'hostel de Clugny, pres des Mathurins qui estoit en vn chapestre & luy seruoit de lieu de plaisance, & seiour, lors qu'il vouloit predre relasche de ses trauaux & affaires d'importance, & ce lieu estoit anciennement nommé le Palais des termes, & de vray, il y a leans vne grande salle, sur la platte forme, de laquelle y a des iardins auec arbres qui porte creance de longue antiquité: car l'edifice est de matiere forte & dure, comme vn roch, & le nom de Palais des termes luy est demouré iusques auiourd'huy, pource que l'õ apportoit en ce lieu les deniers des termes des tributs deuz à

ANTIQVITEZ

l'Empire Romain aucūs interpretēt Palais des termes, pour les baings, lesquels y auoient esté faits par l'Empereur Iuliā l'Apostat, & dient que les eaux d'iceluy venoient de deuers Gentilly: Ceste raison est confirmee par les lettres de la fondation du college de Sorbonne, esquelles (quant à l'assiette du lieu) sont expressement contenus ces mots, *Ad locum Termarum Cesaris*. Quoy qu'il en soit, l'an mil cinq cens quarante quatre qu'on fit les ramparts & bastions à Paris, pour resister à la venue de l'Empereur Charles cinquiesme on trouua du costé de la porte sainct Iaques des canaux de pierre de taille & conduicts de eaux, continuez depuis le village de Arcueil, ainsi nommé à cause des arcs batis de brique, qu'on voit encores de present, ou de ce mot Latin composé *Aqueductus*, iusques dedans Paris. Lesquels conduicts des eaux auroient peu seruir ausdicts baings: & de present seroiēt necessaires à restablir, pour arrouser la haute partie de l'vniuersité de Paris, qui en a bon mestier, si messieurs les gouuerneurs s'y vouloient employer. Ce quartier là fut le premier habité apres q̃ la cité eut

Le quartier le premier habité.

prins son estendue, long temps parauant que celuy de la ville du costé de Septentrion, fust hanté qui est auiourd'huy le plus grand. Il estoit alors tout en bois & forests, ou se faisoiét plusieurs homicides iusques sur la riue de Seine, pour ausquels remedier, fut bastie vne tour pres la cité, pour seruir de guet aux Parisiens, laquelle on voit encores auiourd'huy au milieu du cimetiere des saincts Innocés ou est la chappelle nostre Dame. Et pour verifier d'auantage que c'estoient bois, il y a vne Chappelle en l'eglise saincte Oportune, à costé du cueur, dediee à la vierge Marie, qu'on nomme encores de present nostre Dame du boys, en laquelle madame saincte Oportune, religieuse, frequentoit souuent, & depuis ladicte chappelle a esté enclose dedans l'eglise dediee à ladicte saincte. Reuenant à l'antiquité de nostre ville, on dit que le marché des bestes estoit par deça, ou est à present la ruë des Bourdonnoys, au lieu que l'on dit la place aux deschargeurs, & encores ce lieu est appellé la vieille place aux pourceaux. ¶La Croix du Tiroir est ainsi nommee, pource quon y tiroir les bestes, & à proprement parler, c'est la

Croix du Tiroir. Aucuns publient que elle fut ainsi appelle, pour la Royne Brunechilde, qui y fut tiree à quatre cheuaux, pour auoir fait mourir plusieurs Roys & Princes du sang de France. Au carrefour Guillory estoit le pillory, ou l'on couppe les oreilles, & pource à bien dire c'est le carrefour Guigne-oreille.

En quels lieux se vendoiēt les viures.

 Quant aux viures habondans en la cité, nous auons la halle de Beausse, ou se vendoient de nostre temps les grains & bleds de la Beausse. Il y auoit vne certaine ruelle en la rue de la vieille pelleterie descendante en la riuiere de Seine, qui s'apelloit le port aux œufs. La boucherie de Paris estoit ou elle est à present, hors la cité & prochaine de la porte à l'issue du pont. Ce lieu estoit appellé l'apport de Paris, pour les viures que l'on y apportoit à vendre, comme encores auiourd'huy se nomme aussi l'aporte de Paris, pource que c'estoit la premiere de ce costé là, pour sortir & entrer en la cité. Et deslors y fut edifiee quelque forteresse pour defence de la cité, au lieu ou est de present le grand Chastelet, ou les gardes de la preuosté de Paris, d'antiquité tiennent la iustice ordinaire

&

& iurisdiction Royale. Aucuns tiennent *Les prin-* que le grand Chastelet est vn des edifi-*ces adue-* ces de César, lequel il fit edifier pour fer-*nant à* mer la cité au bout du pont, & que c'est *l'Empi-* la premiere porte de Paris, à laquelle on *re estoiēt* payoit les tributs des ports & passages, *appellez* comme on fait encores de present, au *Cesars.* lieu qu'on appelle le Treillis audict chastellet: & sont encores aucuns viuans qui qui disent auoir veu escrit sur ledict Treillis.

Icy se payoit le tribut à Cesar.

Et à la verité on y a trouué de nostre temps en quelques endroicts des lettres Grecques & Latines, engrauees dans les pierres. Quant à la matiere du bastiment, elle est tresdure: car vn pic en trois heures, n'en sçauroit leuer l'espesseur d'vn poing, comme on a veu l'experience. Quoy qu'il en soit, il estoit dés son commencement clos & enuironné de profonds fossez à fonds de cuue, dans lesquels auoit son cours la riuiere de Seine, cōme on voit auiourd'huy la Bastille: & qui bien le considerera, il le trouuera estre tresforte place. De la grosse tour d'iceluy despendēt plusieurs fiefs nobles de Paris. Depuis fut habitee & fermee la vil-

B

le iusques au lieu qu'on dit l'archet S. Merry, & alloit on de ceste porte tout droit à la riuiere de Seine, au lieu qu'on dit les planches demy-bray, c'est à dire, la moytié du bras de Seine, & là auoit vn pont de boys qui s'addressoit à S. Denis de la Chartre, (c'est auiourd'huy le pont nostre Dame) & estoit la seule porte de ce costé là pour aller & venir à Paris: Ceste porte estoit forteresse enclose d'eau comme le grand Chastelet.

Ou estoient les portes de la ville anciennement.

Apres fut fait le cimetiere qu'on dit des Innocens, qui estoit lors ainsi que les boucheries) hors la ville, afin d'euiter corruption & mauuais air. Au parauãt il estoit licite à chacun pere de famille, de se faire enterrer luy & les siés en sa caue, court & iardin, comme on en a trouué en grãd nombre, en faisant les fondemens de quelques bastimens. Aussi se faisoient enterrer par les voyes & chemins, & de nostre temps auons trouué des sepulchres au long des vignes hors la ville S. Marceau, & n'y a long téps qu'en vne rue, vis à vis de S. Victor, en pauant icelle rue qui ne l'auoit onc esté, nous fut monstré au milieu d'icelle vn sepulchre de pierre, lõg de 5. pieds ou enuirõ, au chef & aux pieds

Sepulchres antiques trouuez en bastissans.

de laquelle furent trouuees deux medailles antiques de bronze. Pareillement l'an 1538. en edifiant des maisons sur la riue de Seine de la tour de Nesle, vis à vis du chasteau du Louure, furent trouuez vnze caueaux, en l'vn desquels estoit vn corps mort armé de toutes pieces, qui tourna en poudre si tost qu'on le toucha. C'est vn argument que ces lieux ont esté autresfois habitez Reuenant à nostre propos pres le cymetiere des Innocens, au lieu dit Champeaux on establit vn marché, on y fit de petis logis, & puis maisons, & par succession de temps, la ville s'estendit iusques à la porte sainct Denis. Là elle fut fermee, & la vieille muraille desmolie, & encores de nostre téps voyoit-on les premieres, qu'on appelloit fausses portes, és rues S. Denis, S. Martin, S. Honoré, & Montmartre, qui ont esté abbatues durant le regne du Roy François I. du nom, par le conseil de M. Guillaume Budé maistre de ses Requestes A l'endroict de chacune desdictes anciénes portes, est l'image de nostre Dame apposee contre vne maison: laquelle image estoit iadis sur chacune porte de la ville, & cela a esté fait pour vne recognoissance.

Anciênes portes de la ville abbatues de nostre temps.

B ij

Es rues de Iony, & vieille rue du Temple y a encores à chacune vne tour, qui iadis seruoient de portes, & sont correspondantes à saincte Catherine du val des escoliers, à l'aué Maria, hostel de Barbeau, qu'on appelloit la porte des Beguines, rue de Paradis, & autres endroits des fausses portes, iusques à l'endroict du Louure.

Pres le parrin Gasselin estoit vne place ou on iettoit les chiens morts, qui s'appelloit la fosse aux chiens, & encores y a il vne rue ainsi appellee. Pour acheuer nostre propos que les lieux anciennement n'estoient dedans la closture de Paris, on trouue en la date d'aucunes lettres Royaux ces mots,

Donné à nostre Eglise de sainct Magloire, lez Champeaux pres Paris.

Semblablement la denomination de S. Martin des Champs, fait cognoistre que ces lieux estoient hors la ville, comme nous verrons cy apres en la deduction de noz Antiquitez.

Les Druides enseignoiēt les loix. Cesar en ses Cōmentaires descriuant les estats des gaules met en souuerain degré les Druides, qui estoient les sacrificateurs, Iuges, legislateurs & gouuerneurs des villes & du peuple. Ils enseignoient les loix & science aux ieunes enfans nobles, & leur apprenoient les lettres, lesquelles (comme est à presupposer) estoiēt grecques: car de donner certitude de quelles lettres ils vsoient, est impossible. Et icy me souuient de Geoffroy Tory, en son liure du Champ fleury, qui dit auoir veu à Paris, quatre anciennes pierres de taille, esquelles y auoit lettres Hebraïques grauees & entaillees, l'vne en l'hostel de Fescamp, deux autres en vne maison en la rue de la Harpe, & la quatriesme pres des Cordeliers, qui est argument suffisant, q̃ telles lettres aussi bien que les grecques & latines, y ont esté iadis en hōneur. Ces Druides gouuernoiēt le spirituel & temporel, estoient frācs de tous tributs emprunts imposts guerres & autres seruitudes. Ils ne vouloiēt souffrir que leurs enfans vinssent en leurs presence, iusques à l'aage capable de porter armes. Ils estoiēt grands obseruateurs d'Astrologie, & de la religiō des faux dieux, entre lesquels ils adoroient souuerainemēt Mercure, Apollo, Mars, & Iupiter. Ils sacrifioiēt à iceux hommes viuants, quāt ils estoiēt attaints de crime. Le principal

B iij

de leurs Temples estoit au lieu de Môtmartre, qui estoit nommé le Mont de Mercure, auquel les Parisiens alors idolatres, s'assembloient à certains iours, & offroient sacrifices au Diable, qui estoit en ce temps le prince du monde. Depuis la conqueste que Iules Cesar fit des Gaules, les Parisiens furent tousiours en la subiection des Romains, iusques au têps de Claudio & Meronee, lesquels s'emparerêt des Gaules, & y dresserent ce noble royaume de Frâce côme sera dit cy apres.

Les Roys qui ont regné en la France estans Payens, suyuant leurs effigies mises au Palais Royal de Paris, maison des Roys.

CHAP. II.

Ontinuât l'histoire de nostre ville de Paris, apres auoir eslargy les obscuritez de sa naissance, ie reste à dire son augmentation, accroissement & perfection, depuis qu'elle a esté gouuernée és mains des Roys de France, qu'ils l'ont tant ennoblie, qu'ils en ont fait le chef de leur Royaume. Tous ceux qui descriuent l'histoire Françoyse, posent aussi Pharamond le premier en rang entre les Roys de France, comme aussi il a esté esleu le premier, lors que ceste nation voulut a bõ escient sur les Gaules, combien que plusieurs ont oppinion que iamais il n'a commandé, ce neantmoins puis qu'il est effigé auec les autres, & comme la souche du sang Royal dedãs ce grant Palais Parisien, ie ne faudray aussi le mettre au rang de ceux qui ont commandé sur les François, mais non sur le pays que maintenant on appelle France. Icy ie n'ay moyen de declarer comment les François paruindrẽt aux gaulles d'autant qu'il faudroit bien autant de papier que tout ce liure contient pour en faire ample discours, ioint que plusieurs en ont assez descrit comme l'eloquant François de Belleforest homme docte, qui à orné & enrichie la Cosmographie de Mũster, & encores és Annales de la France augmentee par luy, chose louable & meritant recompence, pour le trauail de son esprit, lequel sera en eternelle memoire a la posterité: or donc pour abreger ie commenceray vous declarer le premier des Roys de la france.

Pharamond premier Roy des françois *Le premier Roy* payé, commença a regner sur eux en l'an

B iiij

des fran- du monde 4383. apres la natiuité de Iesus
çois. 421. Il regna 11. ans, fous luy commencerent les françois, à vfer des loix, & iugerent leurs caufes par quatre barons Nobles, fages & efleus de leurs gens, felon & enfuiuant la Loy falique: Et en enfuiuant icelle loy, ordonnerent des lors lefdits françois, que iamais femme ne fuccederoit au Royaume n'y à la Couronne de france. Voyez Gaguin li.1. & Paul Emile liure premier.

Le 2. roy Clodium fecõd Roy des Frãçois payẽ,
des fran- fucceda a fon pere Pharamond, en l'an
çois. du monde 4394. Apres la natiuité de Iesus Chrift 432. il regna 18. ans. Il fut furnommé le cheuelu parce qu'il portoit lõgue barbe & longs cheueux, il ordonna que les françois portaffent longue cheuellure en figne de liberté, & auffi declara la ville de Paris franche, ce Roy fubiuga les Thuringiens ou Lorrains, print Cambray d'affaut, feit mourir les Rommains qui eftoyent dedans, deffeit leur armee pres la riuiere du rhin, & conquift Tournay la Bourgongne & plufieurs autres villes.

Le 3. roy Meronnee le tiers Roy des François
le Frãce. payen fucceda à Clodium, en l'an du mõ-

de 4412. apres la natiuité de Iesus Christ. 450. regna 10. ans, comme ses deuanciers il estoit payen, preux & hardy en guerre, comme il a monstré en plusieurs batailles, esquelles il c'est trouué : Il feit ietter au feu vn sien fils, pour auoir tué le Roy de Cornouaille qui venoit de s'esbatre, estant lors Cornouaille tributaire à france.

Childeric fils de Meronnee, 4. Roy des François payen, Prince belique luy succeda en l'an du monde, 4422. apres la natiuité de Iesus Christ 460. Il regna 26. ans: Ce Prince se gouuerna mal & pour sa lubricité & luxure fut chassé par son insolence. Gillon vn Citoyen Romain, qui estoit gouuerneur de Soissons, succeda à son lieu par l'espace de 8. ans : Puis Childeric fut remis en ses estats, & se gouuerna bien & sagement.

Le 4. Roy de France.

De S. Denis premier Euesque de Paris, qui apporta la foy au pays de france, de ses fondations, & quel estoit la ville & pays de france en son temps.

Sainct Denis fut n'ay d'Athenes, & nasquit le 6. an du 6. aage du monde : Il fut grand clerc, & mesme en l'art d'astrologie: Il auoit 26. ans lors que nostre Seigneur souffrit mort & passion, en l'arbre de la croix. Il fut conuerty par S. Paul par 3. ans, & puis Euesque d'Athenes. Puis alla à Romme, pour visiter S. Pierre & Sainct Paul, lesquels il trouua prisonniers sous Neron 6. Empereur. Apres fut enuoyé en france, auec Sainct Rustic, & Sainct Eleuthere ses compagnons, par le Pape Clement, premier de ce nom, & par-ce est appellé l'Apostre de france. Il fut descolé au pied de la montaigne de Mõt-martre, pres Paris, en l'aage de quatre vingts ans. le 13. añ de l'empire de Domitian: & le feit decoler vn Tyran nommé Sisinus Preuost de la prouince, auec vne doloire, pour ne vouloir adorer les Idolles: Ce fut l'an de la natiuité nostre Seigneur 96. & de sa passion 63. Lesdits bien heureux martirs furent mis en prison, au lieu ou est à present la prieuré Sainct Denys de la chartre (ainsi nommee pour ceste cause.) A ceste raison le mont de mercure a esté tousiours depuis appellé Mõtmartre, ou montaigne des Martyres: Apres leur mort, le corps Sainct à l'ayde des Anges, porta son chef iusques au vila-

S. Denys enuoyé en frãce.

S. Denys mis à mort.

S. Denys porta son chef.

ge de Catule, au lieu dit auiourd'huy la prieuré Sainct Denys de l'Estree : & la il fut par vne Dame Chrestienne enseuely auec les deux autres martirs, ou ils reposerent trois cés 24. ans iusques au temps de Dangobert : Comme nous dirons en son ordre cy apres.

Ce bon Sainct fonda en la ville de Paris 3. Eglises. La premiere au nom de la Trinité, ou est de present Sainct Benoist, ainsi qu'il appert en vne verriere de ladite Eglise, en la chapelle Sainct Nicolas vers septentrion, ou estoit escrit.

Eglises fondees par S. Denys.

In hoc Sanctus Dionysius cœpit inuocare nomen sanctæ Trinitatis.

La 2. Sainct Estienne des Grecs, ainsi nommée pour autant que Sainct Denys & sa compagnie estoyent de Grece.

S. Estienne des Grecs.

Lá 3. nostre Dame des champs, auquel lieu y auoit vn temple dedié a Mercure, l'idole duquel il ruina, & chassa le diable, puis le consacra à la vierge Marie : La il esleut sa demeure & y fut prins.

Par la passion de S. Denys, plusieurs creurent en Iesus Christ, & entre les autres Laertia, qui au parauant auoit procure la mort de Lisbius son mary conuerty à la foy, & lequel en fin elle ensuyuit par la couronne de martyre. Le fils de laquel le aussi nommé Lisbius, ayāt milité sous trois Empereurs, & retournāt es Gaules, fut baptisé par Massus troisiesme, Euesque de Paris, apres Sainct Denys. Et depuis escriuit les martyres dudict Sainct & ses compagnons, ainsi qu'on les trouue en la librairie de ladite abbaye.

Depuis le trespas de ceste Dame qui enterra le corps Sainct Denys & ses compagnons, on ne tint gueres compte du sepulchre des Saincts iusques au temps de Saincte Geneuiefue, qui deuotement frequentoit en la pauure chapelle ou ils reposoyent, laquelle elle procura estre refaite de pierres carrees, & par miracle porueut a l'indigence de vin autant qu'il en falut aux ouuriers, iusques à la consomation de l'ouurage: & resplendit en ce lieu, & à Paris, par autres vertus diuines comme diray cy apres.

La prieuré Sainct Denys de la chartre, iadis abbaye, mentionnee cy dessus, a autresfois esté en la collation de l'Euesque de Paris: mais depuis à esté baillee à l'abbé & conuēt de Sainct martin des chāps,

Saincte Geneuiefue fit rebastir la Chapelle où les Saints corps estoyent inhumez.

contre & en eschãge de l'abbaye de mõt-
martre, maison de Nonnains.

Il vient icy bien a propos de dire, que *Chappel* pres Sainct Denys de la chartre, dont i'ay *le Sainct* faict mention y a vne chapelle, laquelle *Blaise*. on dit estre la plus ancienne Eglise & paroisse de la cité, dediee au nom de Sainct Blaise & Sainct Symphorien, tãt en haut qu'en bas, à laqu'elle fit de grands biens haut & puissant seigneur Mathieu, Conte de Beaumont, en l'an mil deux cẽs cin-
quante cinq au temps d'Odo Euesque de Paris. On voit encores en bas les fons, & les sepultures dudit Cõte, & de la Contesse sa femme.

*Accroissement de la ville de Paris, sous Clouis le premier Roy Chrestien de France, de la preeminence ancienne d'icelle ville, & de la fondation de l'Eglise Saincte Geneuie-
fue : Paris assiegé par les Hongres & au-
tres matieres.*

CHAP. III.

ANTIQVITEZ

5. Roy & premier Chreſtiē.

Louis 5. Roy de france, premier Roy Chreſtien, ſucceda à ſon pere Childeric, l'an du monde 4448. Apres la natiuité de Ieſus Chriſt 485. ans regna 30. ans, il regna 15. ans Payen & 15. ans Chreſtien. Le ſuſdit Clouis epouſa Clotilde, qui eſtoit de Bourgongne, & Chreſtienne, laqu'elle conuertit ſon mary en grand peine: ledit Roy mit ſon ſiege a Paris, & l'eſtablit ville capitale de ſon Royaume. Icelury Clouis monarque des Gaules, & Clotilde ſa femme (que nous nommons Saincte Clote) à la requeſte de Saincte Geneuieſue alors viuante, edifierent hors les murs, au mont de Paris, vne Egliſe à l'honneur des Apoſtres S. Pierre & S. Paul, en l'an 4. cens quatre vingts & dix neuf laquelle Egliſe eſt auiourd'huy nommee Saincte Geneuieſue au mont de Paris, pource que ladite Saincte y fut enterree l'an cinq cés quatorze: Encores y voit on ſon ſepulchre en la caue d'embas.

Saincte Geneuieſue au mont.

En c'eſt endroit il me ſouuient, que la plus part des anciennes, Egliſes ont des caues & voultes ſouterraines, c'eſtoit la deuotion de ce temps là.

En ceste Eglise, au milieu du cueur, fut enterré le Roy Clouis, comme verrez cy apres en son Epitaphe : Aussi la Royne Clotilde qui mourut en l'an cinq cens quarante sept.

Au mesme lieu reposent les os de Clotilde leur fille, femme d'Almarich, Roy des Gots, & deux des fils de Clodomire, Roy d'Orleans : lesquels Clotaire, leur oncle tua de sa main.

Le Sepulchre dudit Roy est haut de deux pieds, son effigice est esleuee dessus auec grande maiesté, le tout est enclos d'vn coffre de bois, aux ouuertures duquel est escrit vn long Epitaphe, contenant ses faits en latin & françois, contenans entre autre parolles ces mots.

Epita- *Hic est illustrissimus Rex Ludouicus, qui*
phe du *Clodoueus antè Baptismum nominatus est,*
Francorum Rex quintus, &c. & en frãçois. Roy Clo-
uis.

Cy gist le 5. Roy de france premier Roy Chrestié dit Clouis auant son baptesme, lequel Sainct Remy baptisa à Reims, & nomma Loys, & la apporta vn Ange de Paradis vne ampoule pleine de cresme, dont il fut oingt, & ses successeurs Roys

Côme le S. cresme fut apporté.

ainsi qui se voit par les Chartres & documens de cette Royalle maison. L'an de grace 1148. regnant en France Loys le ieune, & lors qu'il estoit au voyage de la terre saincte, à la poursuitte de Sugger Abbé de S. Denys en France, & laisse regét du royaume auec quelquesSeigneurs fut reformee ladicte Eglise ostât les Chanoines, il y fut mis des religieux de S. Victor, & le premier qui porta tiltre d'Abbé à S. Geneuiefue fut Odon, ou Eude religieux de S. Victor, la cause du changemēt fut par l'insolence & mauuais gouuernemēt des chanoines, si bien que le Pape Innocent second estant venu en Frāce, & se trouuant en vne procession, où le Roy assistoit, ces chanoines vserent de leurs folies accoustumees qui fut cause que quelques temps apres, furent chassez & mis hors, laissans ceux qui voulurent viure religieux soubs la reigle de S. Augustin. Et de ce faire eut charge cest Abbé tāt du Pape Eugene 3. que du Roy Loys le piteux.

Au temps de Saincte Geneuiefue, les Hongres assiegerent Paris, mais par les prieres d'icelle enuers Dieu, ils se retirerent sans faire dommage à la ville.

Changement des Chanoines de saincte Geneuiefue.

Siege des Hōgres deuant Paris.

tous fuitifs & espouuentez, comme s'il y eust eu vne gendarmerie qui les pourfuit au dos. Ceste saincte vierge est la vraye patronne & garde des Parisiens, qui ont telle confiance en Dieu, par les prieres & merites d'icelle, que toute tribulation & & necessité, soit de maladie, pour les guerres & heresies, soit pour auoir de l'eau du Ciel, ou pour auoir beau temps, soit pour la famine, ou pour faire retirer la riuiere de Seine quant elle est desbordee: bref pour toutes choses dont on a affaire, ils la prient & font processions publiques, esquelles ils portēt sa chasse par hommes nuds en chemise, en grande reuerēce, & ne sont iamais frustrez de leurs requestes, ains sont exaucez de Dieu. A ceste procession assiste tout le clergé de Paris, la court de Parlement, & le corps de la ville: lesquels partans de nostre Dame de Paris, auec la chasse de saincte Geneuiefue, laquelle ils accompagnent iusques à nostre Dame, ou se dit & celebre la grand' Messe en toute deuotion: puis est reconuoyee en tel ordre iusques au petit pont, icelle retournee en son Eglise est remontee en son lieu par les religieux de leans, deuant que manger:

Ordre que l'on tient en procession.

lesquels religieux trois iours parauant sa descente, ieusnent, & vont pieds nuds en procession. Ie n'ay voulu icy oublier l'Epitaphe d'vne noble Dame de Sauoye, enterree au cœur de leans.

Exiguo clauduntur hoc saxa intestina nobilis diuæ Agnetis de Sebaudia vxoris quondam, illustrissimi Francisci comitis Dugnensis: molem autem carnis exuit sexta decima Martij, anno incarnati verbi millesimo quingentesimo octauo.

Nous auons dit cy deuant que ceste Eglise estoit fondee au nom de S. Pierre & S. Paul, mais apres que ceste glorieuse Dame saincte Geneuiefue fut morte & enterree en icelle Eglise, les miracles de ceste Dame s'estans publiez par tout, & elle estant esleuee, & ses sacrez ossemens enchassez, l'eglise aussi changea de nom, & fut renommee saincte Geneuiefue. Et cecy fut dés le temps que les Merouinges tenoient la courōne des Gaules, soubs le regne des Pepins, & enuirō l'an de grace huict cens nonante, lors que les Normans coururēt & pillerent la Gaule ceste eglise fut aussi cōprise au sac de ses pillars

Eglise saincte Geneuiefue bruslee.

ANTIQVITEZ

& lors infidelles, mais au parauant les Chanoines auoient transporté le corps sainct de la vierge hors de sa maison, & par l'espace de cinq ans fit plusieurs miracles.

Notez que tous les Roys de France qui ont tenu leurs sieges à Paris, sont les vrais & legitimes Roys : Et depuis Clouis tous ont aymé & respecté le lieu y tenās leurs maisons, thresors, Chartres, assemblees & deliberations, conseils, receptions des Princes estranges, entrees mariages, festes, funerailles, & tous autres actes de Princes : mesmement y faisoient gesiner les Roynes, & baptiser les enfans royaux, comme il est apparent par les histoires de Gregoire de Tours, & autres Chroniqueurs anciens & modernes.

Aluertissement au Lecteur.

Fondation de l'Abbaye de sainct Germain des Prez, autresfois nommee S. Vincent lez Paris, les singularitez & Roys qui y gisent, & autres histoires.

CHAP. IIII.

CHildebert 6. Roy de France Le 6. succeda à son pere Clouis, au Roy de Royaume de France, en l'an France. du monde 4478. apres la natiuité de Iesus Christ 516. Il regna 45. ans. La premiere fondatiō royale qui fut faicte à Paris, apres celle de l'Eglise S. Pierre & S. Paul, à present saincte Geneuiefue est celle de S. Vincent hors les murs, laquelle maintenant on nomme S. Germain de prez, de laquelle fut fondateur Childebert Roy de Paris, & de France, ainsi que portent les lettres de fondation mises par Aimoī moine en son histoire. Or l'occasion en fut telle, selon qu'il est escrit és patētes, & és chartres qui sont au thresor de ladicte Abbaye: Childebert fils du grand Roy Clouis, estant allé en Espaigne cōtre les Gots, prit la cité de Tolede, raportant de ce pillage de grands thresors, & ioyaux, entre lesquels y auoit plusieurs vases propres au seruice de l'Eglise, qu'aucuns estimoient, ne sçay si vrayement, auoir seruy d'autresfois au Temple de Salomon: il y auoit donc 60. Calices tresriches, & quinze Platines à couurir des Calices, vingts coffrets à couurir les Euāgiles, &

Aymē moyne li. 2. de hi. ch. 19

C iij

simplicité, ou plustost grosserie du temps d'alors, ayant sur le corps vn Tombeau esleué haut de deux pieds, & par dessus est faicte l'effigie d'vn Roy auec ceste inscription.

Childebert Roy des François second Chrestien fondateur de ce monastere, fils de Clouis premier Roy Chrestien, eut le principal siege de son Royaume à Paris.

En ceste Eglise est aussi enterré Chilperile fils de Clotaire premier du nom, ayāt son tombeau esleué dedans le cueur de l'Eglise du costé de Septentrion, ayāt le sceptre Royal en vne main, & de l'autre tenant sa gorge, comme tesmoignant la trahison de la paillarde Fredegonde sa femme, qu'il le fit occire par son adultere, ainsi qu'il est contenu aux Annalles. A l'entour de son tombeau sont escrites ces paroles en forme quadrangulaire. *Chilpe-ric 4. Roy de France, enterré à S. Vincent.*

Chilpericus hoc tegitur lapide.
Puis y a vne autre Epitaphe du mesme, disant, *Epitaphe de Chilperic.*
Chilperic quatriesme Roy des François, fils de Clotaire premier, & nepueu de Childebert

C iiij

ANTIQVITEZ

fondateur de ce mesme monastere, & pere de Clotaire second de ce nom, en sepulturé à l'opposite de ce lieu, lequel il engendra de Fredegonde, & regna 22. ans decedant par homicide. Et Bertrude Royne femme de Childebert, & Fredegonde la meurtriere sont enterrez aussi en cest Abbaye, ainsi qu'on peut retirer de leurs Epitaphes.

Y est encores mis en terre le Roy Clotaire à l'entree du cœur du costé de Midy, auec vne telle inscription.

Epitaphe de Clotaire secõd du nom.

Cy gist Clotaire second de ce nom, Roy de France, fils de Chilperic, enterré à l'opposite de ce lieu & pere de Dagobert fondateur de l'Abbaye S. Denis.

Childeric aussi second de ce nom, y est enterré auec son espouse, mais leurs tombeaux ne sont point esleuez.

Tous ces Roys ont fait des fondations en ceste Eglise, & l'ont doüee de grands reuenus, comme aussi Dagobert y donna quelques terres, & y auoit esleu sa sepulture, mais ce fut auant que bastir le Mosolee, & tombeau Royal qui est en l'Eglise sainct Denis, duquel sera parlé cy apres.

Apres la mort de S. Germain, qui fut enterré en la chapelle de S. Symphorian, qui est à l'entrée de l'Eglise S. Vincent, comme son corps fut transporté dedans le cueur par la volonté du Roy Pepin le bref, fils de Charles Martel, ayant auec luy Charlemaigne son fils, l'Eglise fut aussi dediee à ce S. Euesque, & depuis, & elle & tout le fauxbourg portent le nom de S. Germain. A laquelle le susdict Roy Pepin donna le village de Palaiseau auec ses dependances, ainsi que l'ay retiré d'vne pierre qui est contre l'autel, qui est derriere le grand autel, au bas d'iceluy.

Hic pausante sancto Germano, die translationis dedit ei Rex Pipinus fiscum Palatioli, cum appenditiis suis omnibus.

C'est à dire S. Germain reposant icy, le iour de sa translation, le Roy Pepin luy donna le fief de Palaiseau auec toutes ses dependances. Auons encor tiré des vieux registres de l'abbaye, les parolles desquelles vsa ce Roy, faisant ceste donatio à l'Abbaye, lesquelles sont telles.

Accipe Domine Germane villam nostram Palatioli cum appenditiis omnibus, tibi ac tuis Donatio hactenus inimicam, tibi deinceps, ac seruis Dei de Palaiseau profuturam, c'est à dire,

Reçoy monsieur S. Germain nostre village de Palaiseau auec toutes ses dependances, qui a par cy douant esté ton ennemy, & des tiens, & qui desormais redondera au profit & seruice tien, & des seruiteurs de Dieu.

De ceste donation ne iouïrent trop lõg têps les religieux, à cause qu'il y eut des grands qui leur conuoitans ceste place, leur osterent. Loys fils de Charles le grãd dit le Debonnaire, enrichit grandement ceste Abbaye, comme aussi fit Charles le chauue son fils, lequel approuua, confirma, & ratifia les priuileges dõnez par les Roys ses predecesseurs à ceste Abbaye, voulant qu'il y eust six vingts religieux nourris, & establissant de grãdes rêtes & reuenus pour pouruoir à leurs necessitez ainsi qu'il est touché és panchartes, & instructions du thresor qui est en ceste abbaye. Ceste eglise fut sacree & dediee en l'an de nostre Salut 1163. és calendes de May, apres sa nouuelle reparation, regnãt en Frãce Loys le ieune, & seãt à Rome Alexãdre; lequel s'en estoit fuy en France persecuté par l'Empereur des Alemaignes Et ce fut en ceste dedicace que fut authorisee l'exéption des Abbé & religieux de

S. Germain lesquelles despedent sans nul moyen du S. Siège Apostolique, sans que ils soyent en rien suiects à l'Euesque de Paris. En laqu'elle dedicasse ne se trouua Maurice, lors Euesque de Paris, par deffen ce du Pape, a la requeste des moynes de leans, ainsi que porte lacte de ladite dedicace, escrit à vn tableau dans le cœur de l'abbaye sus nõmee: L'abbé est Seigneur de tout le fauxbourg qui est le plus beau qui soit es entours de Paris, & iouyt de Peages, subsides, & autres droits qui se leuẽt a la foire qui se tient es halles de S. Germain tous les ans, au moys de feurier, cõmençant le l'endemain de la Chãdeleur, & dure 8. iours consecutifs: Au reste l'Eglise S. Vincent, ores S. Germain est honoree de plusieurs sacrees reliques qui y reposent, & premierement le corps de S. Germain Euesque de Paris, & 6. Abbé de ceste Abbaye: Les corps de S. George, Aurelle, & natal: Le corps de S. Leufroy, céluy de S. Amand Euesque de Tours, les corps encor de Sainct Thurian, S. Droctouee Abbé, & disciple de S. Germain, & le corps de S. Venant Abbé a tours, du quel fait mention Gregoire de Tours en son liure de la gloire des confesseurs. Il y

Reliques qui sont à ceste Abbaye.

ANTIQVITEZ

à encores plusieurs autres reliques, comme la Tunique susdicte de S. Vincēt aussi quelque cas de saincte Marguerite. Quāt à l'edifice abbatial, il ressent son antiquité, & tient on que iadis ce fut vn temple dedié à la Deesse Isis, qui estoit la tutelaire des Parisiens, & de ce prend on argument, pource que de nostre temps on n'y a veu la statue & representation de ceste Deesse seulemēt des anciens adoree, que les Parisiēs appeloient l'Idole de S. Germain: mais elle fut abbatue par feu monsieur Guillaume Briçonnet Euesque de Meaux, & Abbé de S. Germain de prez, l'an 1514. Ceste Abbaye a esté rebastie du temps d'vn bon Abbé nōmé Morand homme de saincte vie. D'autant que par trois fois les Normands infidelles auoiēt brusté la plus grāde partie. Et pour acheuer le contenu, en ceste Eglise la pluspart des Roys anciens sont peints és pillers d'icelle, auec vn petit memorial de leurs faicts. Il y a vne chappelle dediee à saincte Marguerite, à l'entree de laquelle est escrit.

De l'idole S. Germain.

Blanche d'Espagne Royne de France fonda cest autel au nom de S. Nicaise & S. Eloy.

Gregoire de Tours en son histoire, dit

qu'au temps du Roy Childebert deſſus *Gregoire de Tours* nommé, la ville de Paris fut entierement bruſlee, reſte les Egliſes & les maiſons *en ſon li-* *ure 8. chap.* d'entour, & que l'inconuenient prouint *33.* par la negligence d'vn bourgois, qui mit le feu en l'hoſtel de la ville ſur le point du iour. C'eſt hoſtel dit-il eſtoit la premiere maiſon contre la porte, qui à ſon yſſue du coſté de midy, & la nomme *Domus negociantium.* Maiſons des marchans, ou de la marchandiſe, dit d'auãtage qu'il y auoit priſons, & que par la force du vẽt le feu ſauta de maiſon a autre, iuſques à l'autre porte de la ville, ou eſtoit l'oratoire & Chappelle Sainct Martin dediee en ſon nom, pource qu'en ceſte place Sainct Martin par vn baiſer, y auoit guary vn Ladre.

Les Roys qui ont regné en france iuſques à D'agobert, le premier fondateur de L'abbaye Sainct Denys en france, enſemble les noms & Epitaphes des Roys, Roynes, & grãds Seigneurs qui y giſſent: Auſſi toutes les Antiques ſingularitez qui y ſont.

CHAP. V.

ANTIQVITEZ

Le 7. roy de fräce.   Hildebert estant mort sans enfans le royaume eschut a Clotaire premier du nom, & 7. Roy des François frere dudit Childebert, en l'an du monde 4522. Apres la natiuité de Iesus Christ 560. il regna 5. ans.

Le 8. roy.   Cherebert autrement dit Aribert, 8 roy de France, succeda à son pere Clotaire, au royaume de france, l'an du monde 4527. apres la natiuité de Iesus Christ 565. regna neuf ans.

Le 9. roy   Chilperic 9. Roy de France apres son frere Cherebert en l'an du monde 4536. apres la natiuité 574. Il regna 14. ans, au commencement il ne tenoit pas tout le royaume aussi il n'estoit le plus fort

Le 10. Roy.   Clotaire du nom 10. Roy de france succeda à son pere Chilperic, en l'an du monde 4549. apres la natiuité de Iesus Christ 587. Il regna 44. ans. Ce Roy passa en Angleterre pour defendre son fils Dagobert, il deconfit les Angloys, & n'y laissa homme viuant plus long que son espee, laqu'elle il laissa au lieu en signe de recognoissance.

Le 11. roy fonda-   Dagobert 11. Roy des françoys succeda à son pere Clotaire, l'an du monde 4593.

De Iesus Christ 61. Et regna 14. ans. Au- *teur de*
quel temps il fit bastir l'Eglise Sainct *De S. Denys*
nys, & puis que il vient a propos ie vous
descriray la fondation.

D'agobert en son ieune aage estant au
deduit de la chasse à l'entour de Paris, se
mit en queste apres vn Cerf, lequel pour-
suiuy a force de chiens, se sauua au village de Catule, & entra dedans la chapelle
Sainct Denys, auiourd'huy dit de l'E-
stree: & tout chaut qu'il estoit s'alla repo
ser & rafraichir sur la tombe des corps
saincts. Les chiens poursuiuans, ne sceurent autre chose faire, que i'apper & ab-
bayer apres, n'ayans la puissance d'en approcher, que de bien loing, quelque force qu'on leur fit, parquoy faillit le deduit
de la venerie.

Aduint que Dagobert, pour auoir fait *Dago-*
iniure a son maistre, fut en l'indignation *bert estāt*
de son pere, pour la fureur duquel euiter, *à l'indi-*
se recordant de la sauuegarde que le Cerf *gnatiō de*
auoit eue, se retira en ceste chapelle, ou il *son pe.*
s'endormit. Durant son repos Sainct De-
nys Sainct Rustic, & Sainct Eleuthere,
s'aparurent a luy, promettās que s'il vouloit (quant il seroit en son regne) leuer
leurs corps de la ou ils estoyent, pour les

mettre plus honnestement, qu'ils le desiureroyēt de l'ire de son pere. Le ieune prince, ayant faict la promesse, se reueilla, & venant les seruiteurs de son pere par deux fois, pour le prendre faillirēt, & n'en sceurent approcher, que de demye lieue. Le Roy en ce courroux, y vint luy mesme, & tout ainsi luy aduint qu'à ses seruiteurs. Parquoy, considerant que cela se faisoit par vertu diuine, pardonna à son fils & se reconcilia à luy.

Le tēps que les Sainēts corps furent esleuez.

En l'an 532. apres que Dagobert eut le regne de france ayant memoire de sa promesse, fit leuer la tombe, & chercher les Sainēts corps, qu'on trouua auec leurs noms, & le temps, comment & par qui ils auoyent la esté mis, & reposé l'espace de cinq cens 36. ans, des le temps que regnoit l'Empereur Domitian. Et en grande reuerance & assemblee de processions, prieres, oraisons, & ieunes, le sixiesme iour des Calendes de May, les feit leuer du lieu, où ils estoyent, & fit faire par S. Eloy, qui lors viuoit, & estoit orfeure, de belles & riches chasses, toutes couuertes d'or fin, & enrichies de pierres precieuses, & fit bastir l'Eglise & abbaye de fonds en comble, telle qu'on la voit

voit a present : & y fit transporter lesdits corps saincts.

Ceste Eglise est grande & excellente, ayant sur le deuant deux hautes tours carrees, descouurans tout le pays, esquelles sont sousleuees les cloches de pur metal. Les portes sont de cuiure doré. Quãt on est entré dedans, on voit la beauté & maiesté de ce Tẽple : auquel est le chœur en haut, ou les religieux chantent le seruice diuin. Au dessus sont trois autels: l'autel matutinal, l'autel de la messe, dit le grand autel : & l'autel de derriere, ou sont les capses des trois corps saincts. La table du grant autel, est toute d'or luysante de la varieté des pierres precieuses, sur laquelle Dagobert fit faire a Sainct Eloy, de si grãd artifice, qu'il n'y a maintenant orfeure, ny lapidaire, qui ne lait en grande admiration. Au dextre costé se presente le sepulchre du Roy Dagobert, sur lequel est son effigie esleuee en pierre. De la faut monter aucuns degrez, pour venir à la derniere partie du Temple, ou se presente en veue le tiers autel d'or. La sont les saincts corps a l'endroit desquels sur la couuerture du temple, Dagobert fit couurir la rotondité de fin argent.

Du bastimẽt de l'Eglise S. Denys.

D

Deuant l'autel des Martiers, est vne autre Croix d'or, auec l'image du crucifix, enrichie de pierres precieuses. Au dextre costé sont aucunes reliquaires de la passion de nostre Seigneur: au seneftre est le chef Sainct Denys, orné d'or d'argent & pierreries. Tout le derriere du chœur est decoré par les chapelles de capses d'or & d'argent, où reposent les corps de plusieurs Sainctz: est aussi enrichie d'images, de lampes, chandeliers & autres ornemens de mesme estoffe: y à aussi derriere celuy chœur, vne cuue de pierre rouge (iaspe, ou porphire) qu'on dit estre la cuue ou le Roy Dagobert se baignoit: mais tout ce que i'ay recité est vulgaire, à ceux qui y vont, & n'est rien au pris des autres Sainctes & riches reliques, ioyaux & ornemens enfermez au tresor de leans.

De la Dedicace de l'Eglise Sainct Denys faite par nostre Seigneur Iesus Christ.

Quãd l'Eglise fut paracheuce, & qu'on auoit tout preparé, pour la dedier & consacrer: & que la estoit venu grand multide de peuple, pour veoir le mistere de la dedication, qui le l'endemain se deuoit faire par l'Euesque de Paris, & autres, Prelats: il aduint qu'vn pauure Ladre malade & deffait de sa face, auoit singuliere deuotion de veoir le mistere de la dedicace, sçachant que le lendemain quant il seroit iour, on ne le laisseroit point entrer auec les autres, pour sa maladie, des le soir precedent se mussa derriere vne des portes d'icelle Eglise, & fut enfermé dedans: & en icelle nuit ledit ladre, *Propriis oculis.* Veid venir nostre Seigneur Iesus Christ, tout habillé de blancs vestemens, accompagné de ses Apostres, & de grande multitude de martyrs, d'Anges & Archanges, & luy mesmes consacra & dedia ladite Eglise, & contre les parois d'icelle il imprima le signe euident de ladite dedication. Et nostre Seigneur dict au ladre qu'il raportast & denonçast le lendemain ce qu'il auoit veu, & qu'il dict aux Prelats qui n'estoit plus besoing de la consacrer. Et a fin que l'on ne fit doute de ce qui diroit, nostre seigneur luy passa sa main dessus le visage, & le guarist, luy ostant vne Raphe de la maladie de lepre, & la face luy demeura belle clere & nette. Quant à l'Eglise, elle n'est pas bastie au lieu mesme ou Saincte Geneuiefue *Vn ladre fut guary de sa lepre.*

D ij

fonda la chapelle, en laquelle se sauua Dagobert, ains à vn iect d'arc loing d'icelle. En ceste abbaye sont les Sepulchres de la plus grande partie des Roys de france sur lesquels sont esleuees leurs effigies de pierre de marbre, Cuyure, Albastre, estoffées d'or, & autres metaux, auec leur Epitaphes desquels aucũs sont si vieux, qu'on n'en peut auoir entiere cognoissance. Toutesfois auec le grãd labeur que nous y auons pris, nous les representõs de mot à mot, ainsi qu'ils sont escrits sur les tombeaux.

Les noms & Epitaphes des Roys, Roynes, Princes, Princesses, & grands Seigneurs, escrits sur leurs tombeaux en l'abbaye S. Denys en France.

Ceux qui sont dedans le cœur, vers la partie de midy, en effigies de pierre.

Le Roy Dagobert. Le Roy Dagobert fondateur de leans, est à costé du maistre autel en effigie, auec quelques images, representans certaines visiõs de son estat, apres sa mort, sans escriture. Ceux qui s'ensuiuent ont leurs noms ainsi escrits aux chapiteaux de leurs effigies.

Ludouicus Rex filius Dagoberti.
Karollus Martellus Rex.
Pepinus Rex pater Karoli Magni
Berta Regina Vxor Pipini Rex.
Kallomanus Rex filius Ludouici Balbi.
Ludouicus Rex filius Ludouici Balbi.

De ceste mesme partie, en descendant vers l'autel matutinal, sont trois effigees d'albastre sur tombeaux de marbre noir, sans escriture n'y epitaphe, sinon vne, les effigees sont du Roy Philippes, fils de Sainct Loys, & d'Isabel d'arragon son espouse, l'Epitaphe de laquelle ne se peut lire, estant enclos du tombeau d'iceluy roy Philippes : & la tierce effigie est du Roy Philippes le bel leur fils.

Ceux qui sont dedans le cœur vers Septentrion, en tombeaux & effigies de pierre, ont leurs noms ainsi escrits sur les chapiteaux.

Kallomanus Rex filius Pipini.
Hirminitrudis Reg. Vxor Karoli Magni.
Constantia Reginay.
Venit de Hispania.
Odo Rex.
Hugo Capet Rex.

D iij

Robertus rex.
Constantia Reg.   Vxor Roberti.
Henricus Rex filius Roberti.
Ludouicus Grossus Rex.
Philippus Rex filius Ludouici Grossi.

Ce Philippe est celuy qui tomba & mourut, par vn porceau qui se mit entre les iambes de son cheual.

A costé du maistre autel vers Septentrion, sont six effigies d'albastre sur tombeaux de marbre noir. Le premier du costé de la muraille est Philippes le long, auec son epitaphe, & les autres suyuamment comme s'ensuit.

Epitaphe de Philippes le lōg.
Cy gist Philippes le long Roy de france & de Nauarre, fils de Philippes le bel, qui trespassa l'an mil trois cens vingt, le troisiesme iour de Ianuier, & le cueur de la royne Ieanne sa compague, fille de noble prince le Conte Hugues de Bourgōgne, laquelle trespassa l'an mil trois cens vingt neuf.

Epitaphe du roy Charles.
Icy gisent le Roy Charles, iadis roy de france, & de Nauarre, fils du roy Philippes le bel, & Ieanne sa compagne, fille de noble prince Monsieur Loys de france, iadis Conte de Eureux. Le reste est rōpu.

En vne lame de cuiure affixee contre la muraille opposite des sepultures, est escrit c'est Epitaphe plus au long.

Cy gist le Roy Charles, Roy de France, & de Nauarre, fils du Roy Philippes le bel, qui tresp. a l'an mil 527. la veille de la Chādeleur: & Madame la Royne Ieanne sa cōpagne, fille de noble Prince, Monsieur Loys de France, iadis Conte d'Eureux: laquelle Royne donna ceans cette chasse, ou il y a de la vraye Croix, & vne Espine de la saincte Couronne, & du S. Sepulcre de nostre Seigneur.

Cy gist de bonne memoire tres-excellente, & tres-haute, & tres-puissante dame Madame Ieanne, iadis Royne de Frāce & de Nauarre, Contesse de Bourgongne, & d'Arthois. le reste est rompu.

Les deux autres effigee ioignantes à la dessus dicte, sont des Roys Philippes de Valois & Iean son fils, sans Epitaphes.

Presque à costé de l'autel matutinal, en la porte septentrionale, est le Tombeau & effigee en marbre & albastre, du Roy Loys Hutin, premier fils du Roy Philippes le bel, & pres de luy son fils Iean en maillot sans Epitaphes.

Loys Hutin Roy de Frāce

Tout aupres est le tombeau de sa fille,

D iiij

ANTIQVITEZ

auec tel Epitaphe.

Cy gist Ieanne, par la grace de Dieu Royne de Nauarre, Contesse d'Eureux, fille de Loys Roy de France, aisné fils du Roy Philippes le bel, mere de madame la Royne blanche, Royne de France: & trespassa à Conflans lez Paris, lan mil 349. le sixiesme iour d'Octobre.

De Chales 8.

Vn peu au dessus en la mesme partie est l'effigie du Roy Charles huictiesme, esseuee apres le naturel sur son sepulcre, en forme d'vn homme priant à genoux sur son oratoire: & auprés sont ces vers escrits en cuyure doré.

Hic octaue iaces Francorum Carolo regnum.
Cui victa est forti Britonis ora manu.
Parthenope illustrem tribuit captiua triumphu.
Clarà que Fornouio pugna peracta solo.
Cœpit & Henricus regno depulsus auito
Bella re auspiciis septra Britanna tuis.
O plures longinqua dies si fata dedissent.
Te nullus toto maior in orbe foret.

Vixit annos 28. obiit anno à natali Domini 1498. Aprilis. 7. Opus pagnanini mutinensis.

Au milieu du cueur ou les moines chãtent, est le tombeau & effigee en cuyure du Roy Charles le Chauue, iadis Empereur, à lentour sont escrits ces vers.

Charle le Chauue iadis Empereur.

Imperio Karolus Caluus regnoque potitus
  Gallorum, iacet hac sub breuitate situs.
Plurima cum Villiscum elino cumque corona
  Ecclesiæ viuus huic dedit ille bona.
Multis ablatis nobis fuit hic reparator,
  Sequany fluuÿ Ruoliique dator.

Derriere le premier autel, à l'entree du cœur, appellé l'autel matutinal, ont esté inhumez trois Roys, les sepultures desquels estoyent iadis d'argent & maintenant est le lieu vide. Les noms des Rois sont, Philippes le Conquerant, dit Auguste, qui gisoit au milieu. Loys huictieme, dict de Montpensier, pere de S. Loys, à partie dextre, lequel depuis à esté canonisé. Le corps en partie est leans, & partie en l'Eglise nostre Dame de Paris, en capses d'or & d'argent: & le chef en la saincte Chapelle. Es places dessus dictes sont longues pierres de taille plattes. Les Anglois ont emporté l'argent du temps qu'ils ont iouy de la ville de sainct Denys en France.

Deuant le maistre autel est vne tombe platte en cuiure, de l'espouse de S. Loys, à l'entour de laquelle est escrit.

Icy gist la noble Royne de Fance Marguerite, qui fut femme de mõsieur sainct Loys, iadis Roy de France, qui trespassa le mercredy deuant Noël, l'an de l'incarnation de nostre Seigneur, mil deux cens 95. Priez Dieu pour l'ame.

Dans le cœur d'icelle abbaye, par le recit des religieux conferé auec les histoires & Annales de France, outre les dessus nommez y gisent, & sont inhumez les corps de Clotaire troiziesme du nom, roy de France, Theodoric deuxiesme du nom Roy de France. Lotaire penultisme roy, de la lignee de Charlemagne. Alphons conte de Poitiers frere de sainct Loys. Ceux la n'ont effigees ny Epitaphes. Voila quant à ceux qui gisent dedãs le cœur.

Les tombeaux & Epitaphes des Princes, Princesses, & seigneurs inhumez és chapelles de ladite abbaye vers midy: Et premierement en la chapelle du Roy le quint, sur tombeaux de marbre noir & effigees d'albastre: & est à noter qu'en icelle chapelle y a iour & nuict continuellement vne lampe ardante.

Icy gist le Roy Charles le quint, sage & eloquent, fils du Roy Iean, qui regna 16. ans, cinq mois, & sept iours, & trespassa l'an de grace, mil 380. Le seiziesme iour de septembre.

Epitaphes de Charles le quint.

Icy gist madame la Royne Ieanne de Bourbon, espouse du Roy Charles le quint, & fille de tres noble Prince monsieur Pierre de Bourbon, laquelle regna auec sondit espoux 13. ans & dix moys, & trespassa, l'an mil 377. le sixiesme iour de Feurier.

De Ieanne de Bourbon.

Icy gist le Roy Charles sixiesme, tres-aimé, large & debonnaire, fils du Roy Charles le quint, qui regna quarãte deux ans, vn mois & six iours : & trespassa le vingt &vniesme iour d'Octobre, l'an mil quatre cens 22. Priez Dieu qu'en Paradis soit son ame.

Du Roy Charles 6.

Icy gist la Royne Isabel de France, espouse du Roy Charles sixiesme, & fille de tres-puissant prince Estienne duc de Bauiere, & Côte Palatin du Rhin, laquelle regna auec sondit espoux & trespassa l'an mil quatre cens 35. le dernir iour de Septembre. Priez Dieu pour elle.

Isabel France

Icy gist le Roy Charles septiesme, tres-

Charles glorieux victorieux, & bien seruy, fils du
7. roy Charles sixiesme qui regna 39. ans,
neuf mois & vn iour : & trespassa le iour
de la Magdeleine, 22. iour de Iuillet, l'an
mil 461. Priez Dieu pour luy.

Icy gist la Royne marie, fille du Roy de
Sicile, duc d'Anjou, espouse du roy Charles 7. qui regna auec sondit espoux & tres
passa le penultiesme iour de Nouembre
l'an mil 463. Priez Dieu pour elle.

Icy gist noble homme messire Bertrand
Bertrãd du Guesclin, conte de Longueuille, & Cõ
u Gues nestable de France, qui trespassa à Cha-
lin. stel nuef de Randan, en Innandan, en la
senechaussee de Beaucaire, le 13. iour de
Iuillet, l'an mil trois cens quatre vingts.
Priez Dieu pour luy.

oys de Icy gist loys de Sancerre, Cheualier, ia-
Sãcerre. dis Mareschal de France, & depuis Connestable, frere germain du Conte de Sancerre, qui trespassa le Mardy sixiesme iour
de Feurier, l'an mil 402.

En cuiure dans la mesme chapelle,

En ce lieu gist souz ceste lame.
Feu noble homme, à qui Dieu pardoint à l'ame,
Arnaud Guillen seigneur de Barbazan,
Qui Conseiller, & premier Chambellan

Fut du Roy Charles septiesme de ce nom,
Et en armes Cheualier de renom,
Sans reproche, & qui aima droicture
Tout son vinant, pourquoy sa sepulture
Luy a esté permise d'estre icy.
Priez a Dieu qui luy face mercy.

Deuant l'autel d'icelle chapelle sont deux tombes basses, auec tels Epitaphes.

Icy gist le noble Charles Dauphin de Viennois, fils du Roy de France Charles sixiesme qui trespassa au Chastel du bois de Vincennes, le 28 iour de Decembre, l'an mil 386.

Icy gist noble homme messire Burcan, iadis Seigneur de la riuiere, Cheualier, chambellan des Roys Charles sixiesme & septiesme, lequel trespassa le 16. iour d'Aoust, mil 400. Et fut cy enterré de l'ordonnance du Roy, pour la consideration de ses notables faits, & la singuliere amour qu'il auoit en luy. Le reste ne se peut lire.

Plus bas de la partie de midy est vne sepulture en marbre noir, & l'effigee d'albastre, qu'on dit estre d'vne contesse de Flandres: car il n'y a aucune escriture, &

est ladite sepulture fermee d'vn treillis de fer.

La sepulture magnifique du grant Roy Frãçois, & de son Espouse.

Tout ioignant est l'excellent & magnifique Mausolee du grand Roy, François en Albastre taillé & esleué, representant le mort & le vif dudit Seigneur Roy, & de son espouze: Par bas, dessus le lict funeral, sont les deux effigee, estadues de leur long, comme corps trespassez, nuds & descharnez, representans ceux dont les Ames en sont separees, l'vne du Roy François, premier du nom, qui deceda à Rambouillet, le dernier iour de Mars, mil cinq cens quarante six, auant Pasques. L'autre, de son espouze la Royne Claude de Bretaigne, fille du Roy Loys douziesme: laquelle trespassa le vingtsixiesme iour de Iuillet, l'an mil cinq cens vingt quatre. Au dessus de mesme estoffe, sont à genoux les effigees au naturel d'iceux Roy & Royne, de madame Charlotte leur fille, de François leur aisné fils Dauphin & Duc de Bretaigne, & de Abdenago, ou Charles duc de Orleans. Les flancs du sepulchre sont enrichis & esleuez en taille, des guerres, batailles victoires & gestes dudit Seigneur Roy defunct: en la fosse duquel repose le corps de madame Loyse de Sauoye sa mere, iadis regente en France.

Enuiron ces tombeaux, pendent quatre enseignes de guerre des couleurs iaune & rouge, pour le Roy Loys douziesme, cinq autres enseignes des couleurs iaune, violet, & incarnat, pour le Roy François, & sept enseignes de couleurs noir & blanc, pour le Roy Henry, que Dieu absolue.

Les Tombeaux, & Epitaphes des Princes, & Princesses inhumez és chapelles de ladite Abbaye vers Septentrion : & premier en la chapelle nostre Dame la blanche, en marbre noir & Albastre.

Icy gist madame Marie de France, fille du Roy Charles, Roy de France & de Nauarre, & de madame Ieane d'Eureux: qui trespassa l'an mil trois cens 41. le sixiesme iour d'Octobre.

Icy gist madame Blanche, fille du Roy Charles, Roy de France & de Nauarre, & de madame Ieanne d'Eureux : qui fut femme de monsieur Philippes de France, Duc d'Orleans, conte de Valois, & de Beaumont : & fut fils du Roy Philippes de Valois : laquelle trespassa l'an mil trois cens quatre vingts douze, le septiesme iour de Feurier. Priez Dieu pour elle.

En basse tombe.

Icy gist tres-noble & haut Prince monsieur Loys d'Eureux, conte de Estampes, & de Gien, pair de France, qui trespassa en l'an de grace mil quatre cens, le sixiesiour de May.

En tombe platte.

Icy gist madame Ieanne d'Eu, iadis cõtesse d'Estampes, & duchesse d'Athenes, fille de tres-noble hõme monsieur Raoul conte d'Eu, & de Guines, iadis connestable de France, & de tres-noble dame madame Ieanne de Mello: & fut attraicte de monsieur Alphons, iadis conte d'Eu, & chambrier de France : laquelle trespassa en la cité de Sens, le sixiesme iour de Iuillet, mil quatre cens quatre vingts & neuf.

En icelle chapelle sont quatre effigies debout sur colonnes aux quatre coings d'icelle, dont trois seulement ont telles escritures: & est a croire qu'elles sont apres le naturel.

Le Roy Charles, fils du Roy Philippes le Bel

le Bel madame la royne Ieane d'Eureux,
compagne du Roy Charles. Madame Ma
rie de France, fille du Roy Charles, & de
madame la royne Ieanne d'Eureux sa cō-
paigne.

En la Chapelle saincte Hippolite, y a
deux sepultures de marbre noir, & les effigies d'albastre.

Icy gisent dames de bonne memoire,
Madame Blanche, par la grace de Dieu
Royne de france, fille de Philippes, Roy
de Nauarre, conte d'Eureux, & de la royne Ieanne, fille du Roy de france, royne
de Nauarre de son heritage, la femme espouse iadis du Roy Philippes le vray Catholique. Et madame Ieanne de france
leur fille, qui trespasserent, c'est à sçauoir
ladite madame Ieane à Besiers, le 11. iour
de Septēbre, mil trois cens septante quatre. Et ladite royne le 5. iour d'Octobre,
mil trois cens quatre vingts & 18. Priez
Dieu pour elles.

Entour ceste sepulture des deux dames
cy dessus nommées ont esté 24. figures
esleuez en albastre, dont la plus part sont
rompues, & aucunes ostees, & sur les testes des images les noms en lettres d'or,
mal aisez a lire, de ceux qui sont descen-

E

dus de la lignee. S. Loys.

En ceste chapelle sont trois effigies debout sur colomnes, d'vn roy & deux roynes, sans escriture.

En la chapelle S. Martin y a vne sepulture & effigie d'vn prince armé, en cuyure doré & esmaillé, auec tel Epitaphe.

Icy gist Alphons, iadis conte d'Eu, chābellan de france, qui fut fils a treshaut homme, tresbon, & tresloyal cheualier Monsieur Iehan de Bayne, qui fut Roy de Ierusalem, & Empereur de Constantinople. Et fut ledit Alphons, fils de treshaute dame Berengere, qui fut Emperiere de Constantinople, laquelle fut mere de madame blanche, la bōne & la sage royne de frāce, qui fut mere au bon roy Loys de france, qui mourust en Cartage. Et fut ladite Berengere sœur au bon roy Ferrād de Castille : & mourut ledit Alphons au seruice de Dieu, & de treshaut & trespuissant prince monsieur Loys, par la grace de Dieu iadis roy de france, & de treshaut prince Monsieur Philippes son fils, par la grace de Dieu Roy de France, dessons Cartage, au royaume de Thunes, l'an de l'incarnation nostre Seigneur, mil deux cens septante, la veille de Saincte

Croix en Septembre. Et fut enterré ledit Alphons en ceste Eglise monsieur S. Denys, l'an de l'incarnatiõ nostre Seigneur, mil deux cens 71. le vendredy d'apres la Pentecoste, le iour & l'heure quand monseigneur le Roy Loys fut enterré. Et pour Dieu priez pour l'ame d'iceluy cõte mout sage, & mout loyal cheualier.

En la croisée de ce Temple, à costé du cœur, vers la part de Septentrion se presente en veue le tres elaboure, tres magnifique, & tres artiste monument du Roy Loys 12. & de son espouse madame Anne de Bretaigne, en blanc albastre, au bas duquel sont representez sur le lict mortel les effigies estendues de leur long dudit Roy Loys 12. & de sa compaigne, selon la representation des corps morts, hideux, & maigres, de vers : & dessus le Ciel ou voute sont taillez au vray naturel les effigies desdicts Roy & Royne à genoux deuant leur acostoit ou oratoire, representez selon le vif, les quatre coings dudit sepulchre sont ornez des quatres vertus, prudence, force, iustice, & temperance, puissantes en grosseur & hauteur le naturel. L'enuiron d'iceluy sepulchre est borné des 12. Apostres, & les flancs esle-

La sepulture du roy Loys 12. & de m. Anne de Bretaigne.

E ij

ANTIQVITEZ

nez & entaillez des batailles, & conquestes dudit Roy Loys en la Duché de Millan, & autres lieux il est enuironné d'vne enceinte de bois noir, afin que l'on n'y face offence.

A costé du chœur, vers Septentrion, est vn tombeau, & l'effigie d'vn cheualier en pierre auec tel Epitaphe.

Icy gist noble homme Guillaume du Chastel de la basse Bretaigne panetier du roy Charles, & escuyer d'escuirie de Mõsieur le Dauphin, qui trespassa le 20. iour de iuillet, l'an de grace mil quatre cens quarante & vn, durant le siege de Pontoise, en defendant le passage de la riuiere d'Oise, le iour que le Duc d'Yor la passa, pour cuyder leuer ledit siege, present le roy, qui pour sa grand vaillance, & les seruices qu'il luy auoit faits en maintes manieres, & principallement en la defence de ceste ville S. Denys contre le siege des Anglois, le fit enterrer ceans. Dieu luy face mercy Amen.

De ce mesme costé est la naturelle effigie à genoux de reuerendissime Cardinal de Bourbon, sur vne colonne de porphire ou iaspe: au bas de laquelle est peinte la figure de son cueur, auec ses Armoi-

La ville S. Denis autrefois assaillie par les Anglois.

L'Effigie du Cardinal de Bourbõ.

ries timbres du chapeau de Cardinal, & est escrite dessous.

Obit xi. Marij 1556.

Au bas de la nef, vers Septentrion, en la chapelle du ladre, en laquelle on voit dedans le creux de la muraille la rasle de la Lepre, que Iesus Christ auoit arrachee de la face dudit Ladre, en signe que ledit Temple estoit dedié par nostre Seigneur. En laqu'elle chapelle est vne colonne de Iaspe rouge, & vn globle de marbre noir dessus, qu'on dit estre la hauteur de nostre Seigneur, ensemble vne forme de Tombeau de mesme pierre leuee sur deux colonnes, que l'on dit estre la largeur & longueur du Sepulchre de nostre Seigneur.

Dans le cloistre est l'effigie du Roy Dagobert, fondateur de leans, au pied de laquelle sont escrits ces vers.

Fingitur hac specie bonitatis odore refertus,
Istius ecclesiæ fondator rex Dagobertus,
Iustitiæ cultor cunctis largus dator accis.
Affuit, & sceleris ferus ac promptissimus Vltor,
Armipotens bellator erat, Veluti, procella
Hostes confregit populosque per arma subegit.

Dedans le cimetiere qui ioinct à l'Eglise du costé Septentrional, entre la sepulture de Loys 12. & nostre Dame la blanche, on bastit maintenant vne chapelle en forme rotonde, qui a 34. toises de circonference, au milieu est la sepulture du roy Henry second, dont les figures sont de bronze, & le reste de l'architecture de marbre & pourphire de couleurs diuerses, œuure fort superbe à voir: en la mesme chapelle sont enterrez, françois secod, & Charles neufiesme son frere. Ladite chapelle se construit auec tel artifice qu'on y pourra mettre plusieurs sepultures.

Cecy suffira pour les singularitez de l'abbaye S. Denys en France.

S. Denis de l'estree

Au bout de ladite ville S. Denys à la porte de Pontoise y à vne bonne prieuré nommee S. Denys de l'Estree, en l'Eglise de laqu'elle deuant le maistre antel, sont en pierre, trois representations de monumens, ou tombeaux, & dessus les effigies des trois corps Saincts: S. Denys premier Euesque de Paris au milieu, S. Rustic, & S. Eleuthere diacres, aux deux costez. C'est le lieu ou ils furent premierement enterrez Ces saincts lieux ont esté quasi ruinez par les rebelles heretiques, sous le regne du roy Charles 9. comme dirons cy apres en son regne.

Fondation du Prieuré de S. Eloy, de l'Eglise S. Paul, Saincte Aure, de Sainct Landry, & de leurs fondations, & autres incidens: Aussi les Roys qui ont regné sur la france depuis Dagobert iusques a Pepin le bref.

CHAP. VI.

Sainct Eloy Euesque de Noion viuoit du temps de Dagobert, & ses enfans, & comme il estoit homme du tout adonné au seruice de Dieu, aussi fonda il a Paris en la cité & nõ loin de la riuiere, vn monastere de filles iusques au nombre de trois cens, desquelles saincte Aure estoit Abbesse: comme aussi il fit bastir l'Eglise de Sainct Paul, hors les murs qui a present est vne belle paroisse dedans la ville, pour enterrer le corps de ses vierges seruantes de nostre Dieu, & ou furent mis les ossemens de la susdicte saincte Aure : Ces Religieuses ont esté long temps en ceste Eglise, a sçauoir de-

Du prieuré S. Eloy: & la changemẽt d'icelui.

E iiij

puis enuiron l'an six cens 35. iusques au Pontificat de Paschal second de ce nom, qui vint au siege de Rome, l'an mil cent: car alors pour la maluersation de quelque vne d'entre elles, on les osta de la, & les mit on a Montmartre, à Chelles, & à Sainct Anthoine des Champs: & la place fut donnee a 12. moynes de l'ordre Sainct Benoist, sous la charge d'vn Prieur lequel ayant departy les terres qui estoyent suiettes audict monastere, fut aussi cause de la fondation des Eglises parrochiales de saincte Croix en la rue de la Drapperie, qui estoit vn hospital, de Sainct Pierre des assis, de Sainct Martial, de Sainct Bõ, & de Sainct Paul: Toutes lesquelles Eglises doiuent quelque respects, obeyssance, & recognoissance a ce prieuré de S. Eloy qui est ores chanoinerie (ainsi qu'auons dit cy dessus) le tout ainsi changé & peruerty par le Cardinal du Bellay, lors qu'il estoit Euesque de Paris. Du temps des Meroninges furent fondees les Eglises que dessus, aussi n'ay voulu oublier ce qui est graué & escrit sur vne haute sepulture en la nef d'icelle Eglise Sainct Paul, en ceste maniere.

Des Eglises Saincte Croix, S. Pierre les assis, S. Martial & S. Bon.

Hæc in vita sancti Eligij.

Postremo ædificauit sanctus Eligius basiliam in honore sancti Pauli ad ancillarum Dei corpora sepelienda, quam operuit plumbo cum elegatia in qua quoque beatus Quintinianus iacet abbas humatus, 1490.

Epitaphe en la nef de l'Eglise S. Paul.

L'an 1431. l'Eglise Sainct Paul nouellement rebastie fut dediee & consacree par reuerend pere en Dieu Monsieur maistre Iaques du Chastelier, Euesque de Paris, le Dimanche d'apres Quasimodo. En ceste Eglise y a grand nombre de blasons d'armoiries de princes & Seigneurs, qui les y ont fait apposer apres les ioustes, & tournois faits deuãt les Tournelles. Aussi y sont plusieurs sepultures de nobles personnes: entre lesquelles i'en ay seulement noté deux, d'autant que les personnages le merite: l'vne est celle du premier qui a escrit les Annalles de france qui cõmence ainsi.

Fõdatiõ de l'Eglise Sainct Paul.

Cy gist noble homme & sage maistre Nicole Gilles, en son viuãt notaire & secretaire du Roy nostre sire, clerc & cõtreroleur de son thresor, lequel Gilles fit de ses deniers faire & edifier ceste chappelle

Sainct Loys, & trespassa le dixiesme de
Iuillet, mil.v.iij.

Dedans le cœur de ladicte Eglise gist
le trefçauant Euesque d'Auranche M.
Robert Cenalis Docteur en Teologie, &
Parisien d'origine: Les Epitaphes duquel
ie ne veux laisser en arriere d'escrit en vn
tableau de cuiure, auquel ses parolles
sont escrittes.

Ego Iehouad. Hoc est nomen meum
Vni trino numini, ac nomini sacrum
Huc ades, quisquis es Christianæ cultor
Pietatis, hoc monumentum vocat
Suadetque, vt te esse mortalem vel casibus,
Discus nostris: tuum que sequntur legas.
 Epitaphũ Roberti cenalis Arboriẽsis Episcopi,
Doctoris Teologi ordine, & origine Parisiensis.
En moriturus ego vixi, quò viuere possim
Ian moriens, mortem vita beata manet.
Vixi equidem, fateor, sed quam vixisse pigeret,
 Ni mihi spem faceret gratia larga Dei.
Busta tui miseranda vides, qui fortè Roberti,
Dic tandem æterna pace fruatur. Amen.

Obijt 27. Aprilis 1560.

De ceste Eglise Sainct Paul, le corps de

saincte Aure fut depuis tranflaté en son propre monastere, qui de present est nommé sainct Eloy: pres le Palais, qui souloit estre prieuré de Moines, comme aussi estoit l'abbaye sainct Maur des fossez, lesquels ont esté changez comme il est dict cy deuant.

Quant à la mutation de ce monastere & de ses edifices il faut entendre, que de antiquité le circuit de tout le bastiment, comprenoit les costez des rues de la Calendre batillerie (deuant les murs de la Court du Palais) vieille Drapperie, Sauaterie, & aux feure: le tout clos de hauts murs, ou sont maintenant les maisons de plusieurs bourgeois: ces lieux s'appellent encores la ceinture sainct Eloy: le cœur de ladite Eglise estoit ou est maintenant le petite paroisse sainct Martial. En ceste Eglise sainct Eloy dans la chappelle de nostre Dame, gist Pierre Berchote, prieur dudit lieu, pour l'honneur de la science duquel (entre autres) iay voulu transcrire son Epitaphe tel qu'il est graué sur sa tombe.

La grandeur que anciennement auoit l'abbaye S. Eloy.

Hic Iacet verabilis, magna profundæque sciētia, ac mirabilis & subtilis eloquentia, frater Petrus Berchorÿ, prior huius prioratus, qui fuit oriundus de villa sancti Petri de itinere, in episcopatu Mailliz, iacenam Pictauia, qui tempore suo fecit quinque opera sua solennia, scilicet dictionarium, Reductorium, Breuiatorium, descriptionem mundi, & translationem cuiusdam libri vetustissimi de Latino in Gallicum, ad praeceptum excellentissimi Ioannis Regis francorum qui obijt anno. M.ccc.lxij.

Le corps Saincte Aure vierge.

Le corps de Saincte Aure Vierge en l'an mil quatre cens 21. la vendredy troysiesme iour d'Auril, regnant le Roy Charles 6. fut mis dedans vne capse d'argent, qui parauant estoit dedans vne de bois & verre, laquelle fut portee en procession à S. Paul, le iour de Pasques fleuries ensuiuāt, accōpagnee des Euesques de Therouenne, de Beauuois, & autres prelats, & continuent tous les ans ceste procession, a tel iour.

Annonius en son li. 3.

Pour ne nous esloigner & reuenir a nostre propos du Roy Dagobert, il donna par testament a l'abbaye S. Denys le village de Brannare en brie, a Sainct Germain des prez le village de Combres en Parisi, & à saincte Geneuiefue du mont le village de Drauerne en Brie, tesmoing Annonius en son troisieme liure.

Apres le trespas de Dagobert, son fils *Du* Roy Clouis succeda au Royaume de France, *Clouis le* & fut le douziesme Roy, l'an du monde 12. 4607. De Iesus Christ 645. Il regna dix-sept ans. En ce temps y eut tres-grande famine en France, pour obuier à laquelle Clouis osta plusieurs richesses en l'Abbaye sainct Denys, pour subuenir aux pauures. En ce temps estoit Euesque d'icelle ville sainct Landry, qui à flory par les vertus diuines, au nom duquel y à vne petite paroisse, fondee en la Cité, qui *S. Landry E-* estoit iadis le lieu de sa demeurance. Ce *dry E-* sainct Euesque, à la requeste dudit Clo- *uesque.* uis deuxiesme, confirma l'exemption de l'Abbaye sainct Denys en France, d'estre subiette à l'Euesque de Paris.

Clotaire treziesme Roy succeda à son *Clotaire* pere Clouis l'an du monde 4624. de Ie- *le 13. roy* sus Christ 662. Il regna quatre ans. De- *de Fran-* puis ce Roy iusques au Roy Pepin, *ce,* les Roys deuindrent oyseux & pusillanimes, se tenans en leur maison priuee à Paris, & ne se monstroyent qu'vne fois l'an au peuple, le premier iour du mois de May : auquel peuple ils faisoyent des dons & presens & receuoyent des Parisiens les louanges &

gratulations, puis se retiroyent chez eux: & ce pendant les maires du Palais gouuernoyent le Royaume de France, tellement que Paris, & la Normādie estoyent la dition des Roys de ce temps la, & l'estendue de leur domination.

Childe-ric 14. Roy. Childeric 14. Roy des François fut mādé d'Austrasie, & fut fait Roy au lieu de Theodoric, l'an du monde 4629. De Iesus Christ 667. Il regna douze ans, en son temps il regna orgueilleusement & auec cruauté, & fit maintes iniustices & griefs à ses Barons.

Theodo-ric le 15. Roy. Theodoric ou Thiery quinzieme Roy fut remis à son estat Royal, l'an du monde 4641. De Iesus Christ 679, Regna 14. ans: Ce Roy est enterré à Arras en l'Eglise de sainct Vuast.

Clouis 16. Roy. Clouis seiziesme Roy succeda à son pere Theodoric, l'an du monde 4655. De Iesus Christ 693. regna quatre ans. En ce temps florissoit en vertus & sciences le venerable Bede.

Childe-bert le 17. Roy. Childebert dixseptiesme Roy succeda à son frere Clouis, l'an du monde 4659. De Iesus Christ 697. regna dixhuit ans. Le nom de ses Roys susdits & le catholo-gue d'iceux, parce qu'ils estoyent seulement Roys de nom, sont assez incertains, & mal ordonnez : Car les Historiographes mesme de ce temps la, ne les content quasi point pour Roys : Et au pays de France y à eu de grands troubles, iusques à ce que ceste maniere de Roys fut estainte, & que l'administratiō du royaume fut deuoluee à la famille de Martel, fils de Pepin.

Iauois oublié vne des plus anciennes Eglise à sçauoir à sainct Germain Euesque d'Auxerre, celuy qui auec sainct Loup Euesque de Troyes en Champaigne passa la mer, & fut comme (recite Bede en son histoire Angloise) en la grand Bretaigne, pour conuertir les insulaires infectez de l'erreur des Pelagiens. Cette Eglise fut fondee l'an cinq cens quarante deux, par le mesme Roy Childebert fils de Clouis: & de cecy font foy les representations de ce Roy, & de la Royne Vvltrogote son espouse, qui sont sur le portail de cette Eglise : en laquelle y à Doyenné, Chanoines, & paroisse, de laquelle le Roy est Parroissien, pource que le Chasteau du Louure en despend.

Eglise S. Germain de l'Auxerrois.

Dago-   Dagobert nommé Clouis dixhuictief-
bert nom me Roy succeda à son pere Childebert,
mé Clo- l'an du monde 4677. De Iesus Christ 715.
uis 18. Il regna quatre ans. Ce Roy fut enterré à
Roy.   Nancy.

     Clotaire dixneufime Roy que aucuns
Clotaire disent estre frere de Dagobert, regna deux
19. Roy. ans. Apres la mort de Clotaire il rappelle
     Chilperic, & le fait Roy pour dominer
     souz son nom.

Chilpe-   Chilperic 20. Roy fut mandé de Gas-
ric 20. congne, l'an du monde 4683. De Iesus
Roy. Christ 721. Il regna cinq ans: ce Roy fut
     enterré à Noyon.

Teodoric   Teodoric vingtiesme Roy fils aisné de
22. Roy. Dagobert. L'an du monde 4688. De Ie-
     sus Christ 726. Il regna quinze ans : est
     enterré en l'Eglise sainct Denys en Fran-
     ce. Enuiron ce temps l'Empereur Consta-
     tin sixiesme, fit assembler vn Concile de
     trois cēs trēte Euesques à Cōstantinople.

     Childeric 22. Roy succeda à son frere
Childe- Theodoric. L'an du monde 4703. De Ie-
ric 22. sus Christ 741. Il fut dechassé du Royau-
Roy. me, & rendu Moyne, par qu'il estoit inu-
     tile de la Royale maiesté.

     Depuis Pharamond iusques à Pepin y
     à trois cens trente & vn an : Depuis Me-
                     ronec,

ronce, trois cens vingt. Depuis Clouis Chrestien, deux cens cinquante & deux.

Pepin le bref fut estably vingtroisiesme Roy de France, auec la faueur & consentement des nobles, il fut le premier de sa race. L'an du mõde 4712. de Iesus Christ 750. il regna 18. ans. Ce Roy mourut à Paris le 24. iour de Septembre 768. & delaisse ses enfans Roys Charlemaigne de Soissons, & Charloman de Noyon. *Pepin le bref 23. Roy, qui establyle parlement.*

A l'aduenement en son regne, le Pape Estienne troisiesme du nom, pour les oppressions qu'on luy faisoit, vint à refuge vers iceluy Roy, lequel le reçeut en sa ville de Paris: & pour luy faire plus d'hõneur alla au deuant de luy auec ses Princes, vne lieuë & demye, & s'estans rencontrez, le Roy se mit à terre, & apres auoir baisé le pied du sainct Pere, print la resne du cheual sur lequel le Pape estoit monté: & luy seruant d'escuyer la teste nue, le mena ainsi dedans la ville iusques à son Palais, ou il le festoya. Et fut par iceluy Pape Estienne, sacré Roy, en l'Eglise sainct Denys en France. En ce temps l'Empereur de Grece Constantin, fit mettre les images des saincts hors des Eglises, surquoy les Prelats de France s'assemble- *Humilité du Roy de France.*

F

Assem- rent à Gentilly lez Paris, & tindrent Con-
blee de cile, en la presence des Embassadeurs de
Prelats l'Empereur, lesquels ils renuoyerent
à Gen- chargez d'auertir leurs maistres, qu'il eut
tilly lez à se tenir à l'oppinion des Catholiques.
Paris. Le Roy sudit ayant fait guerre en Italie
contre Alstulphe Roy des Lombars, re-
met le Pape en son pōtificat luy faisant de
grands dōs Aussi le sudit Pape approuue
Le chef Pepin Roy des François, & luy donne le
sainct nom & honneur de Patrice, en la ville de
Iean a- Rome. Au mesme temps le Chef sainct
porté en Iean baptiste fut apporté en France de
France. Constantinople. En l'an 760. ledit Roy
Parle- Pepin fist construire & bastir vne belle
ment e- Eglise à sainct Iean d'Angely ou fut mis
stably en ledit chef. Le Roy Pepin institue parle-
France. ment en France en l'an 757.

*L'institution & ordre de l'vniuersité de Paris,
fondee par Charlemagne, Des fondateurs
de saincts Iaques de l'hospital, de sainct
Marcel, & autres choses memorables &
remarquables durant son regne.*

CHAP. VII.

Harlemagne fils de Pepin vingtquatriesme Roy commença à regner l'an du monde 4730. De Iesus Christ 768. Apres qu'il eut regné 32. ans Il fut declaré Empereur, & fut sacré l'an du monde 4762. De Iesus Christ 809. il regna 46. ans, estant vn Prince magnanime, & fort grand amateur de sciences, Aussi il fit tant de bien à Paris, qu'à tousiours, nous & tous estrangers, luy sommes redeuables, pour la tres-excellente & incomparable Vniuersité d'Estude, qu'il y à fondée.

Charlemagne 24. Roy

En son temps vindrent deux Moynes Escossois en France, crians & preschans publiquement qu'ils auoyent de la science à vendre. Cela venu à la cognoissance de l'Empereur, experience & preuue faicte de leur suffisance, commanda à vn appellé Clement, se tenir à Paris. Et luy faisant bailler enfans de toutes qualitez edifia lieux & escoles conuenables en Paris, selon les arts & doctrines, affranchissans les Estudians par beaux priuileges,

Institution de l'Vniuersité.

F ij

graces, dons & liberalitez, leur eslargissans lieux viures, & exemptions de toutes seruitudes. De là vint la premiere institution de l'Vniuersité de Paris.

En ce temps estoit en Angleterre vn grand Theologien & Philosophe nommé Alcuyn (qui a fait la glose ordinaire) lequel sçachant que Charlemaigne auoit les doctes & sages en grande reputation, passa en France, & vint vers l'Empereur, qui le receut honorablement. A sa poursuite Charlemagne translata l'Vniuersité de Rome, qui autre-fois auoit esté à Athenes, & l'establit à Paris. De ceste Vniuersité furent principaux fondateurs quatre doctes disciples de Bede le venerable à sçauoir Alcuyn, Rabanus, Claude, & Iean l'Escot ou Escossois : laquelle depuis a tousiours resplandy és lettres diuines & humaines, comme la vraye & pure source de toutes sciences. C'est la mere souueraine du laict, de laquelle tous doctes & lettrez, tant estrangers, que François ont esté nourris & par elle sont paruenus aux honneurs & dignitez seculieres, & & ecclesiastiques : Elle est fondee sur qua-

tre fermes colonnes.
La saincte faculté de Theologie.
La faculté du droict canon ou decret.
La faculté de Medicine.
La faculté des Arts.

A chacune des trois premieres facultez preside vn doyen, chacũ desquels à deux bedeaux, qui sont comme huissiers.

Sur toute ceste vniuersité y a vn chef appellé recteur, qui est esleu par la faculté des Arts, de trois mois en trois mois, auquel tous les Escolliers obeissent, & mesmement les quatre facultez. Il y à aussi quatre procureurs selon les quatre nations.

La nation de France premiere.
La nation de Picardie seconde.
La nation de Normandie tierce.
La nation d'Allemaigne auec Angleterre la quatriesme. La nation de France est diuisee en cinq prouinces.
Paris, Reims Bourges, Sens Tours.
La Prouince de Paris, qui est la premiere contient ces dioceses.
Paris, Meaux Chartres.
La Prouince de Sens, contient ces dioceses.

Sans, Troye, Orleans, Auxerre, Neuers, Bourgongne, Vienne, Bezanson, Lyon, Sauoye.

La Prouince de Reims, contient ces dioceses.
Reims, Chaalons, Tou, Verdun, Mets, Soissons, Senlis.

La Prouince de Tours contient ces dioceses.
Tours, Angers, Mans. Et neuf dioceses de Bretaigne, à sçauoir. S. Brieu S. Maclou, ou S. Malo. Dol, Nantes, Vannes, Leon. Triguer, Renes, Cornouaille.

La Prouince de Bourges contient ces dioceses.
Toulouze, Bordeaux, Poitiers, Narbonne, Auchs, Auignon, Arles, Aix, Embrun, Romanie, Espaigne, Arabie, Armenie, Ægypte, Medie, Perse, Syrie, Palestine, Samarie, Italie, Lombardie, Gennes, Venise, Rome, la Pouille, Champagne.
Naples & Sicile, & autres nations non comprinses souz les autres prouinces.

Les procureurs de ceste nation de France, sont esleuz par les entrans des cinq desusdictes Prouinces, à sainct Iulian le pauure, & aussi les autres dignitez.

La nation de Picardie est diuisee en deux parties: La premiere partie contient cinq Dioceses.

Beauuais, Amiens, Noyon, Arras, Terouenne.

La seconde contient cinq Dioceses.
Cambray, Tournay, Traiect, Laõ, Liege.
La nation de Normandie contient.
Rouan auec ses suffragants, à sçauoir, Auranches, Constances, Eureux, Lisieux, Sees.
La nation d'Allemaigne est diuisee en 3. parties.
La premiere prouince des hauts Allemãs contient,
Boheme, Bauieres, Auguste, Constance, Suisse, Lozenne, Poulongne, Magonce, Strasbourg, ou Argentine, Hongrie, Basle, Dannemarch, Treues,
La seconde prouince des bas Allemans contient,
Le Traict, Liege pour vne partie, car l'autre est de Picardie. Et fut faicte ceste limitation du cõsentement des nations. L'an de grace mil trois cens 58. Les fleuues de Meuse & Moselle separent les Picards des Allemans: semblablement les François des Allemans. Et du costé

de Sauoye, le lac de Lozenne, separe les François des Allemans. Ceste prouince auec les dessus nommez, a d'auantage, Coulongne, Pruse, Saxonne, Hollande, Lorraine, & autres pays.

La tierce prouince contient Escosse, Angleterre, Hibernie.

Chacune de ses quatre nations comprinses sous la faculté des Arts, a deux Bedeaux comme les autres facultez. L'election du Recteur se fait quatre fois l'an, à Noël, à la feste nostre Dame de Mars, à la feste S. Iean Baptiste, & à la feste S. Denys.

Les quatre Chanceliers.
Deux Chanceliers sur les Bacheliers.
Le Chancelier nostre Dame de Paris.
Le Chancelier de saincte Geneuiefue.

Les Officiers de l'Vniuersité.
Quatre Aduocats en Parlement.
Deux Procureurs.
Deux Aduocats en Chastelet.
Vn Procureur.
Vingt-quatre Libraires Iurez, quatre grands, 20. moindres.
Quatre parcheminiers iurez.

Deux enlumineurs.
Deux relieurs.
Deux escriuains.
Et de chacune nation vn messager.
Tous lesquels officiers iouyssent des priuileges d'icelle Vniuersité.

Pour reuenir à nostre histoire, Charlemaigne entre autres edifices, fit edifier l'hospital & Eglise S. Iaques, en la rue S. Denis, alors dehors, & de present enclose dedans Paris, afin d'heberger les pelerins qui alloient au voyage de S. Iaques en Galice, dõt il auoit fondé l'Eglise : ce sont œuures de pitié & d'hospitalité. *Fondation de l'hospital. S. Iaques.*

Roland, Comte de Blaies, Pair de France, & nepueu de l'Empereur Charlemaigne, comme il est apparu par ancienne chartre, a fondé l'Eglise canoniale de S. Marceau és faux-bourgs de Paris, appelez la ville S. Marcel lez Paris, au lieu ou estoit la chappelle S. Clement bien ancienne, & dans laquelle auoit esté inhumé S. Marceau, Euesque de Paris, duquel on voit encore le tombeau en la basse voulte : & a donné le nom à l'Eglise & à la petite ville. Le corps est en vne chasse d'argent en la grande Eglise de la cité. Il gouuernoit l'Euesché de Paris *Fondation de l'Eglise S. Marcel lez Paris.*

ANTIQVITEZ

enuiron l'an de salut quatre cens, lors que les Françoys descendirent és Gaules.

En ceste Eglise ay trouué vne Epitaphe de memoire.

Hic magister Petrus Lombardus Parisiensis Episcopus, qui composuit Librum Sententiarum, glosas Psalmarum & Epistolarum, cuius obitus dies est xiij Kalendas Augusti: Cestuy mourust l'an 1164.

En ceste Eglise se chantent deux obits pour Charlemaigne qui a fait beaucoup de biens, & duquel l'effigie se voit en vne verriere derriere le grand autel.

Merueilleux hyuer. L'an 777. souz le regne dudict Roy Charlemaigne fut l'hyuer si grand, qui dura depuis le moys d'Octobre iusques à Feurier, la mer gelee plus de 50. lieuës, & la neige de 20. coudees de haut sur la glace, & sembloit que les estoilles deussent cheoir du ciel auec merueilleuse esclipse du Soleil le 6. iour de Iuin.

De l'eſtabliſſement du Lendit, de la courſe des Normans, des Comtes de Paris, de l'Egliſe S. Germain le vieil, des Roys qui ont regné depuis Charlemaigne iuſques à Hue Capet le 36. Roy de France, & des ſiege deuant la ville de Paris.

CHAP. VIII.

Oys Debonnaire ou le piteux fut le 25. Roy, il ſucceda à ſon pere Charlemaigne. L'an du monde 4776. De Ieſus Chriſt 814. Il regna 26. ans. Au temps duquel viuoit Suger, Abbé de S. Denis en France, lequel fit faire le Crucifix d'or, & autres reliquaires qui ſont en ladicte Abbaye. Il mourut le 21. iour de May 840. & fut enterré à Mets.

Loys Debonnaire le 25. Roy.

Charles le Chaune, fils de Loys 26. Roy. L'an du monde 4838. De Ieſus Chriſt 840. Ce Roy regna 38. ans : Auſſi eſt le premier Roy de France à qui ſeparement eſt eſcheu & aduenu le royaume, lequel eſt maintenant appellé France : Car Charlemaigne & autres ſes predeceſſeurs ſentoient quelque choſe de la Germanie.

Charles le Chaunue 26. Roy.

Comme fut esta-bly le Lē-dit à S. Denys.

En ce temps on transporta la foire que Charlemaigne auoit establie à Aix en Allemaigne, & la fit establir pres Paris, qui fut deslors appellee, comme encores est le Lendit, & en donna le profit à l'Abbaye S. Denys. Aucuns ont escrit, que le Roy Dagobert institua ceste foire du Lendit: tant y a que du temps du Roy Henry deuxiesme à la requeste du reuerendissime Cardinal de Lorraine, il a esté transporté en la ville de Sainct Denis en France.

Paris pillé par les Normās

L'an 837. du temps & regne du susdict Roy Charles le Chauue, les Normans coururent toute la France, assiegerent la ville de Paris, la pillerent, & emporterent grādes despouilles, richesses & thresors. Ce Roy demoura malade à Mantoüe, & y mourut le 14. iour d'Octobre, estant empoisonné par son medecin, nōmé Sedechias.

Loys le Begue le 27. Roy de Frāce.

Loys le Begue, fils de Charles fut le 27. Roy: l'an du monde 4840. De Iesus Christ 878. regna deux ans. Le Pape Iean vint en France: & couronna Empereur Loys le Begue: il delaissa sa femme enceinte, laquelle apres son trespas enfanta Charles le simple. *Loys &*

Loys & Carloman, freres, fils de Loys *Carlo-* le Begue furent 28 Roys. Regnant sur la *man 28.* France. L'an du monde 4842. De Iesus *Roys.* Christ 880. Carloman, pource qu'il e- stoit aisné, tient le rang des Roys par sus l'autre, il regna quatre ans. En ce temps les Normans & Dannoys gasterent cinq ans durant toute la Gaule, en mettant cruellement tout à feu & à sang par tout, ou ils passoient, fust chose sacree ou pro- fane.

Loys Fay-neant, fils de Carloman 29. *Loys* Roy. L'an du monde 4846. De Iesus *Fay-* Christ 884. Il regna cinq ans & fut chas- *neãt 29.* sé: En son temps l'an 886. & l'annee suy- *Roy.* uante les Normans mettent le siege de- uant Paris, ils mettent à mort le Duc Hé ry pour eux véger de leur Roy Godefroy qui auoit esté tué, & tindrent long temps la ville de Paris assiegee auec 40 mil hõ- mes: mais Eude, Comte de Paris, Gourse- lin Euesque d'icelle, & l'Abbé de sainct Germain des prez, se fortifierent par de- dans, & la defendirent si constamment, *Siege de-* par les merites de nostre Dame, & de S. *uãt Paris* Marcel, & saincte Geneuiefue, dont *par les* les corps auoient esté retirez en la cité, *Normãs.*

que ils ne la peurent prendre, & se departirent. Mais auant leur departement, ils saccagerent & bruslerent les monasteres de S. Germain des prez, & saincte Geneuieue, qui estoit alors hors Paris. A ceste cause les Religieux de saincte Geneuiefue, entre leurs prieres Ecclesiastiques, disent ceste-cy:

A furore Normanorum, libera nos Domine.
Et ne reçoiue iamais leans vn religieux de ceste nation.

Le corps S. Germain, au temps du siege des Normans, fut mis en vne chappelle en la cité: & le S. corps ayant esté rapporté par Eude Comte de Paris, & Roy de France, en son abbaye: ceste chappele ou il auoit reposé, fut tousiours depuis nommée S. Germain le vieil. On dit qu'elle appartenoit lors à icelle Abbaye de S. Germain des prez, & qu'elle luy fut ostee par arrest auec autres pieces, à raison d'vne ancienne querelle qu'ils eurent contre les Escoliers, touchāt le pré aux clers.

Fondation de S. Germain le vieil.

En ce temps, la ville & les enuirons de Paris, estoit vne Comté tresnoble, & de supreme seigneurie, dont les Côtes (comme il est à croire) estoiēt naturels gaulois, qui ont attainct à la couronne de France,

Les enuirons de Paris.

Eude Comte de Paris, & depuis Roy de France, Robert frere d'Eude, Comte de Paris. Hugues le grand, Comte de Paris, Hugues Capet Comte de Paris, & depuis Roy de France, & par luy la Comté fut vnie à la couronne. *La Côté de Paris vnie à la courōne.*

Odo, fils du Comte d'Anjou estranger fut fait 30. Roy de France. L'an du monde 4852. De Iesus Christ 820. il regna neuf ans : Ce Roy donna à S. Germain des prez la chasse d'argent, tant riche, dans laquelle le corps S. Germain repose: aussi il apporta en France ceste nostre baniere toute couuerte de fleurs de lys, laquelle a duré iusques au temps de Charles sixiesme. *Odo, le 30. Roy.*

Charles le simple, fils de Loys le begue 31. Roy de France, regna apres Odo. L'an du monde 4861. De Iesus Christ 899. il regna 27. ans. En son temps fut assemblé vn Concile pour reformer les Seigneurs & Princes, qui iouyssoient & occupoient les Abbayes, & autres grosses maisons & reuenus des Eglises, & ce Roy susdict soustint la cause & droit des Euesques & Abbez, les remettant en leur entier & en leurs droicts. *Charles le simple 31. Roy.*

Roul, fils de Richard de Bourgōgne 32.

Rooul 32. *Roy*. Roy de France, vsurpa le royaume apres Charles. L'an du monde 4888. De Iesus Christ 926. Regna deux ans paisible: il fut couronné Roy à Soissons, le 13. iour de Iuillet, & ne regna que deux ans selon les Croniques S. Denis, Sigisbert, & de Phrygien. Mais Paul Emilie, Robert Guaguin, & plusieurs autres afferment qu'il a regné 12. ans presque accomplis, iusques en l'an 937.

Loys le 33. *Roy*. Loys fils de Charles le simple 33. Roy, fut rappelé du pays d'Angleterre, & fut fait Roy de France. L'an du mõde 4890. De Iesus Christ 928. il regna 27. ans. Les Hongres qui estoient encores Sarrazins passerent par Austrasie & Allemaigne, & gasterent par feu & par glaiue les villes & citez, & trauerserent tous les pays iusques à la mer Oceane.

Lotaire fils de Loys 34. de la France. L'an du monde 4917. De Iesus Christ 955. Regna trente & vn an il fut couronné à Reims le 13. iour de Nouembre.

Siege de- *uant Pa-* *ris par* *Oton 2.* L'an neuf cens septante & huict, regnãt en France le susdict Roy: Oton deuxiesme Empereur, pour quelque querelle qu'il eut contre Lotaire, entra en France auec grand' armee, & vint mettre le siege ge deuant Paris : mais par l'impetueuse saillie que firent les parisiens sur son cāp: le neueu d'Oton, & plusieurs autres furent occis deuant la porte, & les ennemis vaincus : en haine dequoy Oton brusla les faux bourgs de la ville, & se retira: Le Roy Lotaire, Hugues Capet, conte de Paris, & Henry duc de Bourgōgne saillans de la ville, poursuiuirent l'Empereur, & le desconfirent au pays de Soissons sur la riuiere d'Oise.

Derechef, durant le regne dudit Lotaire, fut la ville de Paris assiegée par vn prince Dannois, nommé Huastendanus, accompaigné de quinze mil hommes, entre lesquels estoit vn Geant, nommé Betelgulphus, de grandeur merueilleuse: lequel venoit par chacun iour deffier & prouoquer au combat les Cheualiers François. Le Roy Lotaire, estant dedans Paris assiegé, auec sa noblesse Geoffroy conte d'Anjou, venant à Paris au mandement du Roy, se trouua ou estoit le Geāt, lequel il combatit, & luy trencha la teste, laquelle il presenta au Roy. Les Dannois à demy vaincus, leuerent le siege bruslerent Montmorency, & en fin estans campez en la vallee de Soissons,

Paris assiegé & d'vn Geāt de grādeur merueilleuse.

G

furent deffaits par le Roy & les Parisiens.

Des fondations des Eglises sainct Magloire, Sainct Barthelemy, Sainct Nicolas des champs, nostre Dame des champs, sainct Martin des champs, sainct Victor, & les Blancs manteaux.

CHAP. IX.

DEs le temps de Charles le Chauue, iusques à Loys dit d'outremer, pere de Lotaire, comme il appert au discours de nostre histoire, Le Royaume de France fut grandement trauaillé des Normans, à l'occasion dequoy chacun serroit les choses precieuses, aux plus seurs lieux: & mesmement l'Euesque de Alethe, nómé Saluator, se saisit des corps Saincts Magloire & sainct Sanson, qui estoyent en l'Euesché de Dol en Bretaigne, auec autres corps saincts, print le corps sainct Maclou, à Leon en Bretaigne, & accompagné de plusieurs Venerables hommes d'Eglise, vint à Paris, ou il presenta sa requeste au Roy, & à son conseil, tendant à ce qu'il pleust à sa maiesté

Requeste presentee au Roy Lotaire.

donner lieu, pour mettre les corps sainctz honorablement. Le Roy Lotaire aquiesçant à leur requeste, principalement, par le conseil de Hugues Capet, lors duc des François & conte de Paris: fit mettre les saincts corps en sa Royalle chappelle, & de ses predecesseurs, ou est à present sainct Barthelemy pres son hostel, ou ils furent receus en grand' reuerance, & mis auec les anciennes & precieuses reliques, que les feuz Roys y auoyent colloquez. Et lors y auoit chanoines seculiers, mais ledit Roy Lotaire à la suasion du conte de Paris, & en l'honneur de sainct Magloire, fonda sadite chappelle, en l'an de grace neuf cens septāte cinq, vne Abbaye en laquelle il mit abbé & religieux, ausquels il fit de grands dons, & mit les chanoines seculiers en la chapelle sainct Nicolas, qui est à present appellee sainct Michel, dedans la closture du Palais: lesquels chanoines, du consentement du Roy laisserent ladicte Eglise sainct Barthelemy, bien ornee & garnie des reliques dessusdits, & demourerent les abbé & religieux, longtemps en ladite abbaye, & iusques au regne du roy Loys le ieune, lequel pource qu'ils estoyēt trop estroit-

Fondation des religieux sainct Magloire mis à S. Barthelemy.

La chapelle S. Michel.

Changement des Moynes

G ij

tement, les tranflata auec les corps faincts au lieu ou eſtoit l'abbaye ſainct Magloire, dont l'Egliſe auoit ia eſté fondee par le Roy Hugues Capet, en la ruë ſainct Denys, hors Paris: auquel lieu y auoit eu vne chappelle de ſainct Georges, fondee de tres grãde antiquité, ou eſtoyent deux os de ſes bras, & vne partie de ſon chef.

Ceſte tranſlation ou derniere fondatiõ par Loys le ieune, fut faicte en l'an de l'incarnation noſtre Seigneur, mil cent trente huit és nones de Nouembre.

Hugues Capet 36. Roy de France.

Huë ou Hugues capet, conte de Paris, fut le 36. Roy de France, l'an du monde 4949 De Ieſus Chriſt 687. Il regna vn an ſeul & fit couronner ſon fils Robert, Et tant ſeul, qu'auec ſon fils il regna neuf ans. Il mourut enuirõ le commencement du neufieſme an de ſon regne, & fut enterré à ſainct Denys.

Pour vous aſſurer mieux que ce ſudit Roy fut le fondateur de l'abbaye ſainct Magloire. Ie vous deſcriray ce q̃ ay trouué au cœur d'icelle abbaye, en laquelle eſt vn Roy en platte peinture & deſſus eſt eſcrit.

Le fondateur de S. Magloire.

Hugues Capet, Roy de France, fondateur de cette Egliſe.

D'auantage les religieux de Ieans, mõstrent quelques escritures en tapisserie, par lesquelles appert l'abbaye fut fondee par Hugues Capet, & alleguent ces deux vers,

   Hugues Capet en sa grand gloire.
   Fonda à Paris sainct Magloire.

Encores disent ils, que la Iustice patibulaire estoit en ce lieu, & qu'enuiron l'an mil cinq cens vingt cinq, l'Abé de Ieans, nommé de Mommiral, faict bastir dedans des iardins, autour de l'Eglise, on trouua dedans terre, plusieurs ossemens de corps morts, auec des chaines de fer, & potences à gibet. Semblablement en fut trouué autant l'an mil cinq cens quarante neuf, és fondemens d'vne maison contre icelle Eglise, en la ruë sainct Denys.

Ces Moynes ont esté suiects à estre muez de lieu en autre, tant iadis que de nostre temps, d'autãt qu'en l'an 1572. on les osta de la ruë sainct Denys, pour y mettre les filles repéties, & eux furent en uoyez auec leurs ornemés, vases & reliques au faux-bourgs sainct Iaques en l'Eglise & hospital sainct Iaques du haut pas, és

G iij

quels lieux on baſtit pour mieux accō-
moder les Religieux.

De l'E- Les Religieux eſtans oſtez de l'Egliſe
gliſe S. que lon dit ſainct Barthelemy, de l'Ab-
Barthe- baye laiſſee, fut faite vne paroiſſe, dont le
lemy. Roy (à cauſe de ſon Palais) eſt le premier
paroiſſien:& en laquelle y à vne prieuré
depédant de ſainct Magloire & y viennēt
les Religieux chanter aux quatre feſtes
annuelles. Le lieu du prieuré eſt derriere
le cœur, qu'on appelloit anciennemēt noſtre Dame des voutes, en ladite Egliſe S.
Barthelemy.

Quant à l'Egliſe ſainct Michel, dans
De la la cloſture du Palais, elle fut chappelle
chapelle des Roys, iuſques au temps de ſainct Loys
S. Mi- En icelle ſont deux chappelles, l'vne fon-
chel. dee par les dixhuit meſſagers de la chambre des Comptes & du treſor, creez par
les Roys de France, l'autre fondee par le
grand guet du Roy.

Treſpas L'an neuf cens ſeptante ſept, treſpaſſa
de l'Eueſ Albert autrement nommé Aſcelin, E-
que de ueſque de Paris, fils de Baudouyn le ieu-
Paris. ne, conte de flandres.

Robert Robert fils de Hugues capet fut le tré-
37. Roy teſeptieſme Roy, & ſucceda à ſon pere, &
de Frāce. commença à regner ſeul l'an du monde

4958. De Iesus Christ 996: il regna tren- / Fonda-
tequatre ans, homme lettré studieux, reli- / tiõ de S.
gieux debonnaire, vertueux, sage & de / Nicolas
bonne meurs, lequel fonda l'Eglise & pa- / & de no
roisse de sainct Nicolas des champs en / stre Da-
son Palais, pres Paris: Nicolle Gilles à es- / me des
crit, que son Palais estoit où est de present / champs.
le monastere sainct Martin des champs,
toutes-fois il appert du contraire il fonda aussi l'Eglise & prieuré de nostre Dame des champs pres Paris, au lieu ou par
auant sainct Dehys auoit ia edifié vne E-
glise: L'on tient pour vray, que ce lieu fut
le premier ou les Chrestiens de Paris,
commencerét à inuoquer le nom du tout
puissant, y abbatant sainct Denys l'Idole de Mercure, qui estoit le Dieu estimé
tutelaire des Gaules. Le susdit Roy Robert, comme religieux, & plus soigneux
du seruice de Dieu, que du maniement
des armes, ayant aprins de son pere Hue
Capet, que l'establissement d'une Seigneurie s'aquiert plus par pieté, & Iustice
que par effusion de sang, s'addonna aussi
aux œuures sainctes.

Hors la susdite Eglise nostre Dame des
champs, contre la muraille, à l'Entree du
cymetiere, est vne pierre carree, dedans la-

G iiij

ANTIQVITEZ

quelle est peinte d'or & d'argent l'effigie
nostre Dame, bien antique, & dessous est
escrit.

Siste viator, Mariam reuerenter honora,
Nam fuit hæc saxo primum depicta minori
Quod medium spectas:
At sculptam primitus ædes,
Et basilica tenet tanto de nomine dicta.

Henry 38. Roy. Fondation de l'Abbaye S. Martin.

Henry, fils de Robert premier du nom 38 succeda à son pere. L'an du monde 4992. De Iesus Christ 1030. Il regna 30. ans. En son vināt fit plusieurs choses memorables, & d'autāt que non loin du lieu où estoit le logis du Roy, il y auoit iadis assemblee de Religieux, & que sainct Martin si estoit tenu, & y auoit fait de grands miracles, comme encore y estoit la chappelle en laquelle sainct Martin auoit guery vn ladre, cette abbaye ayant esté ruinee par la violēce des guerres, soit des Normās ou autres: tellement qu'il n'y auoit aucune apparence d'abbaye, sinon les ruines. Et la closture de ce lieu & grādeur d'iceluy, passe beaucoup plusieurs villes de France: Le bon Henry premier du nom, & fils de Robert, imitateur des vertus de son pere, restitua à Dieu la place qu'il luy auoit esté dediee, & de son Palais fit bastir vn temple, & dresser vne abbaye auec chanoines reguliers de sainct Augustin, ausquels il donna rentes, reuenus terres, & possessions fort amples & suffisantes pour les entretenir, outre ce leur octroya droit de toute iustice, haute moyenne, & basse, non que tout l'enclos fut du Palais, ains le costé qui est vers la geolle, & le plus proche de sainct Nilas, estant vne maison de seiour des Roys ou ils oyoient les doleances du peuple. En ce temps auint si grand feu en la ville de Paris, que la cité fut quasi toute bruslee: En l'an mil trente quatre. La riuiere fut fort gràde l'espace de sept ans.

Philippes fils de Henry 39. Roy succeda à son pere. L'an du monde 5022. De Iesus Christ 1060. & il regna quarāte neuf ans. Le Roy decede à Melun, le 29. iour de Iuillet, & est enterré à sainct Benoist sur loire. En son regne fut deliberé le voyage de la terre Saincte ou furent plusieurs Seigneurs de France entre autres Godefroy, duc de Lorraine autremēt nōmé de Buillon qui fut Roy de la terre Saincte en l'an 1101. La Cité de Ierusalem fut prinse par

Philippes 39. Roy chāgemēt de l'Abbaye S. Denys.

les Chrestiens : le 29. iour apres qu'elle fut assiegee, qui fut le 15. de Iuillet. Et selon Emile, le quatriesme. En l'année mil quatre vingts dix neuf.

Changement de l'Abbaye. S. Martin.

Et d'autant qu'auons commencé cy deuant à deduire la fondation de l'Eglise sainct Martin ie vous veux aussi declarer le changement. Les chanoines ny furent gueres longtéps, d'autāt que ce Roy Philippes premier du nom, fils de Henry, desitant voir cette Royalle maison mieux reformee, la donna l'an mil septāte neuf, à sainct Huges Abbé de Clugny pour la remettre en quelque estat plus sainct, & ce bon pere y mit vn Prieur, & des religieux de l'ordre sainct Benoist, tels qu'à present on y voit, & en furēt ostez les chanoines, sinon ceux qui voulurent se soumettre à la rigueur, & discipline du prieur claustral, laquelle y regne encor' auec telle integrité qu'il ny à hōme qui puisse dire, que cette maison soit autre q̄ vn vray Asyle de vertu, & le repaire de toute saincteté: Iadis il estoit hors les murs, & ores dedans, mais assez pres des remparts, qui est cause que encores on luy dōne le nom de sainct Martin des champs, estant la fondation de trois Roys, Henry premier,

Philippes premier, & Loys sixiesme, ainsi que voyez és inscriptions qui sont à l'eglise du susdict prieuré, laquelle despend de Clugny: Le premier prieur fut nommé Vrse, lequel estoit fort S. homme, & mourant fut enterré contre les murs de l'Eglise entre les deux portes du cloistre, & du dortoir, car ce fut là que le bon S. Hugues l'enterra luy-mesme, comme voulant le laisser pour garde des actions des religieux nourris pour l'aduenir en ce monastere. Apres le deces de cestuy le Sainct Abbé Hugues ordonna prieur de sainct Martin vn bon religieux nommé Thibaut, lequel gist vis à vis du benoistier, auquel succeda Mathieu le troisiesme en rang entre les chefs de ceste maison Royalle: lequel par ses vertus fut fait Cardinal du sainct Siege, & Euesque d'Alby, & depuis Legat en France: il mourut & fut enterré à Rome. *Nom du premier Prieur.*

Hugues premier du nom, & quatriesme en nóbre, est celuy qui fit clorre tout le circuit de la maison de forte muraille, & de tours, & petis bouleuers, telle que on la voit à present, afin qu'on ne pense point q̃ ce fut la closture du palais royal. *La prieuré close de murailles.*

ANTIQVITEZ

Reprenant l'ordre de l'histoire, quãt à la prieuré de S. Martin des chãps, il y a dessus la porte, par laquelle on entre du cœur dans le cloistre, en platte peinture, les effigies de trois Roys sur la teste de l'vn tenant vne Eglise est escrit.

Henricus primus.
Inclita Martino construxi hæc mœnia diue.
Sur l'autre est escrit.
Philippus primus.
Cluniaco acciui monachos, censu quoque iuui.
Sur le tiers est escrit.
Ludouicus sextus.
Dona ego maiorum, collatáque iura probauit.

Derriere le cœur de l'Eglise dedans vne chapelle, est vn sepulchre sur lequel sont deux effigies de pierre, visage & mains de albastre, l'vne d'homme l'autre d'vne Dame : & contre l'vn des pilliers est vne effigie d'homme debout vestu comme vn president de couleur rouge. Contre l'autre pillier est l'effigie d'vne Dame aussi debout coiffee à l'atique & son habit doré. Au long du sepulchre est escrit.

Le Sieur de Morüillier premier presidët.

Cy dessouz repose les corps de nobles personnes messire Philippes, Sieur de Moruillier, Clary, & Charenton, Conseiller du Roy nostre Sire, & premier President en son Parlement: & Madame Ieanne du Drac sa femme &trespassa ledit president le 25.iour de Iuillet, l'an de grace mil 4. cens 38. Et ladite Ieanne l'an mil quatre cens trentesept.

L'an 1576. Regnant Henry 3. Roy de france & de Poulõgne fut refait plusieurs bastimens en la susdite abbaye S. Martin & entre autres vn grand portail pour entrer droict dans la Court du monastere, chose de bonne inuention d'autant que ce lieu estoit presque inutille, & outre ce que l'étree est sur la grãde rue S. Martin, au lieu que pour entrer en ladicte abbaye il failloit se destourner de la grãd rue. Au portail d'icelle est escrit ce qui ensuit, sous les pieds de deux Effigies de Roys faicts de pierre qui sont des deux costez de la porte.

M. LX.

Henricus posuit primus primusque.
Philippus auxit
Septem probas quas lodoicè domos.

A main droicte en entrant audict lieu est escript.

M. V. LXXV.

*Dum reficit vialar, Biturix præsulque, priorque
tertius Henricus Gallica sceptra tenent.*

Loys le gros 40. Roy fit bastir l'abbaye S. victor

Loys le gros fils de Philippes 40. Roy succeda à son pere. L'an du mõde 5071. De Iesus Christ mil cent neuf il regna vingt-huict ans. Il fut oingt & sacré le 3. d'Aoust en la ville d'Orleans, en l'Eglise sainct Samson, par Gilbert Archeuesque de Sens, nonobstant les oppositions, que firent ceux de Reins, disans auoir seuls ce droict. Ce susdict Roy de France, en recognoissance de la victoire qu'il auoit obtenue contre aucuns seigneurs de France, qui auoient conspiré trahison contre luy, en l'honneur de sainct Victor, auquel il auoit singuliere deuotion, fit coustruyre & edifier l'abbaye S. Victor pres Paris, en laquelle il mit religieux chanoines de S. Augustin, l'an de grace mil cent treize.

Telle est la teneur de la fondation, ainsi que le Roy susdict la fit, laquelle afin d'estre mieux entendue d'vn chacun l'ay mise en françois.

Ie Loys par la grace de Dieu Roy des François instruict par l'exemple de mes ancestres, & accusé de ma conscience,

mettant deuant mes yeux le iour du der- | fondatiõ
nier iugement: voulons & auons deliré | de l'ab-
par le conseil, & consentement des Ar- | baye S.
cheuesques, Euesques, & Seigneurs de | Victor.
nostre Royaume, que l'Eglise dediee au
nom de S. Victor, assise pres Paris, soit or-
donnee pour des Chanoines reguliers,
viuans selon leur reigle, afin qu'ils prient
Dieu tant pour nous que pour le salut de
nostre-dict royaume, & qu'ils facent memoire en leurs prieres, & oraisons tãt de
nous que de nos ancestres. Et afin que le
soin temporel de la necessité des freres,
ne les destourne pour les tirer au soucy
des choses exterieures, & terriennes,
i'ay doté & enrichy la susdicte Eglise a-
uec la faueur, & magnificence de nostre
Royalle liberalité. Donc les Archeuesques, Euesques, Comtes, & autres Seigneurs de nostre Royaume à Chaalons
assemblez, par le commun accord, &
consentement de tous auons estably, &
ordõné que les susdicts Chanoines eslirõt
vn abbé tel qu'il bõ leur semblera soit de
leur troupeau, ou de quelque autre eglise
q̃ ce soit, mais l'estirõt auec telle cõdition
qu'ils ne seront obligez de demander le
consentemẽt du roy, ny attẽdre l'autorité

ANTIQVITEZ

du Roy, ny la volonté, ou louange, & adueu de quelque autre personne, ains en choisirôt celuy qui plaira à Dieu leur dóner, & esliront canoniquement, sans demander congé (comme auons dit) au Roy, n'y a personne quelconque, & l'offriront sans nul contredict à l'Euesque de Paris pour le consacrer.

Fait à Chaalons au palais public, l'an de l'Incarnation de nostre Seigneur, mil cent treize, & de nostre regne le cinquiesme.

Par ces lettres vous voyez la modestie des Roys anciens en ce qui est de l'autorité Royale, ne voulans faire aucun establissement sans la volonté & consentement du clergé, & noblesse, & officiers de la iustice, & le respect qu'ils portoient à l'Eglise, puis que franchement cestuy se demet de la nomination de l'Abbé de S. Victor: & bien que ce soit de sa fondation, si est-ce que purement, & simplement il s'en rapporte à l'election des Chanoines, ne voulant qu'autre quelconque s'en entremette, & y est à considerer leur bonne conscience, puis que canoniquement cestuy veut que l'Abbé soit esleu, & ordonne que l'Euesque diocesain

Modestie des Roys anciens.

cesain aye l'autorité de sacrer, afin de ne rompre aucun ordre ecclesiastique, & violer la discipline auec tant de priuileges, puis qu'il est ainsi que les moindres dignitez ont esté establies, pour obeyr aux superieurs. De ceste Abbaye ancienne n'en reste plus que la vieille porte, & le paruis: car elle a esté du temps du Roy François toute rebastie de neuf, en Architecture autant excellente qui se puisse inuenter, auec decoration d'images representantes le naturel : de compartimens dorez, de verrieres, & autres singularitez. Ie n'ay sceu passer outre sans apposer icy certains Epitaphes de leur fōdateur, & de noz Euesques de Paris, & autres hommes doctes enterrez en ce monastere, recueillis, entre plusieurs dignes de recordation.

Epitaphe du Roy susdict escrit au cloistre de ladicte Abbaye.
Illustris genitor Ludouici Rex Ludouicus,
Vir clemens, Christi seruorum semper amicus:
Instituit, fecit pastorem canonicorum,
In cella Veteri trans flumen Parisiorum.
Hanc vir magnanimis almis Victoris amore,
Auro reliquis ornauit rebus honore.

H

Sancte Dionysi, qui seruas corpus humatum
Martyr & Antistes Ludouici solue reatum.
Christi centeno cum mile decem, & tribus anno,
Templum hoc Victoris struxit regalis honoris.

Derriere le cueur de ceste eglise y a vn sepulchre de pierre, & dessus, l'effigie d'vn Euesque: l'epitaphe est tel.

Discite mortales sortis memoranda supreme
Fata, quibus mors est indita, vita breuis.
Nobile pontificu̅ decus hac Reginaldus in vrna
Occubat, exili contumulatus homo.
Parisiæ quondam præsul celeberrimus vrbis
Fatali ad superos sorte vocatus obit.
Quisquis ades, sic te si agilem memorate viator
Mors est certa, breuis gloria, vita nihil.
Obit anno super M. cccliij.

Pres de là est vne sepulture platte, du costé de Septentrion, d'vn Euesque de Paris, au dessus est escrit en cuyure.

Epitaphium Guillelmi Parisiensis.
Conditus hic recubat fatali sorte Guillelmus,
Parisii pastor, qui gregis aptus erat.
Repperit illustrem cœlesti munere famam,
Quam nequit in tantos mors atolere viros.

ler l
son de
se peur
la ville

prince
ebent qu
quelquefois si
grande

Ante Epitaphe d'vn Euesque de Paris.
Epitaphium Petri Comestoris.
Petrus eram, quem petra tegit, dictusq́ue comestor,
Nunc comedor, viuus docui, nec cesso docere
Mortuus, vt dicat qui me videt incineratum,
Quod sumus iste fuit, erimus quandoq́ue quod
hic est.

Celuy qui s'ensuyt a vne sepulture esleuee toute plaine.

Epitaphium magistri Hugonis de
sancto Victore.
Coditur hic tumulo doctor celeberrimus Hugo,
Quem breuis eximium continet vrna virum,
Dogmate præcipuus, nullíque secundus in orbe,
Claruit ingenio, moribus, arte, stilo.

Ces deux qui s'ensuyuent sont dedans le cloistre de l'Abbaye.

Epitaphium magistri Richardi de
sancto Victore.
Moribus, ingenio, doctrina clarus & arte,
Pulueris hic tegeris, docte Richarde, sinu.
Quem tellus genuit feli Scoticia partu,
Te fouet in gremio Gallica terra suo.
Nil tibi Parca ferox nocuit, quæ stamina paruo
Tepore tracta graui rupit acerba manu,

H ij

Plurima namque tui superât monumenta laboris,
  Quæ tibi perpetuum sint paritura decus.
Segnior vt lento sceleratàq; mors petit ædes,
  Sic properè nimis it supra tecta gradus.

Epitaphium magistri Adæ de sancto Victore.

Hæres peccati, natura filius iræ,
  Exiliíque reus nascitur omnis homo.
Vnde superbit homo? cuius conceptio culpa,
  Nasci pœna, labor vita, necesse mori.
Vana salus hominis, vanus decor, omnia vana,
  Inter vana nihil vanius est homine.
Dum magis alludit præsentis gloria vitæ,
  Præterit, imo fugit, non fugit, imo perit.
Post hominem vermis, post vermem fit cinis, heu heu!
  Sic redit ad cinerem gloria nostra simul.
Hic ergo qui tales miser, & miserabilis Adã,
  Vnum, pro summo munere posco precem:
Peccaui fateor, veniam peto, parce fatenti:
  Parce pater, fratres parcite, Deus.

En la chappelle de l'enfermerie est l'effigie d'vn Patriarche d'Alexandrie, Euesque de Paris, en albastre blanc, sur vn tombeau de marbre noir, autour duquel sont engrauez ces vers.

Hic situs est dominus G. de Gauac patriarcha
Alexandrinus, iuris dum viueret archa,
Mores ornatos ad culmen nobilitatis,
Adiungens gratos actus habuit pietatis,
Plebis ecclesiæ prelatus Parisiensis,
Cultor iustitiæ, peruersorum fuit ensis.
Hunc sibi non solum, sed eum qui post ibi sedit
Dictus fulco, dedit, Lemouicense solum
O quam solicitè quàm sanctè, quamque perirè
Ius studuit, cleri libertatésque tueri.
Multos promouit, quos sanctè viuere nouit,
Clam refouens inopes distribuebat opes.
Corde Deum sitiens transiuit ad atria lucis,
Sancta luce crucis in Maio moriens.
Anno mileno trecenteno quadrageno,
Octóque centenos annos peragens quasi plenos
Pro dilectorio anima tui dulciter ora,
Sancti Victoris conuentus qualibet hora.

On dit qu'en ceste Abbaye est le corps de Olanus, Roy de Moresque, alias Nouergne, iadis payen, & depuis conuerty à la foy, par Robert archeuesque de Rouä: puis occis pour la foy, comme martir, par ses propres subiects enuiron l'an mil vingt: Au mesme temps Alix, femme du Roy Loys le gros, fonda le monastere des religieuses de Mont-martre, ou elle *Fondation du monastere des dames de Mont-martre.*

H iij

gist sous vn tombeau de pierre, sur lequel est son effigie engrauee, qui apparoist bien antique, & de nostre temps a esté transporté ledict monument, à costé du grand autel, vers Septentrion. En l'an mil cent soixante le susdict Roy Loys le gros, eut vn fils, nommé Philippes, Archediacre de Paris: lequel ceda l'election de l'Euesque, à Pierre le Lombard docteur tres-sçauant en Theologie, dont l'Epitaphe est cy dessus : lequel Euesque fit tant auec le Roy Loys le ieune, que les longs cheueux, & les barbes furent abbatues. Ledict Philippes, Archediacre, gist à nostre Dame de Paris.

Loys le ieune 41 Roy de France.

Loys le ieune, fils de Loys le gros 41. Roy succeda à son pere. L'an du monde, cinq mil nonante & neuf, de Iesus Christ mil cent trente sept, il regna quarante trois ans. En son regne le Pape Eugene vint en France, & illec assembla vn Concile à Paris, & à Reims. L'an mil oct quarante cinq

La chapelle des martyrs.

Iceluy Pape Eugene, en l'an mil cent quarāte six, es Calendes de Iuin, à la supplication des religieuses de Môt-martre, cōsacra & dédia le grand autel de la chapelle des Martyrs, ès nōs d'iceux martirs

S. Denys, S. Rustic, & Sainct Eleuthere ainsi qu'il est escrit dans ceste chapelle, en la bulle donnee audit an, en la ville de meaux.

L'an 1146. Sainct Bernard s'en va en Allemagne pour prescher, & pour persuader la guerre contre les infidelles à la persuation duquel l'Empereur, & le Roy prindrent les saincts armes pour aller mettre le siege deuant la ville de Damas. *S. Bernard va en Allemagne.*

L'An mil cent vingt & vn. Le susdit S. Bernard au 12. an de son aage auec 30. de ses compagnons, en vn mesme iour se rendirent religieux de l'ordre de Cisteaux: Et estant Abbé de Clervaux alla de vie à trespas l'an mil cent cinquante trois. *Trespas de Sainct Bernard.*

Le Roy susdit estant maladif, faict couronner a Reims son fils Philippe, le premier iour de Nouembre, auquel couronnement assista Henry le ieune roy d'Angleterre, pour lors Beneficié en france.

Ainsi de temps, en temps, Paris se multipliant les Eglises, & oratoires y furent aussi fondees en plus grand nombre, car le Compte Guillaume Duc de Guienne, & Conte de Poitou s'estant rendu hermite institua l'ordre des Guillemins suiuans *Fōdatiō des Guillemins, dits blācs manteaux.*

H iiij

ANTIQVITEZ

l'ordre S. Augustin, & apres sa mort, le conuent des blancs manteaux de Paris, fut des premiers qui receut ceste nouuelle semence de religieux en l'an de nostre salut mil cent soixante ainsi que discourt Bouchet en ses Annalles d'aquitaine. Or y auoit il difference des blancs mateaux (qui estoyent mendians) aux hermites du bon Duc Guillaume, lesquels se tenoyent a mont rouge iusques au temps de Philippes le Bel, qui les introduit a Paris, & leur donna la maison des Blancs manteaux, que le Roy Sainct Louys auoit fondee, & ainsi les Guillemins prenans le logis des Blancs mateaux, en ont aussi retenu & retiennent le tiltre.

Du Bastiment de la grand Eglise de nostre Dame de Paris, & de ses singularitez, & de Sainct Anthoine des Champs, des Roys qui ont regné en ce temps, & des choses plus memorables.

CHAP. X.

PHilippes Dieu donné, fils de *Philip-* *pes le 4.* Loys 4. Roy succeda à son *roy de la* pere. L'an du monde cinq *France.* mil cent quarante deux. De Iesus Christ 1 1 8 0. Il regna quarante trois ans. Au commencement de son regne il fut aspre à reprimer les seditions des ennemis tant des siens que de ceux de l'Eglise : Le premier Edit du nouueau roy fut contre les blasphemateurs du nom de Dieu, & contre ceux qui auec opprobres pour choses trop legeres & friuolle l'appellent en tesmoignage Par lequel Edit il condemnoit toutes telles manieres de gens a estre iettez en la riuiere, sans encourir la mort. Le second fut contre les Basteleurs, Ioueurs, farceux & autres plaisanteurs auquels il defendit sa cour.

Philippes estant a Paris, & encores viuant son pere, a vn iour de sabbat le 26 iour de feurier entra en la sinagogue, pilla & spollia les iuifs. Et le 29. iour de may *Les I-* iour de l'Assention de nostre Seigneur *uifs pil-* Philippe fut de rechef Couronné Roy, a- *lez.* uec sa femme Elizabeth, fille de Badouyn conte de Haynaut. Le pere a veu son fils roy vn an durant, auec grandissime ioye.

ANTIQVITEZ

Famine en frãce. L'an 1194. si grande famine fut en france, qui dura quatre ans, dont le peuple fit si appauury, que ceux qui estoyẽt au parauant riches, mandioyent publiquement leur vie.

Mort de Geoffroy Duc de Bretaigne. L'an mil cent quatre vingts six mourut à Paris Geoffroy, Duc de Bretaigne, & conte de Richemont, troisiesme fils de Héry roy d'Angleterre, lequel fut inhumé par le vouloir du roy Philippes deuant le grand autel nostre Dame de Paris.

Sepulture de la royne Elisabet. L'an mil cent quatre vingts neuf, le vingtiesme iour de feurier, decéda à Paris la royne Elizabeth, femme du roy Philippes Auguste, & fille de Baldouyn, conte de Henaut, laquelle fut enterree en l'Eglise nostre Dame de Paris, qu'on bastissoit alors, encores voit on sa tombe de marbre blanc & noir dans le chœur d'icelle eglise, qui du commencement à esté haut esleuee, auec autres tombes de Princes & princesses, mais par antiquité les Epitaphes, estans rompus & vsez, les noms en sont incogneuz.

Six chapelles sacerdotales. Pour les ames des deux defuncts dessusdits & autres, le roy fonda en ladite Eglise six chapelles sacerdotales, les chapelains desquelles doiuent celebrer, l'vn pour iceluy roy Philippes, & pour son pere Loys. Le second, pour Geoffroy, Duc de Bretaigne. Le tiers, pour la Contesse de Champaigne Le quatriesme pour la royne Isabel sa femme. Le cinquiesme, pour les feux roys ses predecesseurs. Et le sixiesme, a la deuotion du chapitre.

Au temps dudit Philippes Auguste, tenoit le siege cathedral Maurice de Soliac, septantiesme Euesque de Paris, fondateur des Abbayes de Heriuaux, Hermieres, yerre, Gif, & S. Anthoine des champs, esquelles il mit religieuses, & composa le respons des Vigilles *Credo quod redemptor meus viuit*, & ce qui s'ensuit: lequel il ordōna estre engraué sur sa tombe. Ce bon Euesque pourchassa enuers le roy Philippes, & luy mesme y employa tout son bié à ce que la grand Eglise de Paris fut edifiee & construite de tressumptueux ouurage, ainsi qu'on la voit à present: les fondemens de laquelle, parauant luy, auoyent esté faits & esleuez iusques au rez de terre.

Fōdatiō de l'Eglise nostre Dame.

L'an qu'elle fut commencee est incertain, mais c'est chose certaine que l'edifice fut leué du temps dudit Euesque, qui mourut l'an mil cent quatre vingts & sei se, depuis lequel temps iusques au commencement du dernier bastiment de ladicte Eglise, qui est la croisee vers midy, y a escrit aux deux costez de la porte de ce costé la.

Anno domini, M. CC. LVII. mense Februario idus secundo, hoc fuit inceptum Christi genitricis, Kallensi lathomo viuente Ioanne magistro.

Ce temple est la seule merueille de france pour sa grandeur & forme. L'Edifice est fondee sur pilotis au bout de la Cité sur la riue de Seine, creux par de sous. Il a six vingts colomnes, ou pilliers dedans œuure, soustenans l'Edifice, & faisans deux allees, sans la grande closture d'espaisse muraille qui enuironne le tout. La nef & le chœur sont au milieu du temple en telle largeur que sont aux costez, les deux allees & rangs de six vingts colomnes. La longueur de la nef est de cent pas ou aiambees.

Depuis la nef iusques au chef de l'Eglise y a septante quatre pas, ce sont en longueur de l'edifice dedans œuure cent septantequatre pas ou aiambees.

La largeur tant de la nef, que des allees
costez est de soixāte pas ou aiambees.
La hauteur est estimee à la mesure de la
ongueur de la nef.

D'autres la mesurent ainsi, soixante six
toises de long dedans œuure, vingtquatre
toises de largeur, dixsept toises de haut,
le tout dedans œuure.

Sur les grosses colonnes sont galleries
par dedans, tout à l'entour de l'Eglise,
grandes & larges, le deuant desquelles est
distinct par cent huict colonnes chacune
d'vne pierre, entremeslee parmy les grandes, lesquelles galleries sont vertinees
tout à l'entour.

Le chœur est tout clos de pierre, l'entour d'iceluy contient par haut les histoires du nouueau testament par images entierement taillees, peintes & dorees : &
par bas contient le vieil Testament engraué dedans la pierre, desquelles histoires celle de derriere le chœur sont plus
modernes, comme on voit par la datte
d'icelles, engrauee sur l'effigie d'vn homme à genoux, auquel est escrit ce qui ensuit.

C'est maistre Iean Raui, qui fut maçon *Epita-*
de nostre Dame de Paris, par l'espace de *phe d'vn Maçon.*

vingt six ans, & commença ces nouuelles histoires, & maistre Iean le Bouteillier son neueu, les a parfaites en l'an mil trois cens cinquante vn.

45. Chapelles. A l'entour de l'Eglise sont quarante-cinq chappelles toutes treillisées de fer, desquelles on trouue la datte de la fondatiõ de celles de derriere le chœur, sous l'effigie d'vn Euesque de bronfur vne coloñne qui gist, ou l'vne tout auprés sont vne haute sepulture de marbre, & est escrite ainsi.

Cy est l'image de bonne memoire Simon Mariffas de Bucy, Euesque de Soissons, iadis Euesque de Paris, par qui furent fondées premiérement les trois chappelles ou il gist, en l'an de grace mil deux cens quatre vingts & vn, & puis on fit toutes les autres enuiron le chœur de ceste Eglise. C'est Euesque à laissé beaucoup de distributions annuelles en icelle Eglise.

A chacune des deux croisées y a deux portes, qui sont quatre.

11. portes à la susd. de l'Eglise. A l'entrée sont trois portes doubles, & vne autre petite a costé du chœur, vers Septentrion, & sont vnze en tout, lesquelles sont enrichies, & ornées d'i-

mages effigies, statues, representations des personnes saintes de Roys, Roynes, Princes, & Princesses, & autres qui sont entaillees & entierement esleuees parmy tant de colonnes, qu'il est impossible de le reciter. Au regne du roy Charles 9. fut muré quatre portes de la premiere entree qui est sortant du costé de la rue neufue nostre dame, ce fut à l'occasion des troubles, & maintenant on ne fait ouuerture que des deux portes qui sont au mitan du grãd portail, pour le costé du paruis.

Sur les six portes du deuant de ceste Eglise, entre les colonnes, sont les effigies de vingthuict roys, dont Pepin monté sur vn Lyon est au milieu, & au plus haut se presentant en veue, deux hautes tours carrees, de grandeur merueilleuse, mieux ressemblãtes à deux forteresses de defence sur vn rocher qu'à clochers, lesquelles ont trente quatre toises de hauteur. Les cloches sont si grosses, qu'il contient dixhuict ou vingt hommes pour esbranler la plus materielle, appellee Marie, laquelle en temps coy & de nuict, s'entend de sept lieues loing de

28. Roix en effigies à l'ẽtour de l'Eglise.

ANTIQVITEZ

A l'entour des deux tours sont doubles galleries à deux estages, dont la plus haute est soustenuë de colonnes, ayant leur pied d'estail dessus la premiere, tout au plus haut y a plate forme, le regard de laquelle en bas fait sembler les hommes ainsi petis qu'vn oyseau, tout le comble est appuyé d'arsboutans, au bout desquels en partie, sont des piramides carrees & triangulaires, auec effigies des Roys, & autres personnages, qui sont dedans & dessus: Brief c'est le spectacle le plus grãd & le mieux basty de la Chrestienté.

On môtoit iadis treize degrez pour entrer dedans ceste Eglise, lesquels sont souz le paué, à cause que les ruës de la cité ont esté haussees, pour obuier à l'inundation de Seine.

Entre les images du dehors du costé de Septentrion, sont ces deux vers escrits.

Noz cottes crottees, decrotees furent,
Et noz faces trop mieux en durent.

I'ay bien voulu annoter cela, à que la pluspart disent & interpr
la riuiere de Seine a esté o

grāde, qu'elle attaignit iufques à icelles images.

Au portail de deuant font deux effigies, l'vne tiēt vne Croix, & repreſēte l'eglife: l'autre tenant vn liure, eſt bandee ſur les yeux, & repreſente la Sinagogue.

Les dignitez de leans ſont telles.
L'Euefque.　　L'Archediacre de Paris.
Son grād Vicaire. L'Archediacre de Iozas
Le Doyen.　　L'Archediacre de Brie.
Le chantre.　　Le ſouz Chantre.
Le Chancelier de Paris.
Le Penitencier.
Les cinquante chanoynes, entre leſquels ſont comprinſes les huict dignitez de cy deſſus.
Les ſix grands Vicaires.
Les 10. Chanoines S. Denis du pas.
Les ſix Chanoines de S. Iean le rond & les deux curez.
Les deux Chanoines de S. Aignan, & les deux Vicaires.
Les 12. enfans de chœur.
Les clercs de matines.
Cent quarante chappelains fondez aux quarante cinq chapelles: Tous ces perſonnes d'eglife, n'aſſiſtent iamais au feruice

diuin auec robes de soye, mais en robe de drap : n'oseroient aussi y assister aux principales festes, sinon ayant les barbes razes.

En icelle eglise y a beaucoup de reliquaires, les plus cogneuz sont.

La vraye Croix dont on fait feste, pour sa susception.

La chasse nostre Dame.

La chasse S. Marceau.

La chef S. Philippes.

Le tableau S. Sebastien, & autres martyrs, qui est d'or resplendissant de pierres precieuses.

Tout le chœur est quasi plein de tombes des Euesques, iadis trespassez, auec Epitaphes communs, entre lesquels i'ay prins ces deux cy, pource que les sepultures en sont esleuees.

Quem cathedræ decorauit honor, quem sanguis auitus, quem morum grauitas, hic iacet Odo situs: præsulis huius erat, quod habent hæc tempora raro, mens sincera, manus munda pudica caro. Lenibus hic lenis, togo nudis, victus egenis: vita fuit iuuenis clara, probata senis, bis sexcenteno Christi quartóque bis anno tredecimo Iulij transijt Odo die.

L'autre est vn sepulchre de marbre noir & l'effigie d'vn Euesque à costé du grand autel, vers Septentrion, l'Epitaphe est tel.

Hic iacet reuerendus in Christo pater Dominus Petrus de Ordemunte Parisius oriundus, in vtraque iure licenciatus, olim Morinensis, postmodum vero Parisiensis Episcopus, qui obiit anno domini millesimo quadringentesimo nono, xvi. die mensis Iulij.

En vne chappelle derriere le chœur sont deux effigies à genoux, dont l'Epitaphe est tel.

Cy gist noble homme Messire Iean Iuuenal des Vrsins, Cheualier, baron de Tramel, & Cõseiller du Roy nostre Sire, qui trespassa à Poitiers, l'an de grace, mil quatre cens trête vn, le premier iour d'Auril, iour de Pasques. Et Dame Michelle de Vitry sa femme, qui trespassa à Paris l'an de grace, mil quatre cens cinquante six, le douziesme iour de Iuin. *Epitaphe de M. Iean Inuenal des Vrsins.*

Au dessus sont les armes, armoiries, & pourtraictures de ceux qui sont de luy descendus, entre lesquels sont,

I ij

Içan Iuuenal des Vrsins, Euesque & Cõte de Beauuais, Euesque & Duc de Laon,
deux fois Pair de Frãce. Iean Iuuenal des
Vrsins, Archeuesque & Duc de Reims,
Pair de France, President en la chambre
des Comptes.

Dans icelle Eglise, pres l'effigie du
Roy Philippes de Valois, à cheual est v-
ne autre effigie debout, qu'on dit estre
celle du Pape Gregoire vnziesme du nõ,
qui tint son siege en Auignon : aux deux
costez de laquelle sont deux autres effigies : Iceluy Pape fonda en ladicte Eglise aucunes deuotions, pour certains
iours, comme il se lit en vn tableau de
leans emmy la nef.

Pres la croisee d'icelle Eglise, du costé de Midy, est vne chapelle toute blanche, ou est l'image de la vierge Marie,
les effigies de trois Euesques, lesquels y
gisent, & l'effigie du Roy Loys le gros.
Dans le chœur du costé de Septentrion,
contre vn piller, est l'effigie du Roy Philippe Auguste.

les E-
esques
ui ont
it ba-
Monseigneur Pierre d'Orgemont, natif
de Paris, & Euesque dudict lieu, & de
Terouenne, fist cõstruire l'ancien hostel
episcopal en bas, vers la nef de l'Eglise,

du costé de Midy.

Monsieur Estienne, Archeuesque de Sés, & Euesque de Paris, fit bastir le nouuel edifice, qui est vis à vis de la croisee & porte, du costé de Midy, où est de present la geole. *stir l'hostel episcopal.*

Monsieur Françoys Poncher, Euesque dudict lieu, fit faire l'hostel Episcopal moderne, à costé du chœur, vers le chef de l'eglise, & là souloiet estre les prisons.

Entre ces deux hostels, est la grand salle de l'Euesque, où se celebrent les actes de Theologie : au chef de laquelle salle est vne chappelle ancienne, consacree par l'Euesque Maurice, ainsi qu'il appert en vne escriture à la main, dans la muraille, soubs vne verriere, du costé de Septentrion.

Hæc Basilica consecrata est à domino Mauricio Parisiensis Episcopo, in honore beatæ Mariæ beatorum martyrum Dionysii, Vincentij, Mauricij, & omnium sanctorum.

Voila quant à l'eglise de Paris.

Ce bon Euesque Maurice, comme il a esté dit cy dessus : fonda l'Abbaye des Nonnains de S. Anthoine des champs, auquel lieu sont sur vn monument de *Fondation de S. Anthoine des chāps* marbre noir) esleuees deux effigies de petites Princesses en marbre blanc doré, aux chefs desquelles sont deux Epitaphes, quasi d'vne forme & teneur, sinon quant aux noms & temps.

Le premier est tel.

Cy gist madame Ieanne aisnee, fille de monsieur Charles, aisné fils du Roy de France, regent le Royaume, Duc de Normandie, & Dauphin de Viennois, & depuis Roy de France; & de madame Ieanne de Bourbon, Duchesse de Normandie Dauphine de Viennoys, & depuis Royne de France, qui trespassa en l'abbaye S. Anthoine lez Paris, le vingt & vniesme iour d'Octobre, mil trois cens soixante.

Le second Epitaphe.

Cy gist madame Bonne, seconde fille de monsieur Charles dessusdict, & de madame Ieanne de Bourbon dessus nommee, qui trespassa au palais, le septiesme iour de Nouembre, mil trois cens soixante.

De la Création des Preuost & Escheuins, des armoyries de la ville, de sa fermeture ancienne, reedification du Chastelet, tour du Louure, & erection du Cymetiere des Innocents, de la foire des Ladres, bannissement des Iuifs, du Concile celebré à Paris, des fondations des Eglises, de la Trinité, de S. Honoré, S. Iean en greue saincte Geneuiefue des ardens, & autres choses memorables du regne de ce Roy.

CHAP. XI.

Reprenant sur le têps du Roy Philippes Auguste, dit le conquerant, il accreut grandement son royaume, & enrichit de beaucoup sa ville de Paris. En l'an mil cent nonante, il crea les Escheuins d'icelle ville, luy donnant les armoiries qu'elle porte auiourd'huy, c'est de gueules à vne nauire d'argent, le chef d'azur, semé de fleurs de lys d'or, donnant par ces signes à entendre, que Paris est la dame de toutes autres villes de France, dont le Roy est le seul gouuerneur & patrō, qu'elle est la nef d'abōdāce

Creatiō des Escheuins & armoiries de l'hostel de ville.

I iiij

& affluence de tous biens. Et tout ainſi que la nauire repreſente vne republique bien adminiſtree, auſſi les autres villes ſe reiglent ſelon le gouuernement, & police d'icelle. Ce bon Prince voyant que la ville eſtoit ſi orde & boueuſe, manda le Preuoſt, Eſcheuins, & bourgeois, auſquels il donna charge, moyennant certains deniers, qu'il fit deliurer, que toutes les rues d'icelle, fuſſent pauees de carreaux de gres, ce qui fut fait, & depuis y a eſté touſiours continué.

D'auantage, pource que ladicte ville eſtoit de peu de defence commanda aux deſſuſdicts faire fermer & clorre icelle ville de gros murs, portaux, & foſſez, ce qu'ils firent, & eſt ce qui comprent, commençant à l'hoſtel de Neſle, tout le circuit des portes S. Germain des prez, S. Michel, S. Iaques, S. Marceau, & S. Victor, iuſques à la riuiere, au lieu appelé la Tournelle, vis à vis des Celeſtins. Auſſi la fit clorre des meſmes portes & groſſes murailles, qui enuironnent tout le reſte de la ville, à ſçauoir les portes & foſſez ſainct Honoré, Mont-matre, S. Denis, ſainct Martin, & ſainct Anthoine, & ordonna edifier en ceſte cloſture

En quel temps la ville fut fermée.

des maisons pour y habiter: car tout estoit vague depuis les vieilles portes qui ont esté abbatues, iusques à celle qu'on voit maintenant. Desdictes vieilles clostures apparoissent encores les murailles faictes en circuit auec leurs tournelle, cõme en la ruë aux Ouës derriere les maisons & en autres ruës.

Ie ne veux passer sans vous declarer la maniere, & quels sont les Escheuins de ceste notable ville: Ie dis que nul ne peut venir à la dignité de Preuost des Marchans, ny d'Escheuin, qui ne soit enfant des habitans d'icelle ville, afin que les estrangers ne soient instruicts aux secrets de la ville, & que la communication d'iceux, ne soit preiudiciable à la cõmunauté, & de mauuais exemple à la posterité: Mais encore y a-il vn autre obseruation, qui est, qu'on espluche de si pres la vie de ceux qui aspirent à ces dignitez, qu'il est impossible, que homme *Nul no-* y puisse paruenir, qui soit le moins du *té d'in-* monde marqué de quelque note d'in- *famie* famie, ressentant denigrement de renom- *n'est re-* mee, ou qui pour quelque mesfaict, & *ceu à l'E-* fust-il leger, auroit esté mis en prison, *cheuina-* tant est saincte ceste authorité & hon- *ge.*

neur d'Escheuinages, que la seule opinion de vice luy peut donner empeschement. La quantité des Magistrats de cest hostel de ville, est les susdicts quatre Escheuins, & Cinquanteniers, ainsi que l'estat de chacun est dressé dés sa premiere institution, les 24. Cōseillers, le Greffier, Procureur, Receueur, Clerc, quarteniers, diziniers: souz le regne de ce susdict tresauguste Roy on fit reparer le grand Chastelet de Paris, siege ordinaire de la iustice. Aussi fit faire la grosse tour du Louure, à qui tous les Chasteaux de France estoient subiects: laquelle a esté desmolie par commandement du Roy François, en l'an mil cinq cēs vingt neuf, qui auoit esleu le chasteau pour sa commune résidence. En ceste tour lors qu'elle fut nouuelle edifiee fut mis prisonnier Ferdinand de Portugal, Comte de Flandres, qui auoit esté desconfit par ledict Roy. Il fit clorre le parc du bois de Vincennes, de hautes murailles, & y mit la sauuagine, que le Roy d'Angleterre luy enuoya. Les malades de la prieuré S. Ladré auoient en ce temps & d'ancienneté acquis le droict de marché & foire publique, pour distribuer toutes marchādises,

Chastelet reparé. & la tour du Louure.

Closture du boys de Vincennes.

lequel marché se tenoit pres de leur maison: mais le Roy ayant faict fermer sa ville de Paris, achepta le droict d'iceux & ordonna qu'il seroit tenu dedans la ville en vne grande place vague nommee Champeaux: auquel lieu furét edifiees maisons, habitations, ouuroirs, boutiques, & places publiques, pour y vendre toutes sortes de marchandises, & les tenir & serrer en seureté, & fut appellé ce marché les Halles, ou Alles de Paris, pource que chacun y alloit. *Halles ordónees*

Par mesme prouidence fit clorre & enuironner de pierres carrees vne partie desdicts Champeaux, pres la chapelle des Saincts Innocéts, au long de laquelle closture se vendoyent les merceries. Ce lieu estoit deputé à la sepulture des corps humains trespassez: c'est le grand cimetiere de Paris, la terre duquel on dit estre si pourrissante, qu'vn corps humain y est consumé en neuf iours. Il contient quatre vingts arches & charniers, sans les murs de l'Eglise. En ce cimetiere y a tant d'ossemens de trespassez, que c'est chose incroyable. Entre les innombrables sepultures & Epitaphes des corps nobles: *Du cimetiere des Innocéts*

ANTIQVITEZ

& d'autres tant d'hommes que de femmes qui y gisent combien qu'il y ayt des premiers presidents, comme les Boulengers & les Torestes, des Conseillers, Aduocats, & procureurs du Roy, & autres de tous estats : si est-ce que ie ne les ay voulu inserer, par ce qu'il est impossible l'escrire : & tiendroient plus de grosseur six fois', que toute la matiere de ce liure : & aussi que y mettant les vns ie pourrois offencer les autres que ie n'y aurois mis : ie me suis contenté d'y en mettre deux, l'vn d'vne Dame, pource qu'on nen voit gueres de semblables, l'Epitaphe est tel.

Epitaphe d'vne dame.

Cy gist Yoläd Bailly, qui trespassa l'an mil cinq cens quatorze, le quatre vingt huictiesme an de son aage, le quarante deuxiesme an de son veuuage, laquelle a veu, ou peu voir deuant son trespas deux cens quatre vingts & quinze enfans issus d'elle. L'autre est tel.

Cosmas Guymier inquestarum Præsidens patri matrique sibique monumentum fecit, legit, consulit, glosas super pragmatica ædidit. Obiit III. die Iullij anno 1503. Sed neque moriens pauperum oblitus est eos enim hæredes instituit.

Aussi il y a vne croix fort excelléte qui a esté mis audit lieu, nous en traiterós sous le regne du roy Charles 9, du nó cy apres.

Du temps dudit Philippes Auguste, les iuifs estans demeurans a Paris, crucifierēt vn ieune Chrestien nommé Richard, on l'appelle Sainct: Son corps repose en ladite Eglise des Innocents. *Les Iuifs crucifierent vn enfant.*

Pour ceste cause, & aussi que les iuifs tenoyent obligez, la plus part des citoyens de Paris, & s'estoyent si bien enrichis de leurs heritages, qu'ils pretendoyent ia a eux appartenir la moitié de la cité, & trauailloyent les autres de prison, en leurs maisons propres, se seruoyent de Chrestiens comme des esclaues, vsoyent de larcins & sacrileges, & s'adonnoyent à toute vsure & auarice. Le Roy Philippe conseillé par Bernard Anachorite, resident au boys de Vincennes, remit toutes les debtes des Chrestiens, & priua les iuifs de toutes leurs terres, domaines, & possessions, sans en estre diuerty, quelque priere que les Courtisans luy seussent faire: & pour tout delay vuyderent de Paris la feste S. Iean Baptiste, l'an mil cent quatre vingts & deux. Leurs sinagogues furent appropriees au seruice de Dieu, & en leurs lieux sont de present aucunes Chapelles & paroisses. Durant ce regne la riuiere de seine fut tellement cruë & enfla son cours qu'elle abbatit & sumergea le petit pont de Paris.

Petit pōt abbatu par la riuiere.

On y celebra vn concile contre les Albigeois. Et plusieurs heresies y furent publiees, mais à la poursuitte de Pierre, Euesque de Paris, les heretiques beneficiez furent priuez de leurs dignitez, & les seculiers bruslez à Coipeaux, hors Paris. Le corps d'Amaury Euesque de chartres, inuenteur de l'erreur, qui auoit esté au reste homme docte, qui estoit ensepulturé derriere l'Eglise S. Martin à Paris, fut deterré, & puis bruslé auec les autres.

Concile tenu à Paris.

On lisoit en ce temps en l'vniuersité de Paris, deux liures de la Metaphisique d'Aristote, qui auoyent esté traduicts de nouueau de Grec en Latin, mais pource qu'on presuma qu'ils estoyent cause desdicts erreurs, pour l'obscurité & subtilité d'iceux, ils furent bruslez, & fut defendu sur peine d'excomunication d'en escrire, & lire de lors en auant.

Lecture defendue.

L'an mil deux cens deux, deux nobles Cheualiers seigneurs de Galendes, donnerent leur maison, & y fonderent vne

Premiere fondation de

Prieuré de l'ordre de Premõstré, au nõ de la Trinité, qui fut acheué comme est engraué sur le portail, l'an mil deux cens dix, & renouuellé: l'an mil cinq cens dixhuit: Et le fondement d'vn prieur & deux religieux. En ce portail sont peintes les effigies des deux cheualiers, auec leurs armoyries de gueulles semees de espreuiers d'argent. Ce prieuré est en la rue S. Denys, & y a vn grand cimetiere pour enterrer les pauures. *l'hospital de la trinité.*

Et du temps du Roy Henry deuxiesme du nom, fut institué l'ordre des pupilles & Orphelins en l'hospital de la Trinité, & en vne salle ou iadis les confreres de la passion souloyent iouer leurs moralitez, & lesquels falut qu'acheptassent vn lieu en l'hostel de Bourgongne pour leur assemblee, & ieux Theatraux: car ceste institution de pauures est de plus grande importance au public que les choses qui ne consistent qu'au plaisir des citoyens: Aussi est ce belle chose veoir sortir de ce maison la ieunesse propre a faire seruice, mis en mestier sont adextre a toute actiõ honneste. Encores plus les iurez de tous les mestiers, ne peuuent aller faire recherche a ladite maison ou hospital, d'autant *L'ordre des Pupilles a la Trinité.*

ANTIQVITEZ

qu'il ne leur est permis: Au Cymetiere d'icelluy on porte enterrer la plus grande partie des mallades qui meurent à l'hostel Dieu de Paris lesquels estans enseuelis, ils mettent en vn chariot pour les conduire audict hospital chacune nuict, conduicts par vn homme d'Eglise qui faict les prieres accoustumees pour les deffuncts.

La fondation de l'Eglise S. Honoré.

L'an mil deux cens & quatre, fut fondee l'Eglise canonialle de Sainct Honoré, par madame Sebile, veufue de Monsieur Renon Cherim, homme noble, le corps de la fonderesse gist audit lieu. Leans gist aussi Monsieur Simon Morthier, Cheualier Seigneur de Villiers, & de Boudene, & du Tour en Champaigne, garde de la Preuosté de Paris, au temps des Anglois.

Diuision de S. Geruais & de S. Ieã en greue.

L'an de grace mil deux cens douze, fut diuisee l'Eglise Sainct Geruais en deux paroisses. L'vne de Sainct Geruais, & l'autre de Sainct Iean en greue, qui n'estoit lors que chappelle. Ceste diuision fut faicte par Pierre Loys, Euesque de Paris, pour la multitude & habondance du peuple, qui ne pouuoit estre administré par le seul Curé de Sainct Geruais, & du consentosentement de tous, aux charges que le curé de Sainct Iean doit quelque Rente à l'Eglise de Paris & autres redeuances de son office : a sçauoir estant accompaigné de la Croix & cierges ardens, encensier quand la procession de nostre Dame passe par la mortellerie pour aller a S Paul des champs, & quant elle va à montmartre aux iours des Rogations, auec autres charges contenues en la chartre dudict Pierre Loys, Euesque de Paris, qui commence.

Petrus dei gratia Episcopus Parisiensis, & fine, Actum anno domini, M.cc.xij.mēse Iāuario.

Extraicte des regiſtres de l'abbaye du Bec. L'abbé de laquelle, & le prieur & le conuent de Sainct Nicaiſe, ſont collateurs & donateurs deſdicts deux paroiſſes. Le cymetiere de ceſte Egliſe Sainct Iean eſtoit ou eſt la grande place du marché, pres l'apport Baudoyer, ou la porte Baudes, laqu'elle place en retient encores le *Lieu pro* nom, & y a vne croix au milieu pour ces *sanepour* enſeignes. La cauſe pourquoy ce lieu S. *vn homi* fut conuerty en prophane, fut (comme on *cide.* dict) pource que deux freres s'y entretuerent, le manoir & heritage desquels, estant pres de là fut appliqué à la sepulture des trespassez en lieu de l'autre comme on voit à present.

Loys 8. du nom 43. Roy de frāce. Loys fils de Philippes quarante troisiesme Roy succeda à son pere. L'an du monde cinq mil vn cent quatre vingt cinq. De Iesus Christ mil deux cés vingt trois. Il regna trois ans. Quand le susdit Roy Philippes fut allé de vie à trespas, succeda à la couronne son fils Loys huictieme de ce nom. Au commencement de *Le Roy deliuré de peril par les Parisiés.* son regne les princes de son Royaume s'esleuerent à l'encontre de luy pour luy nuire, & mirent embusches pour le prendre, luy voulant aller de Montlehery a Paris. Mais les Parisiens incitez par la mere du Roy, se mirent en armes, & sortant hors de la ville en bon equipage, allerent à Montlehery mettre le Roy hors du danger de ses ennemis, & fut conduit par eux dans la ville de Paris, à l'entree de laqu'elle firent deux hayes de gensdarmes sur le chemin, & passa le Roy au milieu, receuant gratulation, & offre du seruice des citoyens de Paris.

L'an mil deux cens vingts six Au mois *Le Roy* de may, le Roy s'en va contre les hereti- *va contre* ques Albigeois il destruit la ville d'aui- *les Albi-* gnon, & en fait abbatre les murailles. A *geois here-* son retour il mourust a Montpensier, le *tiques.* douziesme iour de Nouembre.

Loys son fils (dict S. Loys,) fut sacré roy en l'aage de quatorze ans, le vingt neufiesme iour de nouembre, par l'Euesque de Soissons.

Sainct Loys, fils de Loys, fut le quaran- *S. Loys* te quatre roy qui regna sur les françois il *44. roy.* succeda à son pere. L'an du monde cinq mil vn cent quatre vingt huict. De Iesus Christ, mil deux cens vingt six il regna quarante quatre ans. Blanche la mere du Roy, par le vouloir testamenaire du defunct roy, demoura regente en france.

L'an 1234. Le roy seul prenant la charge & administration du royaume, prend pour femme marguerite fille de Remond Compte de Prouence.

L'an mil deux cens trente deux, se leua *Mutine-* vne mutinerie entre les Bourgeois de Pa- *rie entre* ris, & les Escoliers de l'vniuersité, en la- *les Esco-* quelle furent plusieurs occis d'vne part, *liers &* & d'autre. Les Escoliers se complaignans *les Bour-* qu'on ne leur auoit faict reparation ny *geois.*

K ij

tuerent, le manoir & heritage desquels, estant pres de là fut appliqué à la sepulture des trespassez en lieu de l'autre comme on voit à present.

Loys 8. du nom 43. Roy de frāce. Loys fils de Philippes quarante troisiesme Roy succeda à son pere. L'an du monde cinq mil vn cent quatre vingt cinq. De Iesus Christ mil deux cēs vingt trois. Il regna trois ans. Quand le susdit Roy Philippes fut allé de vie à trespas, succeda à la couronne son fils Loys huictieme de ce nom. Au commencement de

Le Roy deliuré de peril par les Parisiēs. son regné les princes de son Royaume s'esleuerent à l'encontre de luy pour luy nuire, & mirent embusches pour le prendre, luy voulant aller de Montlehery à Paris. Mais les Parisiens incitez par la mere du Roy, se mirent en armes, & sortant hors de la ville en bon equipage, allerent à Montlehery mettre le Roy hors du danger de ses ennemis, & fut conduit par eux dans la ville de Paris, à l'entree de laqu'elle firent deux hayes de gensdarmes sur le chemin, & passa le Roy au milieu, receuant gratulation, & offre du seruice des citoyens de Paris.

satisfaction des torts à eux faicts, procederent en telle indignation qu'ils delibererent, & se fermerent en oppinion de transporter l'estude en autre lieu, auec ce qu'ils estoyent pratiquez du roy d'Angleterre, qui leur promettoit donner la ville de Hochfort, pour y demourer, auec beaux Priuileges & franchises : Le Roy Sainct Loys auerty de ce trouble, y pourueut si prudentement, qu'il appaisa le discord, donna contentement aux estudians, & remit en son entier l'vniuersité, laqu'elle estoit preste a perir, iugeant ce bon prince, que si les deliberations eussent sorty effect, il eust perdu vne des belles perles de sa couronne.

Fōdatiō de l'Egli- se saincte Geneuie- fue des ardents en la cité. L'an mil deux cens trente estoit en france vne maladie nommé, feu sacré. Estienne Euesque de Paris, impetra de l'abbé de Saincte Geneuiefue, que la chasse d'icelle saincte fust portee en la grand Eglise de Paris, adonc la maladie cessa, & furēt plusieurs gueris, par l'attouchement de la chasse, en reuerence duquel miracle fit edifier pres nostre Dame vne petite Eglise, qu'on appelle saincte Geneuiefue des ardents : dont le portail à esté depuis refait de neuf, par Nicolas Flamel, homme tres renommé de son temps à Paris, l'effigie duquel est à ce portail, qui fut construit l'an mil quatre cens & deux.

En ce mesme lieu auoit esté iadis l'oratoire de Saincte Geneuiefue, elle viuante, & depuis fut prieuré, le prieur duquel auoit sa maison, ou est auiourd'huy le nouueau bastiment de l'hostel Dieu, & se nommoit ledit prieuré nostre Dame la petite. *L'oratoire saincte Geneuiefue.*

Le Pape Innocent quatriesme du nom venant en france au Concille tenu a Lyō l'an mil deux cens quarantesix, & aduerty de ce grand miracle, voulut que le iour d'icelluy fut solemnisé en memoire perpetuelle de l'occasion de la fondation de ceste Eglise. *Le papè Innocēt en frāce.*

L'an mil deux cens trentehuict Guillaume Euesque de Paris, meut vne question laquelle fut sollennellement disputee audit lieu, touchant ceux qui tiennēt plusieurs benefices. En fin fut decreté, qu'vn homme seul n'en pouuoit tenir d'eux, sans peché mortel. *Question des benefices.*

K iij

ANTIQVITEZ

La Fondation de la Saincte Chappelle, description des Sainctes, Reliques en icelle. Les fondations des quinze vingts Aueugles, filles Dieu, Blancs manteaux, Saincte Croix, Saincte Auoye. Les maisons des quatre ordres des Mendians, Les Chartreux, Saincte Katherine du val des escoliers, le College de Sorbonne, les Haudriettes, Sainct Anthoine le petit, Les Mathurins, l'hostel de Bourbon, les Montioye sur le chemin Sainct Denys en France, & autres choses memorables, sous le regne S. Loys, & autres Roys, aussi les Epitaphes des corps inhumez en aucuns lieux.

CHAP. XII.

Oute l'estude de Sainct Loys estoit de faire construire des Eglises & monasteres, & consacrez à Dieu le Createur, dont Paris a esté tant ennoblie, qu'elle se peut vanter d'auoir eu en la personne de ce Roy plusieurs Salomons, ou vn Salomon, edificateur de plusieurs Temples.

Premierement il fit construire la tres-saincte Chapelle du Palais Royal, laquelle selon le iugement des Architectes, est l'ouurage le plus hardy de deça les môts. Car elle contient deux parfaits bastimens d'Eglise, vne Chapelle dessouz & vne dessus, en laquelle n'y à vne seule coulonne ny appuy, sinon celles qui enuironnent & font l'edifice, qui sont si hautes & droites, qu'il semble (auec ce qu'elles sont menues & delices) que l'edifice ne pourroit endurer la moindre iniure du Ciel. Les arcs de la voulte par dedans sont dorez, & toute la ceinture de l'Eglise, au dessouz de laquelle sont des peintures diuerses, faites d'Esmail & de cristal, reposantes sur petites colonnes d'vne piece, seruantes seulement à ornement.

Description du bastiment de la saincte Chapelle.

A la porte d'embas y à vne image nostre Dame de grande veneration, & à la porte d'enhaut l'image de Iesus Christ, taillee par grand industrie.

Sur le maistre autel de la chapelle d'en haut, est esleué vn lieu carré, auquel faut monter par degrez, lequel lieu contient, vn autre lieu carré clos d'or, ou est la partie des sainctes Reliques, & au dessouz est vn grand escrin d'argent doré, ou on voit le chef sainct Loys. De reciter les ornemens d'or & d'argent qui y sont, seroit impossible. En ceste chapelle Royalle ainsi nouuellement par luy edifiee, il mit les les tres-sainctes Reliques & instrumens de nostre redemption: vne partie luy estãt donnee, & l'autre par luy acheptee de Baudouyn, dernier Empereur de France en Constantinople, qui l'auoit engagee aux Venitiens: de laquelle donnation achapt & d'esgagement, l'Empereur en dõna lettres, dont la coppie en Latin est en tableau en ladite chapelle.

La teneur s'ensuyt en François.

Baudouyn par la grace de Dieu, tres-fidelle en Iesus Christ, Empereur couronné de Dieu, moderateur du pays Romain, & tousiours Auguste, à tous les Chrestiés fidelles, tant presens que auenir, ausquels ces presentes lettres viendront, salut en nostre seigneur. Nous voulons qu'il soit notoire à tous, que de nostre bon vouloir & don gratuit, auons pleinement donné, & absolument baillé, & en tout auons quitté & quittons à nostre trescher amy & parent Loys Roy de France, tres illustre, la saincte Couronne d'Espines de nostre Seigneur, & vne grãde portiõ de la tressacree Croix de Iesus Christ, auec autres precieuses & sacrees reliques declarees par leurs propres nõs cy apres: lesquelles iadis estoyent venerablement colloquees en la ville de Constantinople: & en fin ont esté engagees à diuers creanciers, & en diuers temps, pour la grande necessité de l'Empire de Constantinople. Iceluy seigneur Roy, de nostre volonté & consentement les à rachetees, & selon nostre bon plaisir, les à fait transporter à Paris. Lesquelles tant venerables reliques, sont cy apres exprimees par leurs propres noms à sçauoir La dessusdicte sacree & saincte Couronne de nostre Seigneur. La vraye Croix. Du sang de nostre Seigneur Iesus Christ. Les drappeaux dont nostre Sauueur fut enueloppé en son enfance.

Les noms des plus precieux reliques qui sont en la saincte Chapelle.

Vne autre grand partie du boys de la saincte Croix. Du sang qui miraculeusement à distillé d'vne image de nostre Seigneur, ayãt esté frappee d'vn infidelle.

La chaine & le lyen de fer, en maniere d'vn anneau, dont nostre Seigneur fut lié.

La saincte touaille ou nappe, en vn tableau.

ANTIQVITEZ

Vne grande partie de la pierre du Sepulchre de nostre Seigneur.

Du laict de la vierge Marie.

Le fer de la lance duquel fut percé le costé de Iesus Christ.

Vne autre moyenne Croix, que les anciens appelloyent la Croix de triomphe, pource que les Empereurs auoyent accoustumé de la porter en leurs batailles, en esperance de victoire.

La Robbe de pourpre, dont les Cheualiers de Pilate vestirent Iesus Christ en derision.

Le Roseau qu'ils luy mirent en la main pour sceptre.

L'espōge qu'ils luy baillerent pour boire le vinaigre.

Vne partie du suaire dont il fut enseuely au sepulchre.

Le linge dont il se ceignit quant il laua & essuya les pieds à ses Apostres.

La verge de Moyse.

La haute partie du chef sainct Iean Baptiste.

Les Chefs des saincts Blaise, Clement & Simon en tesmoignage dequoy & perpetuelle fermeté nous auōs signé ces presentes de nostre seing Imperial, & l'auōs seellé de nostre seau d'or. Fait à S. Germain en Laye, l'an de nostre Seigneur mil deux cens quarante sept.

Vn an apres que les sainctes reliques eurent esté mises en la saincte Chappelle elle fut dediee ainsi qu'il est escrit en la chappelle d'enhaut vers Septentrion.

Anno domini M.CCXLVIII. *Vn Kalendas Maij dedicata est ecclesia ista à Venerabeli patre Odone Thusculanensi episcopo apostolicæ se dis legato in honore sacrosanctæ coronæ spinæ domini & viuicæ crucis. Amen.* Le tẽps que la saincte Chapelle fut dediee.

En la basse chappelle de mesme costé est aussi escrit.

Anno domine. M. CCXLVIII. *Vij Kalendas Maij dedicata est ecclesia ista à venerabili patre Philippe Bituriensi Archiepiscopi, in honore gloriosissima virginis genitricis dei Mariæ.*

L'an 1575. le dixiesme iour de May la nuict precedente ce iour, fut substraite en la saincte Chappelle, à Paris, l'vne des deux Croix, faites du bois de la vraye Croix de Iesus Christ : perte fort grande & inestimable, ne nous presageant que malheur auenir, si nous ne recognoissons Vne partie de la vraye Croix substraite.

noz fautes & pechez.

L'an 1576. ont esté refaites tout de neuf les chaises de boys seruant pour assoir les chanoines & châtres de la saincte Chapelle: lesquels sont magnifiquement entaillees, chose belle & honorable pour le decorement d'icelle Eglise. Aussi en ce mesme temps au lieu de l'autre partie de la Croix sustraitte, il en à esté refaitte vne autre qui est semblablement du boys de la Croix on nostre Dieu souffrit pour nous, laquelle estoit gardee au thresor de leans.

Puis que nous sommes à descrire les fondations de sainct Loys lesquelles il a faites en sa ville de Paris, nous les poursuiurons : & apres reciterons les autres parties de son temps:& ne sera chose impertinente, à mon aduis, qu'en descriuant icelles fondations & autres bastimens, d'y mettre aussi quand & quand vne partie des Epitaphes des corps nobles apposez sur leurs sepulcres de marbre & d'albastre & autres monumens antiques dignes de recordation, estans en ces lieux, lesquels ay recuilis entre vn million d'autres rompus & vsez.

Ce vertueux Prince fit edifier la mai-

son des quinze vingts, pour loger & nour- *15.*
rir trois cens cheualiers, auſquels les Sar- *Vingts*
raſins auoyent creué les yeux & leſquels *fondatiōs*
il auoit, laiſſez en oſtage au ſoudan du *S. Loys.*
grand Caire, comme portent les lettres
de la fondation de cette maiſon.
Les filles Dieu.   Les Blancs manteaux.

 Ledit ordre des Blancs manteaux fut
reuoqué, à cauſe qu'ils eſtoyent mendiās:
leur maiſon & Egliſe fut donnee par Philippes le Bel aux religieux de ſainct Guillaume, demeurans lors à Mont-rouge cōme auoient dit cy deuant.

   Saincte Croix en la Bretonnerie.
  Les Beguines de ſaincte Auoye.
  Les Beguines, ou ſont de preſent les
ſœurs de l'aué Maria.
   Auſſi l'ordre des Chartreux.

 L'ordre des Chartreux à pris commē- *L'ordre*
cement de l'an de grace mil quatre vingt *des Char-*
ſix, par le moyen d'vn ſainct homme ap- *treux.*
pellé Brunon, & pour les occaſions contenues à ſa legende digne d'eſtre leuë,
pour la merueilleuſe cauſe qui le meut à
commencer vne reigle ſi auſtere auſſi la
façon de viure ſi ſolitaire & contemplatiue, que celle que les freres de cette religion ſuiuent: Les Chartreux donc ſe te-

noyent premierement à Gentilly village pres Paris, lequel à esté si grand cas iadis que les Roys y ont fait plusieurs assemblees d'Estats & Concilles ainsi que pouuez recuillir d'Aymon moyne en son histoire de France : Mais lesdits Religieux n'y estans pas bien, & le Roy sainct Loys solicité par le Prieur de la grand Chartreuse qui est pres de Grenoble donna ce lieu, ou à present est le monastere des Chartreux, qui lors se nōmoit Vauuert, & fut vn hostel & Palais Royal iadis, ainsi que trouuons en quelques liures escrits à la main, lequel lieu estoit en ruine & decadence, & ou l'on dict que repairoit quelque fantosme, & malin esprit que vulgairement on nommoit le Diable de Vauuert, ce q̃ si est vray, ou faux, ie m'en rapporte à ce qui en est : tant y a que la place auoit nom Vauuert, & que ce prouerbe du Diable de Vauuert à couru iusques à nostre temps : Aussi ceux qui tiennent ceste histoire du fantosme pour vraye, dient que depuis que frere Iosseran, & cinq de ses compagnons vindrent habiter en ce lieu, que l'esprit mal faisant cessa d'y habiter. Du commencement il n'y eut que cinq cellules pour les cinq susdits religieux, mais par progrez de temps, le nombre multipliant il falut aussi q̃ l'edifice fut fait de plus grãde longueur & estendue, si bien que vous voyez maintenant le nef de leur Eglise assez grande, car leur premiere, est la chappelle du dortoir des freres conuers, & ainsi le grant cloistre est de la liberalité des Roys ensuiuants: & le petit est vn lieu de deuotion: veu qu'il est tout enclos de verrieres & figuré de belles histoires sainctes, n'y ayant rien qui ne resente la saincteté de l'institution de cet ordre: suyuant laquelle il n'y entre femme quelconque, non que superstition leur face vser de telle seuerité, ou que ils estiment les femmes esloignee de la grace diuine, ains pource que tel obiect est nuisible à ceux qui font profession de s'esloigner des allichemens de la chair, & de tous les plaisirs que l'homme peut receuoir par les sens exterieurs en ce monde. *Femmes n'entrent point au monastere des Chartreux.*

En leur Eglise entre plusieurs belles sepultures, est vne de marbre noir, & deux effigies d'homme & de femme, de marbre blanc sans Epitaphe. Ils l'appellent le sepulcre de pierre de Nauarre. A l'opposite est vn autre sepulcre d'vn Cheualier tout armé, l'Epitaphe est tel.

Cy gist noble & puissant Prince monsieur Anné de Geneue, qui trespassa l'an de grace mil trois cens soixante neuf, le quatorziesme iour de Decembre.

Les autres sepultures sont plattes, de plusieurs Archeuesques, Euesques, Chãceliers & autres.

A la seconde porte dudit Monastere est l'effigie d'vn Roy de France, qui presente vn nombre de Religieux à genoux deuant l'image de nostre Dame est escrit.

Hanc rogo quisquis ades, non admireris eremum,
Nec dictas hæc sunt tecta superba nimis.
Regia sunt etenim viridis fundamina vallis:
Francorum iecit quæ Ludouicus honos:
Rex primùm instituit: Regùm rex auxit, & auget,
Seruabitque suam tempus in omne domum.

Fondation du conuent des Iacobins. Le sudit Roy sainct Loys, fut le fondateur de la maison, & conuent des freres prescheurs: l'Eglise desquels aussi bien que celle des Mathurins, est bastie sur le fons qui estoit & apartenoit en propre à l'Vni-

l'vniuersité, laqu'elle leur donna moyen̄
nant certaines choses que ses religieux
doiuent a l'vniuersité, ainsi que on trouue es documents & chartres d'icelle. En
ceste maison fut aussi le parloir aux bourgeois qui estoit le lieu du conseil de la
ville, qui a depuis esté d'estiné en l'hostel de ville, comme à present on le pratique. Et de la partie de ce conuent qui res-
pōd sur les marets & fossez de la ville, fut
iadis le Chasteau des seigneurs de Hau- *Ou estoit*
tefueille, de la race desquels estoit Gane- *chasteau*
lon ainsi que i'ay recuilly des Croniques *de haute*
de frere Guillaume de Nangis religieux *fueille.*
de Sainct Benoist, au monastere de Sainct
Denys. L'on dit que le dortoir fut basty
de la somme de dix mil liures Parisiis en
quoy le Roy condemna Enguerrand de
Coucy, pour auoir fait pendre & estran-
gler trois ieunes flamens qui chasoyent
dans ses forests. L'Eglise est pleine de sepultures de marbre noir, auec les effigies
des princes, princesses, & Seigneurs, dont
ie decriray cy apres leurs noms. Deuant
le grand Aurel, est vn Epitaphe qui dit
de telle sorte: Il ma suffit la mettre en
françois.

L.

Epitaphe du dauphin de Viennois.

Cy gist le pere, & tresillustre seigneur Humbert iadis Dauphin de Viennois: puis laissant sa principauté fut faict frere de nostre ordre, & prieur de ce conuent de Paris & en fin Patriarche d'Alexandrie, & perpetuel administrateur de l'Archeuesque de Rheims, & principal bien facteur de ce nostre conuent il mourust l'an de grace, mil trois cens cinquante cinq. C'est celuy Dauphin qui donna ou vendit a vil pris le pays Allobroge, & du Dauphiné à Philippes de Valois, pour les enfans aisnez de france.

Epitaphe de Loys de fráce & de son Epouse.

Monsieur Loys de france, compte d'Eureux, fils du roy de france, & frere du roy Philippes le bel, qui trespassa l'an mil trois cens dix neuf, le dix neufiesme iour de may.

Madame Marguerite sa femme, fille de Monsieur Philippes d'Artois, fils du bon conte Robert d'Artois, laqu'elle trespassa l'an mil trois cens vnze, le vingt troisieme iour d'Auril.

Du Roy de Nauarre.

Le cueur du roy Philippes, roy de Nauarre, & conte d'Eureux : lequel trespassa au siege deuant l'arsegille, au Royaume de Grenade, lequel il auoit mis contre les mescreans de la foy, l'an mil trois cens quarante trois, le seisiesme iour de Septembre.

Le cueur de Ieanne, royne de Nauarre, Contesse d'Eureux fille de Loys Roy de france, aisné fils du roy Philippes le bal, laqu'elle trespassa à Conflans lez Paris, l'an mil trois quarante neuf, le sixiesme iour d'octobre.

Blanche royne de france, leur fille, feit faire ceste sepulture.

Mon seigneur Philippes d'Artois, seigneur de Conches, de Domfront, & de Meum sur Eure, aisné fils de Robert Conte d'Artois, qui trespassa l'an mil deux cēs quatre vingts dixhuit l'vnsiesme iour de septembre. *Epitaphe de Philippes d'Artois &*

Madame Blanche sa compaigne, fille du Duc de Bretaigne, laqu'elle trespassa au boys Vincennes, l'an mil trois cens vingt sept, le dix neufiesme iour de Mars. *son espouse.*

Madame Clemence, royne de France & de Nauarre, femme du roy Loys, fils du roy Philippes le bel, & fut fille du Roy de Hongrie: laquelle trespassa au Temple a Paris, quatorze iours en O- *De Clemence royne de france & de Nauarre.*

L ij

ANTIQVITEZ.

&obre, l'an mil trois cens vint & trois.

Quatre Epitaphes des Ducs de Bourbõ.

Meſſire Robert, Conte de Clermont, & Seigneur de Bourbon, qui fut fils de Sainct Loys de france, & treſpaſſa l'vnziéſme iour de Feurier, mil trois cens dix sept.

Meſſire Loys, Duc de Bourbon, conte de Clermont & de la Marche, qui fut fils dudit Robert, lequel treſpaſſa le vingtdeuxieſme iour de Ianuier, l'an mil trois cens quarante & vn.

Meſſire Pierre Duc de Bourbon, Conte de Clermont & de la Marche, pair & chambrier de france, qui fut fils dudit Loys, & treſpaſſa le dix neufieſme iour de ſeptembre, mil trois cens cinquante ſix : Dieu ait ſon ame.

Loys, fils de Loys, Duc de Bourbon, Conte de Clermont, & de foreſt, ſeigneur de Beauieulais, pair & chambrier de france, deſcendu le quatrieſme du roy Sainct Loys, de pere à fils, qui treſpaſſa en l'aage de ſeize ans & demy, le douzieſme iour de Septembre, l'an mil quatre cens quatre.

Les entrailles du roy philippes le vray Catholique, qui regna vingt & deux ans, & treſpaſſa le vingt & huictieſme iour d'Aoust, l'an mil trois cens cinquante: Et a faict faire ladite sepulture la royne blāche son Espouse.

Le cueur du grand Roy Charles qui conquist Sicile, qui fut frere de Sainct Loys de france, & luy feit faire ceste tombe la royne Clemence sa mere, il fut enterré l'an mil trois cens vingt six. *Le cueur du grant roy char les.*

Madame Beatrix de Bourbon, royne de Boësme, & Contesse de Luxembourg, laqu'elle fut fille du Duc Loys de Bourbon, & de Madame Marie de Henaut, & femme de feu Ieā roy de Boësme, laquelle trespassa le vingt cinquiesme iour de Decēbre, l'an mil trois cens quatre vingt trois. *La Contesse de Luxembourg.*

Monseigneur Charles, frere du Roy Philippes de Valois, conte d'Alencon, cōte du Perche, sire de Verneuil & de Domfront, qui mourut à la bataille de Crecy, l'an mil trois cens quarante six, le vingt sixiesme iour d'Aoust.

Madame Marie d'Espaigne sa compaigne, Contesse d'Estampes: laquelle trespassa l'an mil trois cens soixante neuf, le dixneufiesme iour de Nouembre.

ANTIQVITEZ

De la cō-
tesse de
Vandos-
me.

Madame Ieanne de Pontin, Contesse
de Vandosme & de Castres: laquelle trespassa, l'an mil trois cens septante six, l
trentiesme iour du mois de may.

A costé du chœur, hors d'iceluy, vers
Septentrion, est vne sepulture & effigie
d'vn prince, ayant son escusson semé de
fleurs de lys, sans aucune escriture, lequel
on dit estre Charles Conte de Valois, pere du roy Philippes de Valois.

Dans le chœur, à l'huys du reuestiere,
est vn tombe platte, & sur iceluy reuestiere est vn tableau d'vn crucifix, & vn Cardinal à genoux, sous lequel est escrit c'est
Epitaphe

In aquitania parte Galliæ nobilißime fami-
lia & Malesicorum vetustate ac singulari vir-
tute præclara à mallesico nomen habet ea in gente
multo clariss. vnde orta sunt aquitaniæ quon-
dum lumina viri rerum gestarum magnitudine
florentes. Alij equites aurati sancti Pontificis.
Alij præfecti. Ex ea generis claritate prodiit
Guido à mallesico dicti loci, & castri Lucij do-
minus in omni doctrinarum virtumquè genere
propè absolutus: cuius acta permulta amialibus
conscripta his breuibus non capiuntur augustiis,
is vir summa prudentia amplißimáque meritis

creatus fuerat Lodoensis Pontifex deinde Pictauensis post modum & coaptatus T. Prænestini cardinalis in qua dignitate cum octauo & tricesimo anno floruisset, tandem legationem agens apud Regem Gallorum nomine P. M. auunculi sui lutecia honesto mortis genere qui cuit octo Idus Martij anno autem 1311. cuius corpus hac cella & hoc saxo sepultum est magno cum omnium luctu ac desiderio donec propinquorum sententia ad maiorum sepulchra transfertur.

Diues opum Guido formæ bonitatis & artis.
Ditior, hocque magis diues honoris erat.
Plura darent superi, nisi factum plura negaret
Quo maiora darent euolat ad superos.

Apres le Couent des freres prescheurs, le bon Sainct Loys fonda celuy de Sainct François, & des freres mineurs que on appelle en france Cordeliers, la Saincte trouppe desquels se tint iadis au mesme lieu, ou a present est le Colege de Nauarre, ainsi que encor on voit les marques du dortouër, & cellules des freres: mais ce Sainct roy, voyant ce lieu trop mal propre pour la solicitude de ces hommes Angeliques les transporta pres la

Fõdatiõ du cõuẽ des frere mineurs dicts cordeliers.

L iiij

porte Sainct Germain, & sur la rue de Hautefueille à cause que le lieu estoit escarté, & propre en contemplation a laqu'elle sont adonnez les freres de c'est ordre. Leurs escoles, & dortouer des nouices ont esté basties de nostre temps par la liberalité des roys, lesquels ayment ceste maison, à cause de la vertu & saincteté de ceux qui y habitêt, & pour les veoir deuotieux & bien reiglez, en tous lieux ou ils se trouuent. En ceste Eglise reposent les corps des princes, princesses, & autres qui s'ensuiuent, sous sepulchres de marbre noir, & effigies de blanc marbre, & albastre.

Madame Marie, royne de france, femme du Roy Philippes, fils de Sainct Loys, fille du Duc de Braban, laqu'elle trespassa l'an mil trois cens vingt & vn, le douziesme ianuier.

Madame Ieanne, royne de france & de Nauarre, Contesse de Brie & Champaigne, Dame fonderesse du college de Nauarre, femme du roy Philippes le bel. Son regne fut de vingt ans, & trespassa l'an mil trois cens quatre le deuxiesme iour d'Auril.

Ceste cy est seule, & son Epitaphe est ompu, il n'y à pas long temps qu'on le voyoit en vn tableau escrit à la main, lequel on ne voit plus.

Au dessous est le monument d'vn prince & d'vne princesse, chacun tenant vn cueur entre leurs mains: le prince porte en ses armes, semees de fleurs de lis à vne bande, & ny à aucun Epitaphe.

Madame Ieanne royne de france & de Nauarre, Contesse de Bourgongne & d'Artois, qui trespassa à Roye le vingt vniesme iour de Ianuier, & fut enterree le vingtseptiesme iour dudit moys, l'an mil trois cens vingt neuf.

Le cueur du roy philippes le long, son Espoux roy de france & de Nauarre, fils du roy Philippes le bel, qui trespassa l'an mil trois cens vingt & vn, le troisiesme iour de Ianuier.

Le cueur de madame la royne Ieanne, Royne de France & de Nauarre, espouse du Roy Charles, roy desdicts Royaumes, fils du Roy Philippes le bel, & fut fille de monseigneur Loys de france, Conte d'Eureux, & fils du Roy de france, laquelle trespassa, l'an mil trois cens septante le quatriesme iour de Mars.

Le cueur de Madame Saincte Blanche de franche, fille du roy Philippes, la longue vestue religieuse à L'onchamp, l'an mil trois cens dixhuict, & fut ledict cueur enterré l'an mil trois cens cinquante & huit, & le vingt sixiesme iour d'Auril.

Madame Mahaut, fille du Conte de Sainct Paul, femme de monsieur Charles, fils du Roy de france, conte de Valois, d'Alençon de Chartres & d'Anjou, laqu'elle trespassa, l'an mil trois cens cinquante huict, le treiziesme iour d'Octobre.

Pres de Mahaut est vne autre princesse en habit de nonnain, sans Epitaphe.

Ainzne, fille du roy de Castille, trespassa le vingt septiesme iour du moys de Iuin. Le reste est rompu.

Madame Blãche fille de monseigneur Saint Loys, roy de france femme iadis de monseigneur. Le reste est rompu.

Loys de Valoys, fils de noble prince Monsieur Charles, fils de france, conte d'Alençon de Chartres & d'Anjou, qui trespaſſa le lendemain de la feſte de Touſſaincts, l'an mil trois cens vingt & neuf.

Du coſté de midy eſt le tombeau d'vn Prince armé, ſon eſcu ſemé de fleurs de lis, à quatre Lambeaux

Derriere le cueur vn Cheualier armé, & vne Dame, eſleuez en pierre ſans eſcriture.

Du coſté de Septentrion ſont les effigies d'vn Conte & d'vne Conteſſe, en albaſtre ſans eſcriture.

Meſſire Loys Amnez, fils de Robert, cõte de Flandres, queus de Neuers, de Rethefc, pere de mõſeigneur Loys conte de Flandres, de Neuers & ds Rethefc, qui trespaſſa l'an mil trois cens vingt deux.

Monſieur Pierre de Bretaigne fils de de Iean duc de Bretaigne, & de madame Blanche fille de Thibaut, Roy de Nauarre.

Monſeigneur Charles, Conte d'Eſtanpes, frere de madame Ieanne Royne de France, & de Nauarre, & de monſeigneur Philippes, Roy de Nauarre, & Conte d'Eureux, & trespaſſa l'an mil trois cens trente ſix le vingtquatrieſme iour a Aouſt.

Reuerend pere en Dieu meſſire pierre Filhoc, de Gannat en Bourbonnois, Archeueſque d'Aix en Proüence, Lieutenãt general pour le roy françois premier, au gouuernement de Paris & Iſle de france: lequel apres auoir veſcu cent deux ans treſpaſſa le vingt deuxieſme iour de Ianuier, l'an mil cinq cens quarante.

Du Conte de Carpes, dont l'effigie eſt eſleuee en cuiure.

Alberto pio de Sabandia Carpenſium principi,
Franciſci regis fortunam ſecuto,
Quem prudentia clariſſimum reddidit,
Doctrina fecit immortalem,
Et vera pietas cœlo inſeruit.
   Vix. anno. LV.
Hæredes mæſtiſſ. poſſ. An. M.D.xxxv.

Ceſte ſepulture eſt en la nef deſdicts cordeliers, au coſté de Septention.

Hic Nicolaus filius mini Ioannis de ſancto Quirico, cuius ciuitatis Senarum, qui obiit anno domini M.ccc.xxxvij. die dominica duobus Iouis die menſis Auguſti.

Du meſme coſté contre la muraille, eſt engraué ceſt Epitaphe.

Fanc. Medullæ patricio atellano iuris & optimarum artium scientia ornatiss. præturâ Vrbana apud Ludouic. mediolani ducem senatoriaque dignitate & legationibus obeūdis apud Ludouic. xij. & Franciscum Gallorum reges amplissimo probitatisque & æquitatis apud omnes Clariss. Alexand. zancha propingnus in publico mœrore mœrens.

POSS.

Les freres Hermites de sainct Augustin furēt establis par sainct Loys, ou ils sont de present sur la riuiere, au lieu d'vne autre ordre qu'on appelloit les freres des sacs, desquels l'ordre à esté aboly, & quelquesfois y à eu en ce lieu maison des Templiers, dont le temps est incertain.

Augustins fondez à Paris.

Tant y a que l'vn & l'autre ordre y ont demouré parauāt les Augustins, lesquels d'ancienneté se sont tenus pres la porte de Mont-martre, & dit on que leur Eglise estoit ou est à present saincte Marie l'Egyptienne, comprenant depuis là iusques à ladite porte en la ruë appellee de present la ruë des vieux Augustins. Ces lieux estoyent alors tous en bois: depuis furent enuoyez demourer en vn lieu aussi sauuage, ou à present est le Colege du Cardinal le Moyne, & apres furent mis par sainct Loys ou ils sont, fondez sur mé dicité comme les trois autres mendians: auquel lieu le Roy Charles cinquiesme premier Dauphin de France, leur fit beaucoup d'augmentations, & entre autres edifia leur Eglise, comme il se trouue escrit souz l'effigie d'vn Roy à la porte d'icelle.

Charles 5. fit edifier leur Eglise.

Primus Francorum Rex Delphinus fuit iste,
Exemplar morum Carolus dictus bone Christe
Merces iustorum, dilexit fortiter iste:
Hic patet exemplum, nam tibi compleuit honore,
Hoc præsens templum dyo dicetur honore.

Il est escrit au Lambris de l'Eglise, l'an mil cinq cens huict, fut parfait ce lambris, le dixiesme iour de Iuin.

Au cueur d'icelle Eglise sont tombes de marbre noir, & effigies d'albastre, auec Epitaphes, dont i'ay pris ceux cy.

La dame Ieanne de Valois Contesse de Beau-mont le roger, fille de monsieur Charles fils du Roy de France, Conte de

Valois, pere du Roy Philippes, & de madame Catherine Imperatrix de Constantinople femme dudit Charles, laquelle Ieanne fut femme de monsieur Robert de Artois. Elle trespassa l'an mil trois cēs soixante trois, le neufiesme iour de Iuillet. *Epitaphes de plusieurs inhumez audit monastere.*

Hic iacet morum, vita munditia, archiphilosophiæ Aristotelis perspicacissimus commentator, clauis & doctor sacræ theologiæ, lux in lucen reducens dubia frater Egidius de Roma, ordinis fratrum heremitarum sancti Augustini archiepiscopus Bituriensis, qui obiit anno domini M. CCCXVI. XXII. die mensis Decembris.

Madame Isabeau de Bourgongne, dame de Neaufle, femme de monsieur Pierre de Chambely le ieune, seigneur de Neaufle, laquelle trespassa l'an de grace mil trois cens vingt & trois.

En cette Eglise y a vne chappelle edifiee par messire Philippes de cōmines, cheualier, seigneur d'Argenton, l'effigie duquel & de sa femme y sont à genoux, representant le naturel, & entre autres ne l'ay voulu oublier, luy qui estoit si excel- *Philippes de Cōmines Cheualier.*

lét historien Fraçois, qui a si bien descri
que son nom sera immortel.

En la mesme chappelle gist la fille dudit Seigneur, espouze du Conte du Pon-
thieure, souz tombeau de marbre & albastre, l'epitaphe de laquelle ensuyt.

Epitaphium dominæ Ioannæ de Comminis.

Quingentis annis bis septem & mille peractis,
In lucem quartam post idus martius ibat,
Octauámque parens Phœbus properabat ad ho-
ram,
Comminia occubuit generosa à prole Ioanna,
Penthebriæ commitis Pritanni sponsa Renati,
Atque Argentonij dominico prognata Phi-
lippo,
Chambeáque Relena mens huic in pace quies-
cat.

Combien que la memoire peinte sur
verre, soit de peu de duree, toutesfois ie
penserois auoir failly si i'oubliois à ra-
menteuoir les deux effigies du Roy Héry deuxiesme de ce nom, & de la Royne
Katherine de Medicis son espouse, lesquelles sont pourtraites és deux grandes
verrieres au chef de l'Eglise desdits Augustins.

En

En vne autre chappelle en la nef est l'effigie d'vn Euesque a genoux, haut esleué,
& au dessouz deux Epitaphes, entre lesquels dans le flanc de la basse est esleuee
à demy bosse l'image de Renommee, assise sur vn monde, appuyces sur vn Luths,
d'vne main tient vne trôpe, & a ses pieds
sur des liures autour d'elle est vne spere,
vn compas, & autres instrumens des arts
Liberaux. Le premier Epitaphe est escrit
en lettre d'or.

*Epitaphium domini Petri Quiquezeni Epis-
    copi senecensis.*

*Dum Iuuenelis honos prima lanugine malas
    Vestit, & in calido pectore feruet amor,
Me rapuit, que cuncta rapit, mors inuida doctis;
Hei mihi, cur vitæ tam breuis hora fuit!
Cur breuis hora fuit? rerum sic voluitur ordo,
Alternaque, suas tempus & hora vices.
Si fera longænæ tribuissent fata senectæ
    Tempora, venturus poma dedisset ager.
Flos periit periere, simul cum cortice fluctus,
    Aridáque ante suos poma fuere dies.
Nemo tamen lachrymis nec tristia funere fletu
Fœdet cur? volito docta per ora virum.*

M

L'autre Epitaphe.

Hic Iacet nobilis vir reuerendus in Christo pater dominus Petrus Quiqueranus Episcopus Senecem filius domini Anthonij Quiquerani equitis & baronis Belloiocani illustrissimi in Prouincia cuius libri tres de laudibus Prouinciæ extant disciplinarum ac rerum cognitione efflorescentes, obiit anno domini 1550. Kalen. Senntembris, annis natus 24.

Le conuent des Carmes par qui basty, & les diuers lieux ou il ont esté.

Pour le quatriesme ordre des mandiés, sainct Lóys retournant du premier voyage de la terre saincte, print six Religieux au mont du carmel en Palestine : il les amena en France, & leur fit construire vn monastere, au lien ou sont maintenant les Celestins à Paris, lequel encores s'aplent la porte des Barrez, pource que lesdicts Carmes portoyent en ce temps là manteaux barrez de blanc & noir. Et estans augmentez en nombre, & aussi que ils estoyent en incommodité d'estude, furent translatez depuis ou ils sont de present : ou leur fut dressé place & maison, ainsi qu'elle se comporte, en l'an mil trois cens dixneuf, & les Celestins qui parauant y demouroyent, l'Eglise desquels estoit alors, ce qu'est auiourd'huy la grād Chappelle nostre Dame, allerent au lieu que possedoyent iceux Carmes, & firent eschange, comme il apparoist par anciennes chartres. En ce monastere des Carmes & chappelle nostre Dame, est vne sepulture haute, dont l'epitaphe est tel.

Cy gist tres-haute & tres-puissante Princesse madame Marguerite de Bourgongne, iadis femme de feu monsieur le duc de Guyenne, aisné fils du Roy de France, & apres femme de tres-haut & tres-puissant Prince monsieur Artus, fils du duc de Bretaigne, conte de Richemont, seigneur de Prenay, Connestable de Frāce, laquelle trespassa à Paris, le deuxiesme iour de Feurier, l'an mil quatre cēs quarāte & vn.

Saincte Katherine du val des Escoliers, est fondation de sainct Loys, ainsi qu'il appert à la porte de l'Eglise par escriture apposee souz aucunes anciennes peintures, ainsi qu'il s'ensuit. *Fondation de saincte Catherine du val.*

  Du costé de Septentrion.

A la priere des sergens d'armes, Monsieur S. Loys, fonda cette Eglise, & y mit la premiere pierre: & fut pour la ioye de la victoire, qui fut au pont de Bouuines,

M ij

l'an mil deux cens quatorze.

Du cofté de midy.

Les fergens d'armes, pour le temps, gardoyent ledit pōt: & vouerent, que fi Dieu leur donnoit victoire, ils fonderoyent vne Eglife de faincte Katherine, & ainfi fut il.

Ce monaftere alors, eftoit hors la ville, & pres la porte: car la ruë fainct Anthoine eftoit clofe en c'eft endroit, ou eft de prefent l'hoftel d'Eureux. On voit encores derriere c'eft hoftel les vieux murs, garnis de leurs tourelles, fur partie defquels on a bafty, & de l'autre cofté de la grand ruë eft vne image de noftre Dame, qu'on dit auoir efté autres-fois deffus la porte. Le circuit des terres de ce monaftere, qu'on appelloit la Culture faincte Katherine à efté baille à Baftir des le temps du Roy François: & y a maintenant de belles rues, & de fumptueufes maifons: Les ruynes des vieilles portes y apparoiffent encores.

En cette Eglife faincte Catherine, font plufieurs fepultures de nobles perfonnes, auec leur effigies de Marbre, & autres pierres, entre lefquels iay noté ceux cy.

Monfieur Pierre d'Orgemont, Cheualier, Chancelier de France & du Dauphiné, qui trespassa l'an mil trois cens quatre vingts & neuf, le vingtiesme iour de Iuin.

Madame Marguerite de voysines, iadis femme dudit Monsieur Pierre d'Orgemont, qui trespassa l'an mil trois cens quatre vingts, le vingthuictiesme iour de Mars.

Monsieur Charles d'Orgemont, Chevalier seigneur de Mery, de Zamuille, Grilly & Champrond, chambellam du Roy, qui trespassa, l'an mil cinq cens & deux.

Messire Pierre d'Orgemont, Chevalier, seigneur de Montreiay, de Chantilly, & de Chauerey, qui trespassa en la bataille d'Angincourt, l'an mil quatre cens & quinze, le vingt quatriesme iour d'Octobre.

Monsieur Pierre d'Orgemont, Chevalier, seigneur de Cerbonne, tresorier de Fráce, qui trespassa le dixhuictiesme iour de Iuin, l'an mil cinq cens. Le reste est rompu.

Iean des Marets Aduocat du Roy en Parlement. Cestuy-cy fut mis à mort par forme de iustice, au temps de la rebellió des Citoyens de Paris, contre le Roy Charles sixiesme.

Et madame Guillaume sa femme, qui trespassa, l'an mil trois cēs septāte & neuf, le vingt quatriesme iour de Nouembre.

Messire Guillaume Callinel, Cheualier, seigneur de Romaiuille, de Poponne & de Ver, maistre d'hostel du Roy fondateur de la chappelle ou il repose, qui trespassa, l'an mil quatre cens treize, le vingt septiesme iour d'Aoust.

Messire Guillaume de Mont-morency, Cheualier, seigneur de sainct Leup, de Champenos, & de Challine, qui trespassa, l'an mil trois cens quatre vingts & huict.

Madame Ieanne d'Andrezel, femme de feu messire Guillame, qui trespassa, l'an mil trois cens quatre vingts & quinze.

Monsieur Ferry de Mets, maistre des requestes du Roy qui trespassa l'an mil quatre cens quatre vingts & quatre.

Thibaut de Bourmont, seigneur de Maincamp, qui trespassa l'an mil trois cens quatre vingts & cinq.

Iean de Montigny, dit de Monceaux, premier Eschanson de Charles le quint, trespassa, l'an mil trois cens septāte cinq.

Regnaut Coupé, maistre des mōnoyes,

qui feruit les Roys Philippes le bel, fon fils Loys, & le Roy Charles: ceftuy eft enterré au chapitre. Dans le chœur font quatre effigies à genoux, deuant l'image noftre Dame du cofté de Midy, qu'on dit eftre de Meffire Hugues Aubriot, iadis Preuoft des Marchans de la ville de Paris, & de ceux de fa famille. Leans en la chappelle noftre Dame, vers midy, gift le corps de reuerend pere en Dieu, Anthoine Sanguin, Cardinal du fainct Siege, & feigneur de Meudon, lequel trefpaffa, l'an mil cinq cens cinquante neuf, laiffant imparfaict vn tref-excellent & fuperbe edifice d'hoftel, qu'il auoit fait commencer en la Culture faincte Catherine. Or cefte chappelle eft maintenant nommee, Chappelle des Alegrins, maifon anciëne & renommee, yffus de deux Chanceliers de France, l'vn defquels vinoit du temps de Loys le gros, & l'autre foubs le bon Roy S. Loys: & lefquels eftoient fortis de la tref-ancienne maifon de Caïeux en Normandie: ainfi que i'ay peu veoir en leurs chartres anciennes, & par l'arbre de leur genealogie.

Fondatiõ du petit S. Antoine.

S. Anthoine le petit, prieuré cõmendatoire, eft vne des fondatiõs du roy S. Loys.

En icelle est escrit ce qui ensuit.

L'an de grace mil quatre cens quarāte deux, le premier Dimanche apres la feste Dieu, tresreuerend pere en Dieu monsieur Denis, Patriarche d'Antioche Euesque de Paris, dedia & consacra ceste presente Eglise de S. Anthoine dans Paris.

Il y a vn Crocodile mort, attaché côtre la paroy d'icelle Eglise & dessouz est escrit.

En l'an mil cinq cens quinze Messire Pierre de la Vernade, Cheualier, Conseiller, Maistre des Requestes de l'hostel du Roy François, fut enuoyé par ledit Sieur en Ambassade à Venise, auquel lieu les Venitiens luy firent present d'vn Crocodile, lequel il donna à S. Anthoine.

Derriere le chœur d'icelle Eglise est la chappele des Herauts des Roys de Frāce.

Conuent des Mathurins par qui bōdé & pourquel e intention.
Ce fut aussi sainct Loys qui fonda la maison, & monastere des Mathurins, religieux de la Trinité, & instituez pour la redemption des pauures captifs qui sont entre les mains des infidelles : & estime l'on que leur fondatiō soit premiere que celle des Templiers, la mesme que celle des Cheualiers de S. Lazare, de nostre

temps remis par Philebert Emanuel Duc de Sauoye : sur quoy ie ne vous sçaurois donner resolution: bien sçay que tous les ordres furent instituees au fin du rachapt des Chrestiens, esclaues des Barbares, & ils sont presque de mesme temps, sauf ceux du S. Sepulchre, lesquels estoient instituez auant le voyage des Latins en Palestine. Ces religieux sont obligez à certain temps limité de faire vn voyage, soit en Barbarie, ou ailleurs pour deliurer ce qu'ils peuuent de Chrestiens captifs, & faut que le General de l'ordre luy mesme face ce voyage.

Leans gist maistre Robert Gaguin, iadis Ministre general de l'ordre, croniqueur de l'histoire Françoise, duquel l'epitaphe sur sa tombe est tel.

Illustris Gallo nituit qui splendor in orbe,
Hic sua Robertus membra Gaguinus habet.
Si tanto non sæua viro libithiam pepercit,
Quid speret docti cætera turba chori?
Anno à natali Christiano millesimo quingentesimo primo vicesima secunda Maÿ.

Entre autres Epitaphes des nobles qui y sont inhumez, i'ay extraict ce deux-cy.

Messire Iaques de Rully, Cheualier & President en Parlement, qui trespassa le huictiesme iour d'Octobre, mil quatre cens neuf.

Monsieur Pierre des Essars, Cheualier, Conseiller du Roy, & garde de la Preuosté de Paris, qui trespassa le premier iour de Iuillet, l'an mil quatre cens treize.

Au cloistre du susdict monastere des Mathurins gist Iean de Sacrobosco, qui composa le liure de la Sphere, Sur sa tombe est engrauee vne Sphere, & tel Epitaphe.

De Sacrobosco qui composita Ioannes
Tempora discreuit, iacet hic à tempore raptus,
Tempore qui sequeris, memor esto quod morieris.
Si miser es plora, miserans pro me precor ora,

Fondation du conuent dit les Cordelieres S. Marceau Madame Marguerite, femme du Roy S. Loys, edifia en la ville S. Marcel lez Paris, le conuent & monastere des Nonnains qu'on appelle vulgairement les Cordelieres sainct Marceau: De l'ordre saincte Clere, & y fut renduë religieuse vne des filles dudict Roy.

Entour la personne du Roy frequentoit maistre Robert de Sorbonne, homme tres-sçauant, & Docteur en Theologie, lequel fonda le college Theologal de Sorbonne, & y donna beaucoup de rentes pour l'entretenement des bacheliers, & nourritures des Docteurs de la susdicte faculté, de laquelle tous les Theologiens de Paris sont appelez Sorbonistes, à cause que c'est en Sorbonne que se font les Actes principaux pour la preuue du sçauoir de ceux qui aspirent au Doctorat. Ce lieu est remarquable tant pour son antiquité, ayant iadis esté vne des appartenances du palais Imperial, lors que les Romains estoient seigneurs des Gaulles, ainsi qu'il est dit au commencement de ce liure, qu'aussi pour l'esgard des hommes illustres & renommez en sçauoir qui viuent ordinairement en vne saincte société en ceste maison: En laquelle se font les disputes generales tous les Vendredis de la feste des glorieux Apostres, Messeigneurs sainct Pierre, & sainct Paul au moys de Iuin, iusqu'à la Toussaincts, & ou le respondant tient & fait teste dés le matin iusqu'au soir à tous les bacheliers à chascun en son ranc, sans qu'il

Du college de Sorbōne & des disputes.

ANTIQVITEZ

y ayt aucun President pour supporter celuy qui respond. On tient que ceste coustume fut introduicte par vn Religieux de l'ordre S. Françoys, qui pour faire preuue de son sçauoir, ouurit le pas tout le long du iour, & ses compagnons ne voulans estre veus moindres que luy, continuerent le mesme, tellement que ce qui gisoit en la volonté des arguants, & respondants, s'est conuerty en loy inuiolable. Là faut qu'assistent les docteurs, afin qu'ils iugent du merite des hommes, & sçachent à qui ils deuront donner les premiers lieux des licences.

Fondation des Haudriettes.

Semblablement vn autre noble homme, nommé Estienne Haudry, estant au seruice du susdict sainct Loys, fonda la chappelle de femmes vefues, qu'on appele les Haudriettes.

Lignee de Bourbon.

Dudict sieur Roy sont descendus les Ducs de Bourbon, le tiers desquels nommé Loys fit edifier à Paris, sur la riue de Seine, pres du Louure, vn grand hostel de plaisance, qu'on nomme l'hostel de Bourbon. Voilà presque les fondations faictes au temps de ce Roy Tres-chrestien: reste à dire quelques particules esquelles l'ordre de l'histoire ne se peut garder.

Viuant ledict bon Prince l'estat & office de la Preuosté de Paris se vendoit & les Citoyens seuls & non autres l'achetoient, dont s'ensuyuoient plusieurs greuances, oppressions, concussions, & iniustices: car les riches faisoiét ce qu'ils vouloient. A cesté occasion le Roy deffendit dés lors en auant icelle vente, & constitua gages ordinaires à celuy qui seroit Preuost de Paris : en quoy faisant il establit pour garde de la Preuosté Estienne Boileau, homme equitable & bon iusticier, qui rendit en peu de temps les affaires de la ville en meilleur ordre.

L'estat de la preuosté de Paris.

Sainct Loys donna aux pauures Lingeres, & aux pauures ferrons, qui n'auoient puissance d'auoir propre heritage, la place entour le murs du Cymetiere des Innocens: ce sont auiourdhuy la halle de la lingerie, & la rue de la Ferronnerie. La lingerie a esté rebastie de neuf au temps du Roy Henry deuxiesme.

Don fait par S. Loys.

En ce temps-là par l'inundation de Seine, tomberent les ponts de Paris. En l'an mil deux cens quarante huict, le Roy S. Loys entreprenant le S. voyage d'outre mer en la terre saincte, print en grande reuerence, & saincte ceremonie le bourdon & l'escharpe de pelerin Chreſtien, en l'Egliſe noſtre Dame de Paris, par la main de Regnaud Eueſque dudict lieu.

Des Nõ-nains de Long-champ. L'an mil deux cens cinquante neuf, il fonda le conuent des Nonnains de long champ, pres Paris, & y fut religieuſe & prieure madame Iſabel de France ſa ſœur.

La mort & treſpas de S. Loys. Ce ſuſdict Roy S. Loys faiſant le S. voyage fut agité de grandes tempeſtes ſur la mer. Il debella Cartage, & mit le ſiege deuant Thunes. La peſte ſe prit fort grande en ſon camp: Pendant ce voyage mourut deux de ſes fils, l'vn nommé Loys, l'autre Iean Triſtan qui mourut premier que ſon pere, mais peu apres le S. Roy, alla bien toſt apres luy, & mourut d'vn flux de ventre, le 25. iour d'Aouſt: Pour la ceremonie du conuoy & enterrement du corps du Roy, depuis Paris iuſques à S. Denis en France, furent edifiees des ſtations & repoſoirs en façon de Pyramides, à chacune deſquelles ſont les effigies de trois Roys, & l'image du Crucifix à la pointe, ainſi qu'on les voit encores de preſent. Aucuns les appellent Mont-ioyes.

Philippes, fils de S. Loys fut 45. Roy de France: Il succeda à son pere, l'an du monde cinq mil deux cens trente-deux, De Iesus Christ mil deux cens septante, il regna 15. ans. L'espouse duquel Marie, fille de Henry Duc de Braban, fut couronnee Royne en la saincte Chappelle du palais, l'an mil deux cens septante quatre le 22. iour de Iuin: & pource que controuerse fut suscitee entre les Euesques, fut dit & ordonné que la saincte Chappelle estoit exempte de subiection enuers tous Archeuesques, & Euesques.

Philippes 45. Roy de France.

L'an mil deux cens quatre vingts, la riuiere de Seine fut si grande à Paris, qu'elle rompist la maistresse arche du grand pont, vne partie du petit pont, & encloyt toute la ville, qu'on n'y pouuoit entrer sans basteau.

Debordement des riuieres.

En ce temps y eut discord entre les escoliers Picards & Anglois estudians à Paris.

L'an mil deux cens quatre vingts & trois, Iean Cholet prestre, Cardinal de saincte Cecille, Legat en France, natif de Beauuoisin fonda à Paris vn College de Picards, nommé le college des Cholets.

Le College des Cholets.

ANTIQVITEZ

L'edifice du Palais de Paris, les noms des Roys qui y sont en effigies, fondation du college de Nauarre, la Marche, & du college de Laon, description des escritures qui y sont, du Cardinal le Moyne, des Billettes, & du miracle de la saincte Hostie auenu à Paris.

CHAP. XIII.

Philippes, le bel 46. Roy de Frãce

APres Philippes troisiesme, regna son fils Philippes le bel quarante-sixiesme Roy de France, il succeda à son pere, l'an du mõde, cinqmil quatre cens sept, de Iesus Christ mil deux cens quatre vingt cinq. Il fut sacré à Reims le 6. iour de Ianuier. Il regna 28. ans.

Le Palais de Paris, par qui basty.

Le susdict Roy, fit edifier de tres-somptueux & magnifique ouurage, le grand Palais Royal, pres de la saincte chappele, & du petit Palais, dict la salle S. Loys, & de la petite salle: conduysant l'œuure, & architecture Messire Enguerrant de Marigny Cõte de Longueuille, & general des finances, (voyez quels hommes on employoit iadis à tels estats, plustost que des affamez, & des hommes qui ne demandent

mandèrent que piller l'argent
du prince, la statüe duquel
estoit poséé pour marque
sur un des portaux du palais,
mais le susd.t Seig.r estant mort,
par Justice, ou au moins
par sentence du Juge, cette representation fut ab-
batüé. ce palais estoit la
demeure des Roys d'alors,
et s'y tenoient les plaids de
la porte, ou des Requestes,
estant le parlement am-
bulatoire, et les Roys ve-
nants, suivant l'ordonn.ce
ancienne, a paris, deux fois
l'an tenir cour, et ouyr
les doleances du peuple.

ANTIQVITES

ainsy qu'on observe es dietes
d'allemagne. mais le Roy loÿs
surnommé hutin ordonna que
le parlement fut arreté, et sedentaire en ung lieu, a sauoir aux
Juges, afin que les parties n'eussent tant de frais cõe dirons
sous le Regne du susdict Roy:
lequel palais pour la grandeur
d'Iceluy, disposition des lieux,
tours, salles, chambres, galleries, cours, et Jardins, est
estimé le bâtiment plus du-
rable et accomply de france.
les murs d'Iceluy garnis de
tours, et tourelles, contienne-
nt depuis le pont aux meus-
niers, ou est l'horloge, Jusq;
au pont S.^t michel, environnãs

ANTIQVITES

pour s'accommoder a la Joye
du prince.

pour ce qu'il se voit ordinaire
ment controverse entre les his
toriographes, entant que toucha
l'ordre des Roys (mesmement
des anciens) et le temps de leurs
Regnes, Je les mettray par cy
en la propre maniere qu'il
est escrit sous leurs effigies, en
la grande Salle du d' palais: le
commencement desquels est
entre les deux verrieres, au
chef de la table de marbre
vers l'occident, du costé du par
quet des Requestes. aucuns sont
en cete opinion, que ceux qui
ont les mains hautes ont reg
né vertueusement, et ceux qui
ont les mains basses ont este

DE PARIS

infortunés, ou n'ont fait actes d'excellence: et sur ce est a noter que la main dextre signifie la puissance de Regner et les victoires: de cette la aussi aucuns tiennent le Sceptre Royal.

Ryen ne manque jusqu'à la page 98.

cefte là, aussi aucuns tiennent le septre Royal: La main senestre denote Iustice, de laquelle ils tiennét le signe de la main de Iustice: & ainsi pourroit on iuger (s'il est licite) des actes des vns des autres. L'ordre est tel.

Les noms & Genealogie des Roys de France, le temps de leurs regnes, & leurs trespas, ainsi qu'il est escrit souz leur effigies au Palais Royal à paris.

Pharamond premier Roy des François regna payen vnze ans, & trespassa l'an quatre cens trente.

Clodio fils de Pharamōd, regna payen vingt ans, & trespassa l'an quatre cens cinquante.

Meronee fils de Clodio regna payen dix ans, & trespassa l'an quatre cens soixante.

Childeric fils de Meronee regna vingt cinq ans, & trespassa l'an quatre cēs quatre vingts cinq.

Clouis premier Roy Chrestien, fils de Childeric, regna trente ans, & trespassa l'an cinq cens quinze.

Childebert fils de Clouis, regna auec Clotaire son frere quarante cinq ans, & trespassa l'an cinq cens soixante.

Clotaire fils de Clouis, regna auec Chil

debert quarāte cinq ans, & depuis Childebert cinq ans, & trespassa l'ā cinq cēs 65.

Chilperic fils de Clotaire, regna vingt ans, & trespassa l'an mil cinq cens quatre vingts & six.

Clotaire deuxiesme, fils de Chilperic, regna 44. ans, & trespassa l'ā six cēs trēte.

Dagobert fils de Clotaire, regna seize ans, & trespassa l'an six cens quarāte six.

Clouis deuxiesme, fils de Dagobert, regna dixsept ans, & trespassa l'an six cens soixante trois

Clotaire troisiesme, fils de Clouis, regna trois ans, & trespassa l'à six cēs soixāte six.

Childeric deuxiesme, frere de Clotaire, regna douze ans, & trespassa l'an six cens septante huict.

Theodoric frere de Childeric, regna seize ans, & trespassa l'an six cens quatre vingts & treize.

Clouis troisiesme, fils de Theodoric, regna quatre ans, & trespassa l'an six cens quatre vingts & dixsept.

Childebert deuxiesme, frere de Theodoric, regna dixhuict ans, & trespassa l'an sept cens quinze.

Dagobert deuxiesme, fils de Childebert, regna cinq ans, & trespassa l'an sept cens vingt.

Clotaire quatriesme, fils de Theodoric, & frere de Clouis & de Childebert, & oncle de Dagobert, regna deux ans, & trespassa l'an sept cens vingt deux.

Chilperic second, fils de Childebert, frere de Dagobert, regna apres Clotaire son oncle cinq ans, & trespassa l'an sept cens vingt sept

Thodoric deuxiesme, fils de Dagobert, regna apres Chilperic son oncle quinze ans, & trespassa l'an sept cēs quaráte deux.

Childeric troisiesme, frere de Theodoric, regna neuf ans, & mourut sans hoirs. Pepin fils de Charles Martel de la lignee de Clotaire second, fut esleu Roy, & regna dixhuict ans, & trespassa l'an sept cēs soixante neuf: Cestuy-cy est monté sur vn Lyon.

Charles le grand fils de Pepin Roy, obtint l'Empire des Romains, & regna quaráte six ans, & trespassa, l'ā huit cēs quīze.

Loys fils de Charles le grād, regna Roy & Empereur vingt sept ans, & trespassa l'an huict cens quarante vn.

Charles second, dit le Chauue, fils de Loys, regna Roy & Empereur trente sept ans, & trespassa l'an huict cens 79.

N iij

Loys second, dit le Balbe, fils de Charles le chauue, regna deux ans, & trespassa l'an huit cens quatre vingts & vn.

Charles troisiesme, dit le simple, fils de Loys le Balbe, regna quarante ans, & trespassa l'an neuf cens vingt six.

Souz ce regne sont comprins les regnes de Charles le gros, & de Eude conte de Paris.

Loys troisiesme fils de Charles le simple, regna vingt huit ans, & trespassa, l'an neuf cens cinquante quatre.

Lotaire fils de Loys regna trente & vn an, & trespassa l'an neuf cét quatre vingt & cinq.

Loys quatriesme, fils de Lotaire, regna trois ans, & trespassa l'an neuf cens quatre vingts huit, sans hoirs.

Hué dit Capet, fils de Hué le grand, cõte d'Angers, fut esleu Roy, regna neuf ans, & trespassa l'ã neuf cés quatre vingts & dix sept.

Robert fils de Hué Capet, regna trente quatre ans, & trespassa l'ã mil tráte & vn.

Henry fils de Robert, regna trente huit ans, & trespassa l'an mil cinquante neuf.

Philippes fils de Henry, regna quaran-huit ans, & trespassa l'an mil cent & sept.

Loys cinquiesme, dit le gros, fils de Philippes, regna trente trois ans delaissa le Royaume à Loys sō fils, l'an mil cēt 37.

Philippes second, fils de Loys le gros, regna deux ans, durant la vie de son pere, & trespassa l'an mil cent trente deux.

Loys sixiesme, frere de Philippes regna quarāte trois ans, & laissa le Royaume à Philippes son fils, l'an mil cent 79.

Philippes troisiesme, dit Auguste, fils de Loys, regna quarante quatre ans, & trespassa l'an mil deux cens vingt trois.

Loys septiesme, fils de Philippes Auguste, regna trois ans, & trespassa l'an mil deux cens vingt six.

Sainct Loys, fils de Loys, regna heureusement & sainctement quarante quatre ans, & trespassa l'an mil deux cēs septāte.

Philippes quatriesme, fils de sainct Loys, regna quinze ans & trespassa l'an deux cens octante cinq.

Philippes dit le Bel, fils de Philippes, regna trēte ans, & trespassa l'an mil trois cens quatorze.

Loys dit Hutin, fils de Philippes le Bel, regna deux ans Roy de France & de Nauarre, & trespassa l'ā mil trois cēs seize, & Iean son fils vesquit vij. iours apres son pere

N iiij

Philippes sixiesme, dit le long, Roy de France, & de Nauarre, frere de Loys, regna six ans, & trespassa l'an mil trois cēs vingt & vn.

Charles quatriesme, dit le Bel, Roy de France & de Nauarre, frere de Philippes, regna cinq ans, & trespassa l'an mil trois cens vingt six, sans hoirs.

Philippes septiesme, dit de Valois, cousin germain de Charles quatriesme, & neueu de Philippes le Bel, regna vingt quatre ans, & trespassa l'an mil trois cens cinquante.

Iean second fils de Philippes, regna quatorze ans, & trespassa l'an mil trois cens soixante & quatre.

Charles le quint, fils de Iean, regna seize ans, & trespassa l'an mil trois cens quatre vingts.

Charles sixiesme, fils de Charles le quint, tres aymé & debonnaire, regna quarante deux ans & trespassa l'an mil quatre cens vingt deux.

Charles septiesme, fils de Charles sixiesme, tres-glorieux, victorieux & bien seruy, regna trente neuf ans, neuf moys, & trespassa l'an mil quatre cēs soixāte & vn.

Loys vnziesme, fils du Roy Charles se-

ptiesme, fut Roy l'ã mil quatre cẽs soixã-
& vn, & deceda le vingt quatriesme an
de son regne, mil quatre cẽs quatre vingt
trois. Il est à genoux deuant l'image nostre Dame.

Charles huictiesme Auguste liberal &
aimé, fils de Loys vnziesme, à regné quatorze ans, passa les Alpes, & Naples con-
questa, il trespassa l'an mil quatre cens
quatre vingts dix sept. Au rang des preux
est raison que mis soit.

Loys de Valois duc d'Orleans, regna
Roy douziesme de ce nom, dixsept ans, &
deceda l'an mil cinq cens quatorze.

 Ce qui s'ensuit doit estre escrit souz
 l'effigie du Roy François, au palais:
 aussi souz Henry, & François secõd.

François premier du nom, restaurateur
des bonnes lettres, arts & sciences, regna
trente trois ans, trois moys, & deceda le
dernier iour de Mars, l'an mil cinq cens
quarante six.

Henry second, Prince bellique, regna
treize ans, & trespassa le dixiesme iour de
Iuillet mil cinq cens cinquante neuf.

François deuxiesme du nom succeda à
son pere Henry deuxiesme l'an 1559. Il
trespassa le cinquiesme iour de Decembre

mil cinq cens soixante.

Voila amy lecteur les Roys qui ont regné sur la France, iusques à present, lesquels sont esleuez en effigie audit Palais Royal de Paris, aussi ce qui est escrit souz leur susdite effigie de leur regne & trespas.

Fondation du College de Nauarre. La Royne Ieanne espouze du Roy Philippe le Bel, fonda & fit construire le grãd College appellé de Champaigne ou de Nauarre, ensemble l'Eglise qui est au milieu d'iceluy, comme il est engraué souz son effigie a la porte d'icelle, & leur donna deux mille liures tournois de rente, sur son domaine de la Brie & Champaigne. Ce college est le plus beau de Paris, & de grand circuyt de forte muraille. Aux deux costez de la porte d'iceluy, qui est de nouueau basty, sont les effigies d'vn Roy & d'vne Royne, souz lesquels est escrit ce qui s'ensuyt, souz l'effigie du Roy.

Philippus Pulcher Frãcorum Rex Christianissimus Ioannæ maritus, huius domus fundator.
Souz l'effigie de la Royne.
Ioanna Franciæ & Nauarræ Regina Campaniæ Briæque comes Palatina, has ædes fundauit. 1304.
Sur le portail.

Dextra potens, lex aqua, fides, tria lilia Regem,
Francorum, Christo principe, ad astra ferent.

En quatre langues Hebreu, Grec, Latin, & François, est escrit Viue le Roy.
Sous l'image de la vierge Marie.
Dilectus meus pascitur inter lilia. Cantic. 6.

A la summité du bastiment,
Custodiens paruulos Dominus. Psal. 114.
Dans le College.
Au portail de l'Eglise ou chappelle dudict college, sont trois images de pierre, peintes d'or & d'azur : l'vne au milieu entre deux portes, represente S. Loys, & dessous est escrit,
Ludouicus decus regnantium.

La seconde, est du Roy Philippes le bel à main dextre dessous est escrit,
Philippus pulcher huius domus fondator egregius.
La troisiesme à main senestre, est de la Royne Ieanne, & dessous est escrit.

Ioanna Francia ac etiam Nauarrae Regina, huius domus quondam fondatrix inclyta.
Anno domini 1304.

ANTIQVITEZ

Souz les pieds de l'image sainct Loys dedās le pilier est engraué vn sceptre, autour duquel est escrit.

Sceptrū dat Vim hominis vires superare leonis.

De lautre costé est grauee la main de Iustice, & entour est escrit,

Iustitia quæ manus vult sese cuncta regantur.

Pres de la est grauee vne couronne, & dessouz est escrit,

Coronam gloria sanctorum & honore,
Quia mundi gloria duxit in timore.

Au mesme pillier est grauee vne couronne, & entre plusieurs escritures mal aisee à lire i'ay noté cecy.

Fœlix terra cuius Rex sapiens: iustus clemens, modestus, patiens : cuius vultus est malos feriens, bonos aliciens.

Pres l'Eglise en la grand court est escrit 1531.

Viuat Rex sine fine Deo, Viuat quoque clero,
Viuat nobilibus, Viuat & is populo.

Plus bas en icelle court sont escrit ces vers d'Horace,

Qui studet optatam cursu contingere metam,
Multa tulÿ, fecítque puer, sudauit, & alsit,
Abstinuit Venere & Baccho.

En vn autre lieu sont taillez dedans vne porte ces deux vers sur les armes de France & de Nauarre.
Conseruant & alunt regalem Franca Nauarrā
Lilia Francorum, diuina insignia Regis,

Nous ne voulons obmettre vn tableau escrit à la main, estant dans la nef de l'Eglise dudict Nauarre, & y en a vn semblable en l'Eglise des filles Dieu, dont l'extraict est tel.

Aucuns ont voulu dire que S. Loys, Roy de France, ayt en son temps appauury son royaume, pour le premier voyage qu'il fit en la terre saincte, à l'encontre des infideles, à cause du payement de la rançon de sa personne, & de sa cheualerie, & que ses successeurs Roys s'en apperceurent bien: mais au contraire il enrichit son royaume: car il acquist & racheta la saincte couronne d'espines de nostre Seigneur, & plusieurs autres sainctes reliques de sa passiõ, qu'il mit en la saincte Chappelle de son palais à Paris, laquelle il fit edifier pour ceste cause,

ANTIQVITEZ

La declaratiō desdictes sainctes reliques est inseree au chapitre de la fondation de la saincte Chappelle.

Les noms des Roys de France qui ont esté en la terre saincte.

Le Roy S. Charlemaigne y alla en personne, & restablit aux Chrestiens le royaume de Ierusalem.

Le Roy Philippes premier, y enuoya Hue le grand son frere, & grand' Cheualerie de France, auec Godefroy de Buillon, qui depuis fut Roy de Ierusalem.

Le Roy Loys sixiesme, y alla en personne, mena grand cheualerie, & fit son entree en la saincte cité.

Le Roy Philippes deuxiesme, dit Auguste, y alla aussi en personne.

Le Roy S. Loys, y alla deux fois en personne.

Le Roy Charles sixiesme, y enuoya grand' Cheualerie de France, par trois diuerses fois.

La rançon de S. Loys ne fut pas excessiue pour vn tel Roy, & pour toute sa cheualerie: car elle ne fut que de huict mille bezans d'or Sarrazinois : chacun bezan estimé cinquante liures tournois, qui

*uolle
t la rā
n de
Loys.*

sont quatre cens mil liures tournois, qui n'est pas semblable à celle du Roy Iean, qui fut de trois millions d'or, dont le noble estoit compté pour deux escus: & n'en fut le royaume appauury: car quant est de la rançon de S. Loys, ce n'est que le mariage d'vne fille aisnée de France, qui souuent a esté tel quand le cas s'est offert.

Declaration des Eglises fondees par S. Loys, à Paris.

La saincte Chappelle du palais.
La maison Dieu.
Les quinze vingts aueugles.
Les filles Dieu lors estans hors la ville.
Saincte Katherine du val des escoliers.
Le Conuent saincte Croix.
Le Conuent des blancs manteaux.
Les Iacobins.
Les Cordeliers.
Les Carmes.
Les Augustins.
Les beguines ou sont de present les sœurs de l'Aue Maria.
Les Chartreux.
Autres fondations par ledict S. Loys cō-

ANTIQVITEZ

tenuës audict tableau.
Les Iacobins à Compiegne.
La maison Dieu audict lieu.
La maison Dieu de Vernon.
La maison Dieu de Pontoise.
Le conuent de la saincte Trinité à Fontainebelleau en Gastinois.
L'abbaye du lis pres Melun, qu'il fit fonder par la Royne Blanche sa mere.
L'abbaye de Maubuisson, pres Pontoise qu'il fit fonder par la Royne blanche sa mere.
L'abbaye de Long-champ, en faueur de sa sœur, madame Ysabel de France.
L'abbaye de Royaumont, qu'il fit construyre, & fonda en son ieune aage.
L'abbaye de Royaulieu.
L'abbaye de S. Matthieu de Rouen.
Les Iacobins à Rouen.
Le conuent des Dames appellees les emmurees de Rouen.
Le conuent des Beguines de Rouen: & plusieurs autres.

Differēt pour la monnoye de cuyr. Si le royaume eut esté tant appauury, qu'on eust fait de la mōnoye de cuyr en son temps, comme aucuns ont dit, ledict S. Loys ne fut pas retourné au second & dernier voyage en la terre saincte. Et se trouue

trouue és anciens regiſtres de la châbre des Comptes, que le Roy Philippes le bel, en l'an mil trois cens quatre, promit faire monnoye, auſſi bonne qu'elle eſtoit du temps de S. Loys. Et depuis en l'an mil trois cens quinze, le Roy Loys Hutin ordonna, que les ordonnances de mõſieur S. Loys, ſur le fait des monnoyes, fuſſent gardees, qui eſt grand argument que S. Loys, n'a fait faire en ſon temps de la monnoye de cuyr.

Le Roy Philippes, troiſieſme de ce nom ſon fils alla en perſonne, auec grand oſt, contre le Roy d'Arragon, qu'il ſubiugua, & y fut occis ledict Roy d'Arragon: les frais duquel voyage, môterent plus de vingt-deux mil liures, qui n'eſtoit point monnoye de cuyr.

Le Roy Philippes le bel, trouua le royaume ſi opulent, qu'il fit faire le Palais de Paris, excepté la ſaincte Chappelle, & l'edifice du coſté de la Côciergerie, qu'auoit fait faire S. Loys: & encores de preſent on appelle les ſalles qui y ſont, les ſalles S. Loys. Iceluy Philippes le bel, fit faire la canonization de S. Loys, l'an mil deux cens quatre vingt & dix-ſept: Et fit conſtruire le manoir royal de Poiſſy, & y

O

entrerent les religieuses, l'an mil trois
cens quatre. Il fit auſsi conſtruire l'abbaye des Religieuſes du Moncel, pres le
pont ſaincte Maixence, l'an mil trois cés
neuf.

L'ab-
baye de
Poiſſy,
& du
Moncel.

Il obtint les victoires qui s'enſuyuent.
Pres la ville de Furnes, l'an mil deux cens
quatre vingts dix-ſept, furent occis cinq
cens hommes de cheual, & ſeize mil hōmes de pied.

A S. Omer, l'an mil trois cens deux,
quinze mil Flamens furent occis.
Deuant ledict S. Omer quatre mil Flamens occis.

A Monts, l'an mil trois cens quatre
vingts, trente-ſix mil Flamens occis en
champ de bataille.

Le Roy Charles le quint, fit ſix choſes
qui s'enſuyuent. Il batailla, Acqueſta,
Son domaine deſchargea, Edifia, Fonda,
& theſauriſa.

Ce preſent abbregé fait à l'honneur de
S. Loys, a eſté extraict du threſor des char
tres de la châbre des Comptes, par moy
Loys le Blanc, notaire, ſecretaire du Roy
& greffier en ladicte chambre des comptes à Paris.

Fin du Tableau.

Quand au College de la Marche bien College
qu'il soit moderne, si est-il à mettre entre de la
les plus fameux de Paris, & pour laquelle Marche.
fondation declarer, faut entendre que du
temps que les papes residoient en Auignon y eut vn tref-sçauant hôme nommé Iean de la Marche natif de la Duché
de Bar en vne petite ville nómee la Marche, situee en l'extremité de ladicte Duché, vers la Côté de Bourgongne, lequel
fut longuemêt auditeur de Rothe au cô-
sistoire Apostolique en Auignon : & depuis exerçant ledict office s'en alla à Rome auec le pape Gregoire ii. du nom, lequel reduit le S. siege & la court Apostolique à Rome l'an 1376. ou le susdict Iean
fina ses iours opulét en biés : & laissa pour
heritier vn sien frere hôme d'eglise licen-
tié en droit, & aduocat à la cour de l'Of-
ficial à Paris : & cestuy s'appelloit Guillaume de la Marche : Cestuy estoit fort riche, & distribua grádement de ses biés en
bónes œuures : & en la fin de ses iours ordonna par testamét apres plusieurs legats
payez, que de sa maison ou il se tenoit, &
laquelle auoit iadis esté appellee le college de Cóstantinople, qu'il auoit aquise &
achetee par decret du cósentemét de l'vni

O ij

uersité, à cause que le lieu estoit venu en decadence, fut appliquee à iamais à vn college de pauures escoliers, & notāment qui fussent entretenues: à sçauoir vn maistre ou principal homme d'eglise prestre, sçauant & gradué, pour lire ordinairement, & dresser l'estude audict college: & voulut que ce principal fut natif de laville susdicte de la Marche s'il y en auoit de capable, ou sinon qu'il fut du pays de Barrois, la premiere tenue des principal, Boursiers, & Chappelains de ce College furent au lieu nommé la petite Marche, mais depuis ils se transporterent en la maison du second fondateur maistre Beufue de Vvinuille, laquelle est assise au mont saincte Geneuiefue assez pres du College de Nauarre, ou est leur demeure à present & cecy firent ils à cause que leur premier lieu estoit trop humide, & mal sain, à cause de la riuiere: & fut executee ceste derniere volonté du susdict la Marche, l'an de nostre salut, mil quatre cens vingt-trois, à cause que les guerres qui furent entre les Françoys & Anglois y donnerent long temps empeschement.

En ceste mesme saison presque fut fondé le College de Laon, à sçauoir en l'an de noſtre Seigneur mil trois cens vingt-ſept & l'onzieſme du moys de May, par vn homme appellé Guy de Laon preſtre, & threſorier de la ſaincte Chappelle du Roy & Chanoine de Paris, & de Laon. Leur premier lieu & demeure fut au clos Bruneau en la rue Frementel: En l'an mil trois cés octâte neuf Françoys de Mõtagu Chanoine de Soiſſons, tranſporta ceſte aſſemblee d'eſcoliers de Laon, & ſon Dioceſe au lieu ou à preſent eſt la maiſon Collegiale de Laon en la rue de Nauarre aupres des Carmes.

Enuiron preſque ce meſme temps fut conſtruit le college, chappelle, & egliſe parochialle de ſainct Remy ou Fremy en la rue ſainct Victor, qu'on appelle le college du Cardinal le Moyne à cauſe que Iean le Moyne Cardinal, picard de nation en fut le fondateur: ſous le Pape Boniface huictieſme, & enuiron l'an de de noſtre Seigneur, mil deux cens quatre vingts & ſeize: & de ce cardinal, encores auiourd'huy ce college porte le nom, reſſentant de l'antiquité en ſon baſtiment, & eſtendue, aſſis ſur l'ancien

Fondation du college du Cardinal le Moyne

cours de la riuiere de Bieure, qu'on destourna, & de laquelle la rue de Bieure est encore dicte les Canaux, de laquelle on voit en ce College, & en celuy des bons enfans, qui sont choses à remarquer à ceux qui veulent sçauoir la raison des noms, & ou est-ce qu'estoit pour lors le cours de la riuiere de Bieure, puis que nō sans cause la rue porte le nom, ayāt passé ce petit fleuue par le fossé qui est à la porte S. Victor, & selon le college du Cardinal le Moyne.

Fondation des Billetes à Paris.

Au regne de Philippes le bel, & seant à Rome le Pape Nicolas quatriesme du nom, à sçauoir en l'an de nostre Seigneur mil deux cens quatre vingts & dix, fut bastie l'eglise des Billettes pour l'occasion qui s'ensuit.

Vn Iuif ayant presté de l'argent sur gage à vne pauure mais meschante femme, demeurante à Paris, conuint de marché auec ceste mal-heureuse qu'elle luy porteroit le S. Sacrement qu'elle receueroit le iour de Pasques. Elle n'y faut, ains allant à l'Eglise sainct Merry, vient à la saincte & sacree communion & cōme vn second Iudas, elle porta l'hostie au retaillé infidelle: lequel soudain s'acharna à coups de caniuet sur le corps precieux de nostre Seigneur: & bien qu'il soit impossible, si est-ce que la saincte Hostie iecta du sang en grand abondance: ce qui n'empescha que le maudit Hebrieu ne la iettast dedans le feu, d'où elle sortit sans nulle lesion, & se prit à voleter à l'entour de sa chambre. Les Iuif forcené la prit, & lança dans vne chaudiere d'eau toute bouillante, & soudain ceste eau fut toute changee en couleur de sang & aussi tost s'esleua l'hostie miraculeusement, & apparut à clair, & visiblement ce qui estoit caché sous le pain, à sçauoir la forme & figure de nostre seigneur Iesus Christ crucifié, non sans grand estonnement du Iuif, qui sans se conuertir se retira tout esperdu en sa chambre: Ce forfait si detestable fut descouuert par vn fils du iuif qui le dit aux enfans des Chrestiés ne pensant que cela fut la ruine de son pere: ce qui causa qu'on entra au logis du criminel, l'hostie trouuee, & portee à Sainct Iean en Greue, le Iuif fut pris, & bruslé tout vif, selon la grieueté de son crime. Apres cecy comme le roy Philipp.

Le Iuif bruslé.

ANTIQVITEZ

le bel, & madame Ieanne son espouse fussent instruits de la verité du crime, feirét achepter la maison du iuif, ou ils fonderent vne Eglise, laquelle ils donnerent aux religieux, & hermites de l'hospital nostre dame, lesquels il fit venir d'vn lieu assis sus la riuiere de Rõgney au Diocese de Chaalons, afin que la ils seruissent Dieu, & y feissent memoire de ce miracle, au lieu mesme ou le Iuif auoit exercé sa tirannie: La est vne Caue, ou l'acte pitoyable fut faict: auquel lieu on monstre le ganiuet, le premier dimanche d'apres Pasques. Et s'appelle le monastere de l'humilité nostre Dame, dit des Billettes.

Des innundations & crue de fleuue du seine, edifice de l'hostel de Flandres. D'aucuns cas aduenus à Paris, sous le Roy Philippes le bel, de la porte Barbette, du Temple, & des Templiers, de Sainct Iean de Latran, & la mort d'Enguerrand de marigny.

CHAP. XIIII.

L'An mil deux cens quatre vingts & seize la riuiere de seine fut si grande, que toute la cité de Paris en fut couuerte, & la ville circuye de toutes pars, tellement que du costé des portes Sainct Anthoine, Sainct Martin, & S. Denys, on ny eu peu entrer ou sortir sans basteau. Les deux ponts de pierre, les moulins & maisons de dessus en tresbucherent.

Du desbordement des Eaux.

L'An mil deux cens quatre vingts dix huict Sainct Loys, roy de france, fut insere au Cathologue des Saincts, par le Pape Boniface, à la requeste de Philippes le bel, qui mit le chef dudit Sainct a la saincte chappelle de Paris, & donna l'vne des costes à l'Eglise nostre dame de Paris.

L'an mil deux cens quatre vingts dix-neuf Philippes le bel gaigna le pays de Flandres, ennoya prisonnier au Louure à Paris Guy Conte de Flandres, auec ses enfans, lequel estant depuis eslargy, fit edifier, l'hostel, de Flandres, au lieu qu'il achepta de Pierre Coquiller, bourgeois de Paris. La rue ou est ledit hostel, se nomme encores la rue Coquillere.

ANTIQVITEZ

Ledit Côte acquist au mesme lieu, trois ou quatre arpens de terre d'Arnulphe Euesque de Paris, a raison dequoy ceste portiō d'hostel est en la censiue de la grād Eglise. C'est hostel a esté baillé à bastir maisons, du temps du roy françoys premier, & du roy Henry second.

Lectures cessees, puissance du chancelier.

L'an mil trois cens trois, y eut dissentiō entre l'vniuersité & le Preuost de Paris, pour vn escolier, que ledit Preuost auoit fait pendre: Par ceste discorde furent les lectures cessees. En ce temps le Pape Benedic donna faculté & puissance au Chācelier de Paris, de licensier & faire Docteurs en Theologie, & en decret.

Emeuttes & pilleries pour raison des mōnoyes

L'an mil trois cens six, le menu peuple de la ville de Paris, à l'occasion de l'affoiblissent des monnoyes, pillerent les hostels de ceux qu'on disoit en estre cause: car les riches & proprietaires des maisons, refusoyent de leurs locatifs la monnoye abaissee, & exigeoyent d'eux autre monnoye de plus haut pris. De la mutation & empirement desdites monnoyes, auoit esté inuenteur Estienne Barbette, lequel auoit plusieurs maisons d'excellence, & iardrins plaisans, au lieu ou le nom de la porte Barbette est demouré, laquelle por-

DE PARIS. 110

re Barbette a esté demolie, durant le regne du roy fraçoys, & aussi la porte Beaubourg. A ces manoirs & heritages d'Estienne Barbette, s'adresserent les mutins rompirent portes, huys, fenestres, pillerẽt les meubles, deffoncerent les vins, descouurirent les hostels: & de la se transporterent en la rue Sainct Martin, ou celuy Estienne faisoit sa demeurance, apres auoir rompu les huys de la maison, la pillerent & saccagerent. Pour la fin de ceste rebelion, vindrent au temple, ou estoit le roy Philippes le bel, enuironnerent le Chasteau, comme s'ils l'eussent voulu assieger: arracherent des mains des officiers & seruiteurs du roy, la viande qu'on luy vouloit seruir sur table. Le roy dissimula pour l'heure, & les fit appaiser auec douces remonstrances, par le Preuost de Paris, & aucũs de ses maistres d'hostel, mais trois ou quatre iours apres, informations faites, furent prins les malfaicteurs, & leur proces faicts, furent pendus deuant leurs maisons, & aux portes de la ville, iusques au nombre de vingt huict.

L'an mil trois cens neuf, les cheualiers Templiers (l'ordre desquels auoit esté aboly & condemné au Concile de Viẽne) *La maison d'Estienne barbette pillee.*

Iustice faite des Templiers ✗

Reliure serrée

ANTIQVITEZ

& l'oc-caſion de leur punition.

pour les hereſies Idolatries, & pechez de ſodomie, dont on les accuſoit, furēt bruſlez vifs, iuſques au nombre de cinquante, à la pōte Sainct Anthoine vers le moulin, tous attachez chacun a vn pieu, & le boys à l'entour d'eux depuis les pieds iuſques à la teſte. Iaques Molay maiſtre general d'iceux, auec le frere du Seigneur Dauphin dudit ordre, en la preſence du roy, & tout le peuple, pour les meſmes acuſations furent bruſlez vifs en l'Iſle qui eſt vis a vis des Auguſtins, maintenant ioincte à celle du Palais. A ceſte cauſe le roy Philippes ſe ſaiſit de tout leur reuenu, & meſmemēt du Temple, auquel lieu il eſtablit ſa demeurance ordinaire: & de la en auant y tint ſes threſors, toutes ſes lettres, Chartres & regiſtres. Iean le Turc commandateur du Temple, fit en ſon temps edifier la groſſe tour audit lieu long temps apres ſon treſpas les oſſemē furent deſenterrez & bruſlez, pource que par les inquiſiteurs de la foy auoit eſté trouué heretique. Le circuit de ce lieu eſt treſpacieux & plus grand que mainte vile renommee de ce royaume, il eſt clos de forte muraille à tourelles, & carneaux larges, pour y cheminer deux hommes de fronc: La sont plusieurs chappelles & anciens logis en ruyne, qui seruoyent aux congregations des Templiers, chacun en sa nation: Aussi il y a grand par terres prairies, vignes & iardins, arrousez de deux fontaines par dedās: y sont aussi plusieurs riches bastiments, nouueaux faits par les cheualiers de Rhodes, ausquels les biens desdicts Templiers, furent depuis donnez:& par consequent, ledit lieu du Temple, dont l'Egise est faicte à la semblance du Temple de Ierusalem, en laqu'elle Eglise sont religieux prestres comme seculiers, qui chantent le seruice diuin, portans comme les cheualiers, vne Croix blanche en leurs habits, sur la poictrine. A costé du chœur de ce Temple vers midy, est vne excellente chappelle dediee au nom de Iesus, enrichie sur vn champ blanc d'or d'azur, à ouurages de subtil artifice semee de flammes de feu & despees, autour desquelles est escrit, Pour la foy, A l'entour d'icelle sont les effigies des douze Apostres: La table d'autel d'icelle, excede les plus riches peintures de l'Europe. Le paué est de carreaux de marbre blanc & noir, & fut edifiee l'an mil cinq cens vingt neuf comme est escrit à

ANTIQVITEZ

Philippes de liers grād M. de Rhodes.

l'entour & circuit d'icelle par dehors.

En icelle est l'effigie, en marbre blanc du grand maistre de Rhodes Philippes de Villiers, sous lequel la ville & l'Isle de Rhodes fut prinse par Soliman grand seigneur des Turcs. Il est armé à genoux, deuant la representation du baptesme de nostre Seigneur, esleuee au plus pres du naturel, sous laquelle representation est escrit en lettres d'or.

En l'an mil cinq cens trete deux le treisiesme iour d'Auril, fut beneiste ceste chapelle, & dediee au nom de Iesus Christ.

Et au dessus est escrit 1530.

A l'entree de la chappelle est escrit en lettres d'or sur champ noir, ce qui s'ensuyt.

Habet interior Gallia antiquißimam familiā De Villiers l'isle adam, multis magnisque rebus gestis clariss regum amicitiis celebert. Vnde suis torisque reipub. Christianæ prodiit tantis dignis natalib. Philippus, cuius modo viator monumentum cernis honoris virtutisque ergo. Positum, &c.

En la nef dudit Temple, vers midy, est *La chāp-* la chappelle nostre Dame de Lorrette, qui *pelle no-* resplandit de miracle approuuez, & pour *stre Da-* la saincteté du lieu, est ornee des vœus, de- *me de* uotiōs & offrandes des Chrestiēs fidelles. *Lorette.*

A l'opposite, vers Septentrion, est vne *Chapelle* autre chappelle tres riche, par l'art de pein *S. Pan-* ture, en laqu'elle est vn sepulchre de mar- *thaleon.* bre, & dessus les effigies de deux anciens cheualiers à genoux: au flanc dudit sepul chre est escrit.

Icy est le monument de nobles & religieuses personnes frere Bertrand de Cluys, iadis prieur d'Aquitaine, & depuis grand prieur de France, lequel a faict construire ceste chappelle de fons en comble, dediee à l'honneur de Monsieur S. Panthaleon, en commemoration de la victoire obtenue par grace diuine contre le grand Turcq, l'an mil quatre cens quatre vingts, le iour de la feste dudit Sainct & y estoit le susdit fondateur en personne. La chappelle fut faicte l'an mil cinq cens vingt neuf, & beneiste l'an mil cinq cens trente deux. Les portes & murailles de la closture dudit lieu ont esté reblanchies & fortifiees l'an mil cinq cēs quarante sept.

ANTIQVITEZ

Maison des hospitaliers de S. Ieã de Latran. Du mesme ordre que ceux du Temple sont ceux de sainct Iean de latran, en l'vniuersité : on les appelle les freres hospitaliers du Sainct Iean en Ierusalem, & sont diuisez en trois degrez, à sçauoir les Nobles appellez cheualiers de Sainct Iean, ou de Rhodes, ou de malte, lesquels ont les grandes commanderies. Les autres sont les seruans ou coadiuteurs ausdicts cheualiers au fait des guerres, qui ont les petites prieurez. Les tiers sont les Prestres qui font le diuin seruice, & ont les Chappelles, cures & autres petits benefices de la collation des commanderies. A cest hospital de Sainct Iean de Latran furent donnez & annexez plusieurs benefices qu'auoyent possedez les Templiers : mais de l'antiquité du lieu ne s'en trouue rien que par coniecture des tombeaux estans au cloistre d'icelle Eglise, entre lesquels les vieux sont de nobles hommes, Cheualiers, escuyers, freres de l'hospital, trespassez en l'an mil deux cens quatre vingts dix neuf.

Chappelle nostre Dame. Il y a à costé du cœur vne chappelle nostre Dame edifiee par noble homme frere Girard de Vienne, prieur de leans, en laquelle il gist, & trespassa l'an mil trois

trois cens quatre vingts & six. A cofté de la nef eft vne autre chappelle de noftre Dame de bonnes nouuelles, edifice par frere Gilbert Ponchet, en laquelle il gift, & trespaffa l'an mil quatre cens dix-neuf: On l'appelle S. Iean de Latran à *Latere Parifienfis*, c'eft à dire à cofté & pres de Paris.

Quand Philippes le Bel fut decedé fon fils Loys Hutin fucceda au royaume. A fon aduenement Enguerrand de Marigny, Comte de Longueuille, conducteur de l'edifice du Palais, accufé d'auoir defrobé le threfor du Roy defunct, fut pendu & eftranglé au gibet de Paris: fon effigie fut iettee du haut en bas des grands degrez du Palais. Sa pourtraicture eft encores en platte peinture deuant l'image noftre Dame, contre vne muraille, abboutiffant à vne tour, ainfi qu'on monte les degrez de la grand falle: & pres de là eft graué en piere.

Enguerrand de Marigny fut pendu.

Chacun foit contant de fes biens
Qui n'a fuffifance il n'a riens.

Vn an apres fa mort fon corps fut defpēdu du gibet, & enterré dedans le chœur

P

ANTIQVITEZ

des Chartreux, lez Paris, auec l'Archeuesque de Sés son frere. Et depuis fut trasporé à nostre Dame d'Escouys qu'il auoit fondee en l'an mil trois cens dix. Iceluy Enguerrand en vne oraison qu'il fit au peuple de Paris, en la presence du Roy Philippes le Bel, nomma Paris chãbre Royalle.

Erection du Parlement, nombre des chambres & estats d'iceluy, des Roys qui ont regné sur la France, & choses les plus memorables aduenues durant leur regne.

CHAP. XV.

Loys Hutin 47. Roy, ordonne le Parlement estre arresté à Paris.

Oys surnommé Hutin fils de Philippe, les bel quarante-septiesme Roy de France succeda à son pere, l'an du mõde 5275. De Iesus Christ 1313. Il regna deux ans. Ce Roy ordonna que le parlement fut arresté, & sedentaire en vn lieu, à sçauoir à Paris, laissant son Palais Royal aux Iuges, & Conseillers afin que desormais les parties n'eussent tant de frais à faire suyuans la

Court, qui trotte ça & là, & d'heure à autre.

Ce nom de Parlement est issu d'vn terme ancien dit le Parloüer, qui estoit iadis le nom du lieu de Iustice, & y auoit le parloüer du Roy au Palais, & le parloüer aux Bourgeois en l'hostel de la ville, iadis pres les Iacobins.

Le Roy Pepin instiua ce Parlement suyuant, qui estoit vn corps composé de Pairs de France, de plusieurs Prelats, auec aucuns prudens & anciens Cheualiers, qui decidoient les causes contentieuses: & y a quelque coniecture, que quand il fut arresté à Paris, les Presidens & Conseillers estoient de robbe courte & Cheualiers, comme on treuue en diuers monumens, entre lesquels en y a vn en l'Eglise sainct Estienne des Grecs, où est l'effigie d'vn Cheualier armé de toutes pieces appartenantes au combat, son Epitaphe est tel.

Cy gist noble homme messire Pierre de la Neuue-ville, Cheualier, Seigneur de Nontay, & iadis Conseiller du Roy nostre sire en son parlement, qui trespassa l'an de grace mil trois cens quatre vingts, le Lundy neufiesme iour d'Auril.

P ij

ANTIQVITEZ

Il y auoit au temps de son trespas soixãte ans que le Parlement se tenoit à Paris:
Toutesfois parauant ledict Roy Loys,
s'il suruenoit quelque fait d'importance,
les Roys le remettoient pour estre iugé
& decidé à leur parlement, lequel pour
ceste [cau]se ils faisoient assembler à Paris, & [y] estoient prononcez les arrests,
com[me se] treuue en la vie sainct Loys
le[quel fit] assignation à Thibaut Roy
de [Nauarr]e, & à la fille de Thibaut Comte de Champaigne pour eux trouuer à
Paris, ou il tiendroit son Parlement, afin
de les ouyr, & leur faire droit.

Aussi en l'an mil deux cens cinquante
sept à la feste de la natiuité nostre Dame, il y eut proces pendant & debattu deuant le Roy Philippes fils de sainct
Loys, pour le Comté de Clermont
pour lequel les Comtes de Poitiers &
d'Anjou, auoient proces contre luy : &
& en ce iugement asista le Roy, auec son
conseil Royal, auquel estoient les Archeuesques de Rheims, & de Rouan, & l'E-
uesque de Troyes, & plusieurs autres E-
uesques & Abbez, & le General des Iacobins, ensemble le Connestable, & plusieurs Comtes, Barons, Seigneurs, & Cõ-

*Affai-
res d'im-
portance
estoient
iugez
par les
Roys.*

*[lequel
donna
Nauar-
re.]*

*Notable
Parle-
ment.*

seillers tant prestres que laiz. Aussi l'an
1230. au camp d'Ancenis en presence du
Roy S. Loys, fut donné vn Arrest contre
le Duc de Bretaigne, ou estoient les Cō-
tes de Flandres, & de Champagne de Neuers de Bloys, de Chartres, de Vendosme
le Vicomte de Beaumont, le Connestable, & l'Archeuesque de Sens, & les E-
uesques de Paris & de Chartres, & plusieurs Barons qui signerent ledict Arrest.

Du temps dudict S. Loys y auoit vne
autre iustice qui le suyuoit & s'appelloit
les plaids de la porte, qui s'appelle autremēt (ce dit la Cronique) les requestes du
palais à paris, les maistres des Requestes
sont plus anciens que les Cours de Parlemens, & leur nombre a esté diuers selon les temps. L'an 1285. Vn peu deuant
le regne de Philippes le Bel, il se trouue
que le Chancelier au seel deuoit estre as-
sisté & accompagné de deux hommes
lettrez, & qu'il y en auroit trois qui se-
roient sur la porte du logis du Roy, assis,
& appuyez sur la barriere dudict logis, &
receuoient les requestes & placets des
parties, vuideroiēt sur le champ les choses dont le iugement estoit facile; & por-
teroient les requestes de consequence au

*Des re-
questes
du Pa-
lais.
Maistres
des Re-
questes.*

P iij

ANTIQVITEZ

Gens des Reque-stes Iuges de la porte.
Roy, auquel ils les rapporteroient ou dãs sa chambre, ou lors qu'il iroit à la Messe, ou quand il se pourmeneroit: c'est pourquoy on les appeloit les gens des requestes, aussi les Iuges de la porte, pour ce qu'ils donnoient leurs iugemens & sentences sur la porte. L'an 1342 leur nõbre fut mis à six, & lors commencèrent d'estre appellez maistres des Requestes, puis l'an 1407. on les mit à huict. Or cõme les affaires vindrent à croistre & que il furent employez en diuers affaires, ils n'eurent plus loysir de se tenir sur la porte, & ne bougeoient d'auprés du Roy, qui leur dõnoit toutes les Requestes qui luy estoient présentées: ils estoient logez dedans le logis du Roy, & deuoient estre prés du Chancelier lors qu'il seelloit: mais cela ne s'obserue plus.

Les causes qu'auiourd'huy sont commises aux requestes du palais à Paris estoiẽt anciennement agitees deuãt les maistres des Requestes de l'hostel, ausquels Philippes le Bel par Edit exprés, ordonna tant la cognoissance des estats & offices qu'il auoit donnez; que semblablement des causes pures personnelles qui se presentoient entre ses domestiques

Toutesfois ces maistres des Requestes se trouuans occupez à plus grands charges, mesmes estans ordinairement à la suitte des Roys, se reseruerent seulement la cognoissance en premiere instance des debats qui interuiendroiēt à raison des offices. Et au regard des differés des officiers & domestiques du Roy, en matiere personnelle (comme estās peut-estre, de trop legere importance) ils furent laissez à la iurisdiction des Conseillers qui residoient perpetuellement dans Paris, qui furent & qui sont appelez Cōseillers aux requestes. Lesdits maistres des requestes, desquels le nōbre depuis a esté augmēté selon la volonté de noz Roys, sont du corps de la Cour de parlement de Paris, sont assis en ladicte Cour apres les Presidens deuant les Conseillers, & en toutes Seneschaussees & Baillages, rapportent requestes de Iustice, & quelquesfois de fināce, au Conseil signēt en queuē lettres de iustice, les rapportent quand besoing en est : ont leur iurisdiction vniuerselle par tout le Royaume, tiennent le sceel des Chanceliers quand ils vont aux villes des parlemens & ont plusieurs beaux & amples priuileges. *Conseillers des Requestes* *Priuileges des maistres des Requestes.*

P iiij

Le Chã-celier de France tient le premier lieu.

Entre ceux de la Iustice, le Chancelier tient le souuerain & premier lieu. Quelques vns disent que ce mot de Chancelier vient du verbe Latin, *Cancellare*: & d'auantage l'authorité & la majesté de cest Estat est bien peu monstree & signifiee par vn mot, qui veut dire, rompre. Car s'il vient de là, c'est à dire, que c'est à luy à rompre les lettres qui ne sont ciuiles. L'estat est de long temps ainsi nommé comme il appert par plusieurs antiques Chartres. Il s'en treuue vne de Charles le Grand, en laquelle sont ces mots en Latin, Gauzelin, Notaire a recogneu cecy pour & au nom de Rocher Archeuesque, & grand Chancelier l'an 28. de l'indiction huictiesme, regnant le glorieux Roy Charles : & l'an mil cent cinquante sept. Hues Chancelier du Roy Loys le ieune, se souscriuit & signa en vne Chartre dudict Roy, par laquelle il remettoit à l'Euesque d'Orleans, le droict des Regalles: il s'en treuue beaucoup d'autres semblables. Deuant qu'il fut nommé Chancelier, il estoit appellé grand Referendaire, c'est à dire, grand rapporteur, comme on voit en l'histoire de Dagobert qu'Audoen estoit son Referendai-

Antiquité du Chancelier.

re, & auoit le cachet & le seel du Roy. Et Otho estoit Referédaire du Roy Childebert, qui signoit de samain, & seelloit les lettres cōmandees par le Roy, ou passees par le Cōseil. Et par là on peut apprendre que les Chanceliers signoient les lettres, & seruoient comme Secretaires d'estat & souuent en plusieurs lieux, ce mot de Chancelier est prins pour Secretaire, ce qui fait penser qu'on ne faisoit pas lors tant de despeches qu'on fait à ceste heure, & qu'vn Chancelier seruoit de ce que auiourd'huy sert vn Chancelier, & vn Secretaire, signant & seellant les lettres. Depuis il fut appellé Chancelier, comme il a esté dit: & comme les affaires sont venus à croistre, on a separé ces deux charges, l'vne donnee aux Secretaires pour signer, l'autre au Chancelier pour seeller: & croy que la valeur des personnages qui ont exercé cest estat, luy apporte le rang, l'authorité & grandeur qu'il a eu depuis, car on a veu qu'il a souuent esté entre mains de grands personnages, de Cardinaux, Archeuesques, Euesques, & autres prelats, mesmes des personnes extraictes de la maison des princes. Au temps de Philippes premier du nō Roy de France, Geoffroy, frere d'Eustache Cõte de Boulongne, Euesque de Paris, estoit Chancelier de France, non du Roy, & les Bourguignons, cõme dit Paul Emile) portoient vn tel honneur à cest estat, qu'ils appelloiét Archichancelier, leur Chácelier. Au téps de Charlemaigne cest estat estoit en dignité, & on a veu deux des Dormans, l'vn Cardinal & Euesque de Beauuais, & l'autre aussi Euesque de Beauuais: deux des Vrsins, l'vn Archeuesque de Reims, & l'autre Baron de Trainnel: Guillaume Briçonnet, Cardinal Archeque de Reims & de Narbõne, & Euesque de S. Malo en Bretaigne, Anthoine du prat cardinal, legat en Fráce, Archeuesque de Sés, & euesque d'Alby, auoir esté Cháceliers; & Põcher euesque de Paris, & Archeuesque de Sens, & Ieã Bertrád Archeuesque de Sés & cardinal, auoir esté Garde des seels, lors q̃ les cháceliers sont suspens, ou qu'on les enuoye doucemét en leurs maisons. Il y a eu aussi des princes & gentils-hõmes qui ont esté chanceliers cõme Vvalerã de Luxébourg, les deux des Vrsins, les deux de Rochefort, Claude & Guy. Depuis q̃ les Cháceliers furét instituez, il y a eu des téps, ausquels il n'y en a point eu, & se treuue en plusieurs chartres, depuis l'an 1195. iusques à Philippes Auguste ausquelles sõt souscrits ces mots vacquãt la chãcellerie. La charge du Chã-celier en France est de garder qu'aucune lettre ne passe, & que chose aucune ne se face au preiudice du Roy & de son estat, & quand les roys tiennent leur lict de iustice, ou leurs estats, ou sont en vne cour de parlement, le Chãcelier est assis deuãt luy à main gauche, & le Connestable à droite, & aux conseils le Connestable, & le Chancelier, comme les deux principaux officiers de la couronne sont assis l'vn deuant l'autre. Il tient le grãd seel du roy, & de luy mesmes peut seeler lettres de iustice & de finance, bien que iadis il ne scellast aucune lettre, sans l'aduis d'vn ou de deux maistres des requestes, qui assistoyẽt au seel, & comme leur cõtreroolleur des Ordõnances, Edits, volontez, commandemens, & dõs du roy, & est le souuerain magistrat de la iustice.

Quel est la charge du Chancelier.

En ce Parlemẽt, selõ le nõbre anciẽ, doit auoir cent hommes, à la similitude des cent Senateurs romains: à sçauoir les douze pairs de France, les terres desquels sont du ressort d'icelle cout.

Nombre anciẽ des Conseillers de la Cour.

ANTIQVITEZ

Huict maistres des Requestes de l'hostel du Roy.

Quatre vingts Conseillers, comprins les quatres supresmes presidens : à sçauoir, quarante clercs, & quarante lais : entre lesquels l'Euesque de Paris, & l'Abbé de S. Denis en France sont tousiours du nombre. Les deux Aduocats, & le Procureur du Roy.

Es actes notables & publiques les quatre Presidens sont reuestus de chappes d'escarlate fourrees de menu vert:& mortiers de velours noir, brodez d'or, en la teste. Les seigneurs Conseillers vestus de robbes d'escarlate, & chapperons fourrez de menu vert. Les deux Aduocats, & procureur general du Roy en mesmes habits. Le Greffier ciuil vestu d'vn manteau d'escarlate, le mortier de drap d'or en la teste. Les Aduocats & procureurs en icelle Cour vestus de drap noir. Et est à noter que tous n'entrét au palais qu'en robbes de drap. Tout ce corps est diuisé ainsi qu'il s'ensuit, Assauoir la grand chãbre du plaidoyé ou president les quatres supresmes presidens auec vingt des plus anciés conseillers, selon leur reception, assauoir dix clercs, & dix laics.

Ordre de messieurs de Parlement.

La Chambre de la Tournelle ou se iugent tous les proces Criminels, ou president deux presidens & vingt autres Conseillers anciens qui changent de trois Moys en trois moys, de la grand chambre du plaidoye à la tournelle. *Chãbre de la tournelle.*

La premiere chãbre des enquestes 20. conseillers dont y a deux Presidens qui estoyent anciennement les deux plus anciens de la chambre, a present sont errigez en offices. La seconde chambre Idem. La troisiesme idem. La quatriesme idem. La cinquiesme & derniere de mesmes que les autres esquelles se iugent tous les proces par escrit qui resortissent en ladicte Cour par appel. En chacune desquelles chambres y a vn huissier qui porte verge a la main, erigé pour le seruice de la chambre. Outre les seize autres huissiers qui sont de la grand chambre & qui portent verge. *La premiere des enquestes & autres.*

Le Maistres des requestes de l'hostel du roy, tant anciens que nouuellement erigez tiennent leur iurisdiction dans le Palais de Paris, & iugent par sentence, a sçauoir pour le regard de la contention de ceux qui sont pourueus des estats du Roy & officiers du Roy & l'appel resor- *Maistres des requestes de l'hostel.*

ANTIQVITEZ

tist en la Cour de parlement.

Extraordinaire. Et pour le regard de l'extraordinaire qui est vne commission que le roy leur a attribuée pour iuger & donner ressort & par arrest. Ce qui consernre l'effect & entiere execution de l'edit de la pacification des troubles, & remettre les parties en l'estat quelles estoyent auparauant icelles: mesmes casser & adnuller tous les arrests, & procedures faites contre ceux de la nouuelle religion, pendant leur absence. Ils ont vn Greffier & plusieurs huissiers.

Requestes du Palais. Il y a les requestes du Palais qui est vne iustice exercee par huit Conseillers & deux presidens tres anciennement du corps de la cour de parlement, & depuis augmentée au regne de Henry croisiesme a present regnant de quatre autres conseillers qui iugent par sentences de toutes causes d'entre les officiers & domestiques de la maison du Roy, de la Royne & de Monsieur son frere & sœur, en vertu de leurs lettres de committimus, ont aussi causes commises esdites requestes & l'appel de leur sentence se rend en ladicte court de parlement.

Il y a vn Greffier, deux principaux commis & six autres vn premier huissier & six autres huissiers, leur iurisdiction se tient au coing de la grand salle du Palais.

Messieurs les gens du roy ont leur par- *Mes-*
quet pres la grand chambre du plaidoye *sieurs les*
en la grand salle du Palais & y a deux ad- *gens du*
uocats & le procureur du roy qui ont cõ- *roy.*
munication de toutes affaires où le roy a
interest.

Les quatre notaire & secretaires du *Greffier*
roy signent les arrests & commissions de *de la*
ladite cour pour l'absence du Greffier. *Cour.*

Le greffier Ciuil prothenotaire de la cour
Le Greffier criminel
Le Greffier des presentations.

La cour des aides est souueraine & iu-
ge en dernier ressort des appellations qui *Gene-*
ressortissent des esleuz pour le faict des *raux des*
aydes tailles equiuallent & autres subsi- *aides.*
des & consiste en deux chambres, & en
chacune d'icelle deux presidens & vingt
conseillers, Aduocats du roy, & vn procureur general vn greffier & huit huissiers, & leur iurisdiction se tient dessus la
salle merciere du Palais.

Eaux et forests. Le grand maistre enquesteur & general reformateur des eaux & forests du royaume de france au siege de la table de marbre du palais: auec huict cõseillers & vn procureur du roy iuge ce qui cõserne leurs eaux & forests, & cognoist des appellations interiettees des gouuerneurs & maistres des eaux & forests particuliers, & y a appel de luy, qui se iuge en la cour de parlement.

L'edit grand maistre a des commissiõs particulieres du roy, pour iuger en dernier ressort, ou assistent aucuns de messieurs de la Cour de parlement: Il y a vn Greffier & huit huissiers.

Chancellerie. La Chancellerie du roy se tient aussi au Palais ou sont selees toutes remissions pardons & lettres royaux de iustice apres auoir communiqué icelles au conseil ou asiste les maistres des requestes ensemble aucuns de messieurs de la cour de Parlement & des aydes. Ladite Chancellerie est composee de plusieurs secretaires tãt boursiers que gagez auec chaufecires Audiẽciers, Referendaires & huissiers.

Bailliage du Palais. Le baillage du Palais cognoist de tous exces & larcins qui se peuuent commettre

tre dans l'enclos du palais : Enſemble cognoiſt premierement de tous iuges de toutes cauſes qui ſe peuuét mouuoir entre les manans & habitãs des fauxbourgs S. Iaques. La iuriſdiction ſe tient au bout de la grand ſalle du Palais, & a vn Lieutenant, vn Conſeiller, & vn procureur du roy Greffier & ſix huiſſiers.

La Mareſchauſee & Conneſtablie de france, ſont a la table de marbre du pallais, ont vn lieutenant qui cognoiſt & iuge des monſtres & payement de la gendarmerie, & pardeuant lequel de trois mois, en trois moys, tous les preuoſt des mareſchaux & leurs archers viennent faire monſtre deuant luy. *Mareſchauſee de fraſe.*

La Chambre du Treſor eſt compoſee de ſix conſeillers dont le plus ancien preſide & cognoiſſent de tous droits d'aubeynnes aduenue au roy auſſi des baux a ferme pour le fait du domaine du Roy il y a appel deux & ſe releue à la Cour. *Chãbre de treſor.*

La Chambre des Comptes oyent examinent & vuydent tous les Comptes des Treſoriers & Recepueurs des finances du Roy pardeuant leſquels ſe doiuent verifier tous dons & aulbeynes que le roy dõne a aucuns particuliers & eſt compoſee *Chãbre des Comptes.*

Q

de presidens maistres des comptes audiéciers greffier & huissiers.

Les monnoyes. La cour des monnoyes est souueraine, & iuge en dernier ressort & s'exerce leur iurisdiction sur la chambre des comptes & sont vingt Coseillers deux presidēs, vn procureur du roy, & plusieurs huissiers & cognoissent generallement par tout le royaume de france de tous les differends des monnoyes essaiz d'icelles, ensemble des orfeures & affineux d'or, pour l'essay de leurs ouurages d'or & d'argent s'il est tel qu'il doit estre.

L'admirauté. L'admiral de france apres le serment par luy fait de son estat, en la grād chambre du plaidoyé est institué par monsieur le premier president en son siege à la table de marbre: Et y a vn lieutenant & vn Greffier, qui iugent & cognoissent de tous droits d'Admirauté, pour les prises & volleries faites sur mer par des nauires pillarts ou autres & de la confiscatiō des marchandises y estans : y a appel de luy en la cour de parlement.

Les esleus Les esleus de Paris, qui sont huict cognoissent de tailles subsides & aydes de leur eslection & tiennent leur iustice au

bas du Pallais: & y a appel deux en la cour
des aydes.

La chambre de la royne est vne iustice *Chãbre*
que le roy Charles neufiesme du nom a *de la roy-*
erigee pour cognoistre de tous acquests *ne.*
faits sans payer lots & ventes saisines &
amandes & la foy & hommage non faicte, des fiefs acquis qui releuent de luy &
pour faire brief font saisir lesdicts lieux:
& pour auoir main leuee faut apporter
ses tiltres a ladicte chambre ou y a plusieurs de messieurs de la cour & du Thresor, qui sont iuges, & iuge en dernier
ressort y a vn procureur du Roy & Greffier.

Tous les clercs du palais ont vne iusti-
ce entre eux, sous vn Roy & vn Chance- *Bazoche*
lier: nommee la Bazoche qui l'exerce
par le changer douze maistres des requestes ordinaires dix extraordinaires aduocat & procureur du roy greffier 4. notaires & secretaire & plusieurs huissiers: Et
est ladicte iustice exercee par les principaux clercs des procureurs sur to9 lesdits
clercs, & de tous leurs differéts & iugent
en dernier ressort & sans appel. Et est ladicte iustice auctorisee par la court tellemét
q̃ l'on ne peut faire adiourner vn clerc du

Q ij

Palais pardeuant autres iuges que ledict Chancelier de la bazoche, & pour l'entretenement d'icelle le roy leur donne tous les ans deux amandes de 60. liu. parisis.

L'an mil cinq cens cinquante quatre, le roy Henry deuxiesme, auoit ordonné par edit perpetuel & irreuocable, que les seigneurs de la Cour de Parlement seroyent semestres : c'est a dire que l'vne partie d'iceux seruiroit six moys, & l'autre partie six autres, & ny auroit plus de vacations: mais depuis par luy mesme fut reuoqué.

La grand chambre du plaidoyé autrement nommee chambre doree à le Lambris taillé de menuserie à l'antique, releué d'or fin sur champ d'azur : au chef de laquelle dedans vn riche tableau sous le crucifix sont escrites ces deux sentences de l'escriture saincte.

A dextre.

Facite iudicium & iustitiam: quod si non audieritis hoc, in me iurauit, dicit Dominus, quod deserta erit domus hæc.

Ierem. xxij.

A senestre.

Videte iudices quid facitis : non enim hominis exercetis iudicium sed dei. Et quodcunque iudica ueritis, in vos redundabit ij. Paralipo xix.

Ceste Cour est enuironnee & accompagnee dans l'enclos du palais, des iurisdictions qui s'ensuiuent redigees en bref.

Les requestes de l'hostel du roy, & les extraordinaire   La Chancellerie.

Les requestes du Palais.

Le Baillage du Palais.

La chambre des eaux & forests. A ceste iurisdiction resortissent trois cens sieges des maistres des eaux & forests.

La mareschaussee & Connestablie de frãce, à la table de marbre.

La chambre des Comptes.

La chambre du Thresor.

La chambre des monnoyes.

La iustice des aides dits generaux.

Les Esleus

Le siege de l'admirauté, à la table de marbre.

Messieurs les gens du roy.

La chambre de la royne erigee par le roy Charles neufiesme du nom.

De Philippes le long & autres roys de France,
fondation du College de Bourgongne, mort
d'vn Preuost de Paris, ponts rompus, de
l'Eglise du Sainct sepulchre, du Tresorier
Pierre Remy, & au gibet de montfauçon,
du Roy Philippes à Cheual dans nostre
Dame, de maistre Pierre de Cuniers, du
College d'Authun, du College de Tours,
des Bernardins, & autres choses memorables.

CHAP. XVI.

Philip-
pes le lōg
48. roy.

Hilippes le long, frere de
Loys Hutin 48. roy de frāce,
succeda a son frere L'an du
mōde 3277. De Iesus Christ
1315. Il regna cinq ans.

De son temps, vn Preuost de Paris nommé Henry l'apperel, fit executer à mort
vn pauure homme prisonnier au chastelet, luy imposant le nom d'vn riche hōme coulpable & condemné, lequel il de-
liura. Du quel cas le preuost accusé & cō-
uaincu fut pendu & estranglé.

Fōdatiō
du college
de Bour-
gongne.

L'An de grace 1311. Tresillustre Dame
& Princesse Madame Ieanne de Bourgongne, & Dame de salins, solicitée

par les admonitions de reuerendissime Sieur Pierre Cardinal prestre du titre de sainct Clement, & du fameux & excellent Docteur Nicolas de lyre religieux de l'ordre de sainct François, & de Thomas de Sauoye Chanoine de Paris, fonda & instiua le Royal Colege de Bourgoigne, & de sa volonté voulut que fussent executeurs ceux que cy dessus i'ay nommez: & pour fournir aux frais du bastiment elle ordonna que son hostel, & palais de nesle auec ses appartenances, que elle auoit pres les murs de Paris fut vendu, & que du pris d'iceluy on bastit celle maison qu'elle nomme de congregation tant de reguliers que de seculiers venans à Paris pour raison de l'estude. En ce Colege fut fondee la chappelle au nom de la glorieuse vierge mere de nostre Dieu, & le nombre des Boursiers limité iusques à vingt estudians en Logique, & sciences naturelles sans passer outre en autre faculté, & que le principal fut maistre és arts, ayant vn chapelain pour celebrer les messes, & assister au diuin seruice. Et entre autres articles de la fondatiõ cestuy y est inseré : Nous voulons & expressement commandons estre à iamais obserué, que

Q iiij

ANTIQVITEZ

si quelque Escolier du Conté de Bourgogne est trouué suffisant pour ouyr les susdites sciences s'il y a lieu vacāt qu'il soit preferé à tout autre. Et quād à la nominatiō du principal dudit Colege, elle est donee par les statuts au Chācelier nostre Dame, & au gardiē des freres mineurs de Paris: ausquels appartiēt d'y mettre le Chapelain, & les boursiers à leur voulonté, au reste tant le Principal que le Chappelain seront retenus en leur place & dignité à vie, s'il n'y eschet crime, ou si de leur voulonté ils ne veulent s'en deffaire.

Charles le Bel 2. Roy. Charles le Bel fils de Philippes le long quaranteneufiesme Roy de France, succeda à son pere. L'an du monde cinq mil deux cens quatre vingts deux. De Iesus Christ 1320. Il regna sept ans. Ce fut le dernier de la lignee de Hues Capet: Il fut seuere Iusticier gardant le droit à vn chacun.

L'an mil trois cens vingt trois Iourdain de l'isle fut pendu & estranglé au gibet de Paris, le septielme iour de May, il auoit espouzé la mere du Pape. L'an mil trois cens vingts quatre, le Pape Iean condemna l'heresie des Fretots. En ce

temps, fut à Paris condemnee l'heresie *Heresie*
appellee *Arts notoria*, dont auoit esté in- *des Fre-*
uenteur vn Moine de Morigny, pres d'E- *uets.*
stampes, le liure duquel fut bruslé.

Durant le regne du sudit Roy, l'an mil
trois cens vingt cinq, fut si grād yuer que
le fleuue de seine fut tout glacé, & au de- *Gran*
geller les glaçons rompirent & ruynerēt *yuer.*
deux des ponts de Paris.

Deux ans apres fut edifiee l'Eglise du
sai   ulcr   salé à Paris, cōme *Eglises*
on voit à la porte d'icelle Eglise en escri- *du S. Se-*
ture si antique qu'à peine la peut on lire. *pulchres*

L'an de grace mil trois cens vingt sept, *bastiet.*
le Vendredy deuant Noël fut chantee la
premiere messe de ceste Eglise, & les fondemens leuez comme il apert par maistre
Guerin de Lorcignes, qui erigea ce portail, & le fonda premierement. Le reste
est rompu.

Audit an l'Euesque de Paris, par authorité du Pape, reuestu des ornemens ponti- *L'Eue-*
ficaux, accompagné d'autres prelats, au *que de*
paruis nostre Dame, excommunia Loys *Parise*
de Bauieres Empereur ennemy du Pape. *commu-*

Enuiron ce temps Pierre Remy, thresto- *nie l'E-*
rier de France, & gouuerneur du Royau- *pereur.*
me, né de bas lieu fit faire de neuf le gi-

ANTIQVITEZ

Pierre Remy fut pendu au gibet. bet de Mont-faucon pres Paris, en vne des pierres duquel au principal pillier fut entaillé secrettement ce qui s'ensuit,

En ce gibet icy emmy
Sera pendu Pierre Remy.

La prophetie fut verifiee, car il y fut pédu pour les larcins par luy commis sur les deniers du Roy, au temps de Philippes de Valois.

Philippes de Valoys 50. Roy. Philippes de Valois, cousin germain des trois Roys precedant succeda à Charles le Bel, & fut le cinquantiesme Roy. L'an du monde 5289. de Iesus Christ 1327. Il regna vingt deux ans.

Il eut debat auec Edouart tiers du nom Roy d'Angleterre qui fut fils d'Isabelle fille de Philippe le bel, pour le droit de ladite couronne, soustenant ledit Edouart luy deuoir appartenir: Ce qui luy fut par les douze pers denié partant fut declaré ledit Philippe de Valloys legitime Roy comme venant de lignee masculine & nõ feminine, dont sont ensuiuis tant de guerres entre les François & Angloys.

Apres donc la mort de Charles le Bel Philippes de Valoys son cousin germain

& le plus proche pour succeder à la couronne fut Roy de France du consentemẽt de tous les François pour soustenir Loys conte de Flandres son vasal, fit guerre au Flamens dont il obtint victoire à l'encontre desdits Flamens en l'an mil trois cens vingthuict, estant retourné à Paris s'en alla rendre grace à Dieu en la grand' Eglise: en laquelle il entra tout armé & mõté à cheual iusques deuant le Crucifix, & presenta son cheual & ses armes à l'image de la vierge Marie, luy attribuant l'honneur de sa victoire: & donna à icelle Eglise cent liures de rente perpetuelle, qu'il leur assigna au pays de Gastinoys. En memoire de cela est son effigie comme vn Prince armé monté à cheual, en la nef d'icelle Eglise deuant l'image nostre Dame. *Philippes de Valoys, armé & mõté à cheual entre dans l'Eglise nostre Dame.*

L'an mil trois cens quarante huict. Au moys de Decembre, les Lombarts & Italiens, Changeurs, Banquiers & Vsuriers, furent empoignez, chassez & Bannis de France, pour les grandes vsures qu'ils exerçoyent contre le droit. Durant le regne du susdit Roy Philippes de Valoys, viuoit pour lors Edouard Roy d'Angleterre, qui entra en France auec grosse armee, & vint *Italiens & Vsuriers chassez de France.*

ANTIQVITEZ

iusques deuant Paris loger à Poissy, & son fils à sainct Germain en Laye. Les Anglois bruslerent tous les villages d'alentour iusques à sainct Cloud, & occuperét Roye & Mont-ioye, pour lors maisons Royalles & de plaisance. Le Roy de France auoit son armee dedans Paris, mesmement aux fauxbourgs sainct Germain des prez en intention de combatre le Roy Anglois: lequel se retira iusques à Crecy, ou fut donnee la iournee au grand dommage des François. Pierre de Cunieres, Cheualier & Conseiller dudit Roy Philippes, en la grand salle du Palais, en la presence du Roy, des Princes & des Prelats, proposa vne harangue, tendant à fin d'oster le temporel aux gens d'Eglise, & leur laisser le spirituel: Bertrand Euesque d'Authum, fut principal defenseur à l'encontre de luy: en fin le Roy les accorda.

Harangue à fin l'auter le temporel.

Ce Bertrād Euesque d'Authum, & Cardinal, fonda le College d'Authum, en la ruë sainct André des arts, ou est vne belle chappelle à deux autels, lesquels furent benists & sacrez l'an mil trois cens quarāte & vn, l'an septiesme du Pape Benoist douziesme, par reuerend pere en Dieu Pierre Euesque d'Arras neueu dudit reue-

Colege de Authū

rend pere Bertrand, cardinal, fondateur dudit lieu, és presences de Pierre de Paludé, patriarche de Ierusalem, Guy Archenesque de Lyon, & Iean Abbé de sainct Germain de prez. L'an d'apres la chappelle fut dediee au nom de la vierge Marie, par ledit Euesque d'Arras, comme le tout appert en vn tableau en latin dedans ladite chappelle. Dessus la porte du colege est escrit,

Le Colege maistre Pierre Bertrand, Cardinal, natif d'Annonay, au diocese de Vienne.

Aux deux costez sont deux effigies de deux Cardinaux: souz l'vn est escrit.

Petrus Bertrandi dioc. Vienn. olim Niuernensis, deinde Atrebatensis episcopus, posteat. S. Susanna presbyter cardinat. demum Ostien. & velle ren Episcopus Cardinal.

Souz l'autre.

Petrus Bertrandi dioc. Vienn. olim Nyuernens deinde Eduensis episcopus, & demum tituli. S. Clementis presbyter Cardinalis.

Enuiron ce temps: Estienne Archeues-

Colege de que de Tours fonda en la ruë de la Har-
Tours. pe, le Colege de Tours, ainsi qu'il se trou
ue engraué dans vne pierre auec ses armes.

*Stephanus de Burgolio Turonem. Archie-
piscopus, huius collegi fundator magnificus, obiit
anno 1333.*

Le lendit   Durant ce regne le lendit seant sur le
bruslé. chemin sainct Denys, fut entierement
bruslé d'vn feu soudain qui se mit en la
ruë des merciers. Cela aduint l'an mil
trois cens trente six.

Iustice de   Aussi en ce temps Hugues de Crecy, na-
n Pre-   tif de Bourgougne, autres fois Preuost de
ent.   Paris, & depuis president en la Cour de
parlement, fut pendu & estranglé, pour
vn certain iugement par luy corrompu,
le dixneufiesme iour de Iuillet l'an mil
trois cens trente six.

e l'E-   En ce mesme temps, le pape Benoist
lise des douziesme de ce nom, de l'ordre de Ci-
Bernar- steaux tenant son siege en Auignon, fon-
dins.   da le College & Eglise des Bernardins à
Paris : & vn Cardinal natif de Thoulou-
ze, aussi dudit ordre paracheua le bastiment, y dressant vne librairie, & y fonda

à perpetuité seize estudians en Theologie: comme il est escrit à l'entree de l'Eglise souz deux armoiries peintes contre la muraille, lesquelles sont effacees, & de lescriture ce peut lire ce qui sensuit,

Hæc arma sunt sanctissimæ memoriæ domini Benedicti Papæ duodecimi, Cisterciensis ordinis, cuius est præsens studentium collegium professoris, qui hanc fundauit ecclesiam, & multis dotauit indulgentiis.
Dominus Guilhelmus quondam Cardinalis Doctor Theologiæ, Tholosanus natione, Cisterciensis religione, ecclesiam præsentem ad perfectionem qualem obtinet produxit. Bibliothecam insigniuit, sexdecim scolares in theologia studentes in perpetuo fundauit.

Des Choses aduenues au temps et regne du Roy Iean, du trouble estant à Paris, aduersitez de ce temps. Fondation du College de Beaucourd.

ANTIQVITEZ

Le 51.
Roy de
France.

IEan fils de Philippes de Valoys, cinquante vniesme Roy, succeda a son pere, l'an du monde 5311. De Iesus Christ 1349. Il regna quatorze ans le vingt cinquiesme de Septembre il fut couronné à Reims, auec sa seconde femme la Contesse de Boulongne, & le dixseptiesme iour d'Octobre il fit son entree à Paris auec grand pompe. Ce Roy fut prins prisonnier le dixneufiesme iour de Septembre, mil troys cens cinquante six, à vn lundy, & cette bataille fut faite à vne lieuë pres de Poictiers, és champs qui s'appelle Beauuois & maupertus, Le Roy d'Angleterre s'estoit caché dedans des vignes, hayes & buissons, auec petite armee. Le Roy se rend à vn Cheualier de Artois, nommé Denis Morbesque, qui

Le Roy
prins pri-
sonnier.

lo[...]oit en Angleterre banny de France. [...]es son fils fut prins aussi en defendant son pere vertueusement: En l'absence desquels y eut de grands troubles & diuisions en France, & mesmement à Paris, pour les partialitez de Charles duc

Connesta-
ble deca-
pité.

de Normandie, fils du Roy, premier Dauphin, & de Charles Roy de Nauarre. L'an mil trois cens cinquante, Raoul Connestable

stable de France, fut decapité a l'hostel de nesle de Paris.

En ce temps d'auersité ceux de Paris *Grands* voulurent entreprendre le gouuernemēt *troubles* & domination du royaume, par le conseil *a Paris* & deliberation de quelques vns non natifs de Paris qui s'en trouuerent mal : Le principal des sediteux, & qui mit le trouble entre le Duc Charles, regent, & le roy de Nauarre, fut messire Robert le Coq Euesque de Laon, auquel le Preuost des marchans aida bien à conduire la besongne. Le Duc Charles, regent, assembla *Conseil* le conseil à Paris, au mois d'Octobre, l'an *assemblé* mil trois cens cinquante six, & les remon- *à Paris.* strances par luy faictes, sur ce qui estoit à aduiser pour la deliurance du roy son pere, furent esleus cinquāte hommes des trois estats, qui se rindrent au conseil l'espace de quinze iours au conuent des Cordeliers: la deliberation desquels fut, qu'il falloit desapointer aucuns qui auoyent le maniment des affaires du royaume, & confisquer leurs biens, pour faire finance *Officiers* de deniers. *du Roy,*

De rechef, le vendredy troisiesme iour *priuez de* de Mars, l'an mil trois cens cinquante six, *leurs e-* fut autre conseil general assemblé en *stats.*

R

Parlement, duquel par sentence de Charles, furent priuez de leurs Estats vingt deux officiers du roy, à la requeste de l'Euesque de Laon, au nom des Parisiens, à sçauoir les principaux, Pierre de la forest Cardinal, & Chancelier de France, Pierre D'orgemont President, Nicolas Braque, Simon de Bussi, Iean Chamelart, Ieā Poileuain, maistre des comptes, Bernard de fremant tresorier de france, Iaques l'Empereur, tresorier des guerres, maistre Estienne de Paris, Ancel Choquart, maistre des requestes de l'hostel du roy, Regnaut Dacy, aduocat du roy en parlemēt, & autres nobles personnages.

2. Mareschaux de france occisdans le Palais le regent prent la fuitte.   Estienne Marcel Preuost des Marchās, assembla le peuple à Sainct Eloy, & vindrent au Palais en la chambre du regent, en la presence duquel occirēt deux grāds Seigneurs, ses biens fauorits, les mareschaux de Clermont & de Champaigne: & trainerent leur corps nuds sur la pierre de marbre: autant en auoyent faict de Regnaut Dacy aduocat du Roy. Le Preuost des marchans pour sauuer le regent, luy bailla vn chaperon en teste, des couleurs pers & rouge, huree du peuple seduit. Et falut audit Seigneur quitter la

ville pour les seditions, apres auoir faict aucunes remonstrances, tant en la place des Halles, qu'en la place de Greue, sur les degrez de la Croix.

Le roy de Nauarre vint susciter les Parisiens, & les conseiller de se mutiner côtre le regent, par deux fois, l'vne au pré aux clercs, & l'autre en l'hostel de ville.

Les Parisiens prennent l'artillerie du Roy au Chasteau du Louure, & la font transporter en l'hostel de ville. La plus part des villes de france tenoyent du party de Paris.

L'an mil trois cens cinquante sept, Monsieur Charles, Regent, auec trente mil hommes de cheual, assiega la ville de Paris, du costé de Charenton, ou se firent plusieurs courses d'vn costé & d'autre. Ce pendant les Parisiens reuoltez, tuerent trente neuf Anglois, qui estoyent en la ville, & prindrent aucuns des plus nobles, qui sortoyent du disner d'auec le Roy de Nauarre, en l'hostel de Nesle, maison royalle, & les mirent en prison au Louure.

La ville de Paris assiegee.

R ij

ANTIQVITEZ

Nicole Gilles en ses Annales, dit, cest hostel de Nesle, auoir esté edifié par Iean Duc de Berry, fils du roy Iean. Le roy de Nauarre, qui auoit esté faict capitaine de Paris, & le preuost des Marchans tomberent en l'indignation des Parisiens.

Le Preuost des marchās tué.

Iean Maillard bourgeois & Quartinier de la ville, print vne banniere de france, & cheuauchant par les rues crioit Montioyes Sainct Denys. Autant en fit Pepin des Essars cheualier : ausquels se ioignit le peuple. Le preuost des Marchans, se cuidans sauuer en la Bastille Sainct Anthoine, fut tué auec aucuns des siens.

Punisiō de plusieurs bourgeois

Charles Consac, Escheuin, Iosseran de Mascon tresorier, Pierre Gille, Pierre Caillart chastelain du Louure, Iean preuost Pierre le blond, pierre puisset aduocat en parlement, Pierre godart aduocat en Chastelet, pour auoir fauorisé le Roy de Nauarre, furent trainez, & decapitez,

Paris assiege: offrande à nostre dame.

& leurs corps iettez en la riuiere de Seine. Le regent entre à Paris, & remet le peuple en son obeyssance, faisant vne harengue en l'hostel de ville.

Alors estoit la noble ville de Paris, asfiegee de Nauarrois & Anglois, qui tenoyent toutes les forteresses d'alentour tant par eau que par terre. L'an mil trois cens cinquāte sept, la vigile de my Aoust, les habitans de Paris offrirent à nostre Dame vne chandelle, qui auoit la longueur du tour de la ville, pour estre allumee iour & nuit, & depuis à esté continuee.

L'an mil trois cens cinquante neuf, Edouard roy d'Angleterre, courant tout le royaume de France, assiegea Paris, a fin de contraindre les françoys d'accorder les articles de la paix, pour la deliurance du roy de France: plusieurs assemblees se firent pour traiter de paix: entre autres s'en fit vne le vendredy d'apres pasques, ou assistoit le legat du pape, le lieu ou se feit l'assemblee estoit, en vne maladerie, vers la tombe ysoire, pres ladite ville, derriere Sainct Germain des prez. *Anglois deuant Paris.*

Le roy d'Angleterre voyāt que la paix ne pouuoit estre accordee, approcha ses batailles, pres de la ville SainctMarcel, & n'y faisant rien, se retira vers Chartres, ou la paix fut traittee. *Paix accordee auec L'anglois.*

Le roy Iean retournant en France, entra a Paris. Entre les magnificences de sa *Retour du Roy Iean a Paris.*

R iij

receptiõ, vne fontaine estoit outre la porte Sainct Denys rendant vin en toute habondance. Estant retourné a Paris, il restablit le parlement, l'an mil trois cens 61. lequel auoit cessé pres de deux ans. C'est l'estat de Paris durant le regne du susdit roy.

College de beaucourd. L'an mil trois cēs cinquante trois Messire Pierre de Beaucourd cheualier, desireux de l'auancement des Escoliers natifs du Diocese de Therouenne aux sciēces humaines, fonda le College qui ores portes le nom en sa maison qu'il auoit au mont de Saincte Geneuiefue, laquelle il dõna pour l'exercice des lettres & pour y nourrir huict escoliers du pays susdicts, sauf qu'il excepte les escoliers qui sont du Diocese de l'obeyssance du Conté de Flandres, auec autres charges qu'il donna au Reuerends peres l'abbé de S. Bertin a Sainct Omer, & l'Abbé du mont S. Eloy: Ce college à depuis esté tout refait presque de neuf par feu de bonne memoire Maistre Pierre Galand professeur royal, & principal de ce College.

Du regne du Roy Charles le quint, edification de l'hostel des Tournelles, fondation des Colleges de Beauuais, & de Presles, edifice du couuent des Celestins ensemble les Epitaphes des corps nobles qui y gisent, Priuileges des Bourgeois, & des habitans des fauxbourgs, auec la fondation du College de Dainuille.

CHAP. XVIII.

Charles le quint dit le sage, fils de Iean fut le cinquante deuxiesme roy de france, succeda à son pere. L'an du monde cinq mil trois cens vingt cinq, De Iesus Christ 1363. Il regna seize ans, & fut sacré a reims, auec la royne sa femme, Ieanne Duchesse de Bourbon le dixneufiesme iour de may L'an troiscens soixante quatre. En ceste mesme annee le roy fit grand ioye a cause que la royne estoit accouchee à Paris d'vn beau fils, qui fut Charles sixiesme, apres graces rédues à Dieu, fit donner aux colleges de Paris trois mil florins d'or, & à chasque personne qui voulut aller à Saincte Katherine du val des Escoliers, ordonna estre baillé huit deniers parisis, plusieurs femmes y

52. Roy de frãce.

Aumo ne faict par le Roy.

R iiij

moururent en la presse.

Cōmencement du bastimēt de la bastille.

L'An mil trois cens soixante neuf, le vingt deuxiesme iour d'Auril, furēt commencez les fondemens de la Bastille à Paris, à la porte Sainct Anthoine, ainsi qu'on la voit a present & fut la premiere pierre assise par Huges Aubriot (aucuns disent Ambriot) preuost de Paris, le tout aux despens du roy, des deniers qu'il auoit donnez à la communauté des parisiens.

Siege deuāt paris par les Anglois.

L'an mil trois cens septante vn, les Anglois conduit par Robert Canolle, assiegerent Paris du costé de Ville Iuifue, & y eut quelques escarmouches, enuiron Sainct Marceau, ou demourerent sept cēs Anglois. Eux se retirans bruslerent Ville-iuifue, Cachant, Arcueil, & le chasteau de Vicestre. Lequel chasteau les Annalles de france, disent auoir esté edifié par Iean Duc de Berry, fils du roy Iean: lequel Duc donna à l'Eglise de Paris le chef de S. Philippes Apostre, decoré & garny de pierres precieuses : lequel se monstre le premier iour du mois de may. Iceluy chasteau de Vicestre aussi appartient de present à ladite Eglise.

chasteau de Vicestre.

L'An mil trois cens septante deux, les habits & les liures des Turelupins (autrement dits la compagnie de pauureté) furent bruslez en la place de Greue.

L'an mil trois cens septante trois le fleu ue de Seine creut & se desborda en telle maniere desmesuree, que par l'espace de deux mois on alloit à Paris par batteaux en la rue Sainct Denys, & de la rue Sainct Anthoine, iusques à Sainct Anthoine des Champs, & de la porté Sainct Honoré iusques au port de Nueilly. On attachoit les batteaux à la Croix Hemon, au dessus de la place maubert. *Desbor-demēt de la riuiere*

L'An mil trois cens septante huit, Charles quatriesme Empereur, fit son entree a Paris, en grande magnificence, accompagné du roy des Romains. Le roy de france leur presenta le banquet en la grand salle du palais sur la table de marbre, cōme est de coustume aux grands princes. *Entree de l'Empereur.*

En ce temps estoyent en grande renōmee, & reputation ceux de la maison des Dormans, aucuns desquels furent Chanceliers de france, l'vn d'iceux fit construire le College de Beauuois, ainsi qu'il est escrit sur la porte dudit college, & en la rue des Carmes, comme s'ensuit. *College de Beauuais.*

Ce College des Dormās fut fondé par feu de bonne memoire Monsieur Iean des Dormans, luy viuant Cardinal, prestre du Sainct siege de Rome, iadis Euesque de Beauuois. En repos soit son Ame.

En iceluy college y a vne chappelle, & au chœur d'icelle sont deux effigies d'Euesques en cuyure, sur vn tombeau de marbre, autour desquelles est escrit.

Hic iacent domini milo de Dormane Episcopus quondam Andegauensis, post Baionensis, & demum Beluacensis, Cancellarius Francie, qui obiit decimo septimo Augusti, Anno millesimo trecentesimo octuagesimo septimo. Et Guilhelmus de Dormano eius Germanus, episcopus quondam Meldensis, post archiepiscopus Senonensis, regis consiliarius, qui obiit anno millesimo cccc. v. Secunda die Octobris, doctores legum ne potes domine Ioannis Cardinalis de Dormano: & filÿ nobilis viri domini Guilhelmi de Dormano fratrum, & franciæ Cancellariorum, huius Collegÿ fundatorum, quorum corpora iacent aput Certusienses prope Parisius. Orate pro eis omnibus.

Aux deux costez dans ceste chappelle sont six effigies de pierre: c'est à sçauoir du costé de Septentrion trois effigies de nobles & illustres hommes de la maison & surnom des Dormans : & du costé de midy trois effigies de Dames alliees en ladite maison & de la lignee desdits Dormans.

Le College de Presles, iadis fondé par maistre Raoul de Presles, confesseur du Roy Charles le quint, & cettuy & le College de Beauuais, ont esté rebastis tout à neuf de nostre temps, durant le regne des Roys tres-chrestiens François premier, & Henry second du nom. Pour le scisme qui estoit entre les deux papes : En l'an mil trois cens septante neuf, furent assemblez deux Conciles de l'Eglise Gallicane en la ville de Paris, le premier l'vnziesme iour de Septembre, & l'autre le 17. de Ianuier.

Le Roy Charles fit edifier le grand hostel des Tournelles, le Chasteau du Louure, & celuy de sainct Germain en Laye: Et lors que l'ancien hostel des Tournelles estoit debout c'estoit iadis la paroisse des Roys que l'Eglise sainct Paul, & ou les Cheualiers alloyent a la messe, & posoyēt leurs armoiries apres quelque grād feste & ioye de tournoy: Mais Héry deuxiesme estát fortuitemēt occis en vn esbat

Colleges de Presles.

Concille assemblez à Paris.

Hostel des tournelles.

en la rue S. Anthoine, cest hostel à este mis par terre, pour ne seruir plus de logis aux roys, puis que le meilleur prince auoit eu vne fin tant calamiteuse.

Celuy qui commeça l'ordre des Celestins. Nous auons dit cy deuant que les Celestins furent mis au lieu, ou iadis auoyét esté, & fait leur demeure les religieux dits les Carmes pres Sainct Paul, & non loing de la riuiere, le bastiment desquels fut dressé par le bon & sage roy Charles le quint, Or l'ordre des Celestins fut institué par vn bon & Sainct homme nommé Pierre de Moron, faisant profession de solicitude, lequel par sa grande Saincteté fut choisi en sa cellule pour commander sur toute l'Eglise, & fait Pape fut appellé Celestin cinquiesme, lequel en fin quittant la dignité par les ruses de Boniface huictiesme, comme il se retiroit en son hermitage pour y instruire ses religieux fut constitué prisonnier par son successeur, lequel le feit mourir soit de faim, soit de poison, ce bon Celestin: Ce Pape viuoit du temps de Philippes le bel, & ses religieux vindrent a Paris bien tost apres la mort de leur pere, mais il neurent si tost Eglise, ains Charles cinquiesme est celuy qui leur donna la place des Carmes, qu'on appelloit la porte des barrez, ie laisse la magnificence struture de cette maison, de laquelle de nostre tẽps on à retranché quelque cas pour le bastimẽt de l'Arsenal, Entre autres choses memorables voy les tõbeaux des corps qui reposent en ladite Eglise. A la porte d'icelle sont les effigies d'vn Roy & de son espouse. Souz l'effigie du Roy est escrit,

Carolus quintus fundator Ecclesiæ.

Souz l'effigie de la Royne est escrit. Ieanne de Bourbon, espouze de Charles le quint.

En ceste Eglise sont plusieurs sepulcres de marbre noir & blanc, & d'albastre, auec les effigies enrichies d'or & d'azur, dont s'ensuyuent les epitaphes.

Icy reposent les entrailles de madame la Royne Ieanne de Bourbon, espouse de Charles le quint, & fille de tres-noble Prince monseigneur Pierre de Bourbon, qui regna auec sondit espoux treize ans & dix moys, & trespassa l'an mil trois cẽs soixante sept en Feurier.

Autre.

Cy gist tres-noble & excellent prince Lyon de Lizingnen, quint Roy Latin du Royaume d'Armenie, qui rendit l'ame à Dieu à Paris le vingtneufiesme iour de Nouembre, l'an de grace mil trois cens quatre vingts & treize.

Cy gist noble Dame madame Anne de Bourgongne, espouze de tres-noble Prince monseigneur Iean duc de Bethefort, & regent de Fräce, & fille de tres-noble prince monseigneur Iean duc de Bourgongne : laquelle trespassa à Paris, le quatorziesme iour de Nouembre, l'an de grace mil quatre cens trente deux. Es verrieres du cœur sont les effigies des Roys Charles le quint, & François premier du nom, & le long d'icelle est escrit,

Rex Franciscus primus sex vitreas erexic 1539. tuaris de Billi fulgure ruens antiquas excusit 19. Iulij 1538. quas priores posuit 1360. Carolus quintus fundator primus.

En la chappelle des Ducs d'Orleans à costé du cœur, vers midy, est vn haut sepulcre de marbre blanc estoffé d'or, au flancs duquel sont les douze Apostres, & autres saincts : dessus sont quatre effigies de deux ducs, vn Conte, & vne Duchesse, en deux estages, l'vne esleuee sur l'autre: & est escrit en lettres d'or autour du cercueil.

Loys duc d'Orleans, Valentine de Milan, sa femme, Charles duc d'Orleās leur fils, pere du Roy Loys douziesme. Philippes Conte de vertus, leur fils. *Ducs de Orleans.*

La sont deux Epitaphes Latins.

Hoc tecum illustris Pario Ludouice sepulcro
Iuncta Valentinæ coniugis ossa cubant.
Emerito insubris tibi iura ducalia sceptri.
Tradita legitima præmia dotis erant.
Subiacet & Carolo, clausus cum fratre Philipus
Inclita iam vestri pignora bina thori.
Magnificus Carolo nascens Ludouicus ab alto,
Hæc posuit larga busta superba manu.
Sforciadem indigna populit ex sede tyrannum,
    Et sua qui Siculas subiuga misit opes.
Vt tantos decorata duces Aurelia iactat,
Gallica sic illo sceptra tenente tument.

Il y en à encores vn biē plus ample que ie laisse pour n'estre prolixe.

En la mesme chappelle est vn sepulcre vouté tout de marbre blāc doré auec l'effigie d'vne ieune princesse de pareille estoffe est escrit,

Cy gist tres-excellente & noble damoyselle Renee d'Orleans, en son viuant cõtesse de Dunois, de Tancaruille, de Mõtgomery, dame de Mõstreubellay, de Chasteau Regnaut, fille vnique delaissee de tres-excellent & puissant Prince & Princesse, François en son viuant duc de Longueuille, Conte & seigneur desdites Contez & seigneuries, Connestable heredital de Normandie, lieutenant general & gouuerneur pour le Roy en ses pays de Guyẽne. Et madame Françoise d'Alençon son espouze, pere & mere de ladite damoyselle: laquelle trespassa en l'aage de sept ans, au lieu de Paris, le vingt troisiesme iour de May, l'an mil cinq cens quinze.

Es verrieres de cette chappelle sont par reng les effigies à genoux de vnze personnages que Roys que Ducs: & souz chacun est ainsi escrit

Rex Carolus Quintus.

Ludouicus Aureliorum dux eius natus secundus.
Ludouici ac Valentinæ à Madiolano.
Carolus primogenitus.
Ludouicus duodecimus huius filius.

V ij

Virtutum comes Philippus Ludouici & Valen-
tinæ secundus.
Ioannes Angolismensis dux eorundem tertius.
Ioannes filius Carolus Angolismensis dux.
Rex Franciscus primus Caroli proles.
Franciscus Delphinus Viennensis & Britanno-
rum dux eius
Primogenitus, obiit hic Turnon vicenarius.
Rex Henricus secundus Francisci regis filius.
Carolus Aureliorum dux Henrici frater.

Au dessus des effigies és mesmes verrieres est escrit.

Quas 1398. struxit Ludouicus hic, Turris bil-
lia destruxit, dũ 19. Iulij 1538. fulgereruit, 1540
erexit nouas Franciscus hic, à quo nobilis hæc
proles exurrexit.

En la nef de l'Eglise.

Cy gisent G. de Rochefort, Chancelier
de France, & madame G. de Vouurey, il
mourut l'an mil quatre cẽs quatre vingts
douze. En la chappelle qui est derriere le
grand autel, se fait le seruice pour les No
taires, & secretaires du Roy, comme il est
contenu en vn tableau estant en ladite

S

Chappelle.

Le College des Notaires & Secretaires du Roy, de la Couronne & maison de France, à fondé cest autel, qui est assis au chef de cette Eglise, pour le remede & salut des ames des Roys de France, & de leurs Chanceliers, secretaires & Notaires trespassez, presens & à venir: & fut benit l'an de grace mil trois cens septante deux, le Mercredy feste de la Conception nostre Dame, le huictiesme iour de Decembre, par tres-reuerend pere en Dieu monsieur Guillaume de Melun, Archeuesque de Sens.

Vers midy a costé du maistre autel.

Cy gist reuerend pere en Dieu messire André d'Epinay, Cardinal, Archeuesque de Lyon & de Bordeaux, Primat de France & d'Aquitaine, zelateur & bié-faicteur de l'ordre des Celestins, qui trespassa à Paris, aux Tournelles, le dixiesme iour de Nouembre, l'an de grace mil cinq cens. Priez Dieu pour luy.

Vers septentrion, à costé du maistre autel.

Carolum magnem æquitem auratum excubiarum portæ regiæ præfetum regisque cubiculariũ,

martiana magna soror sua piiss. in spere surrectu-
ri corporis hoc tumulo posteritati commendauit
1556.

Au chapitre du cloistre dudit monastere, est graué ce double Epitaphe, sur vne
tombe.

Cy gist monseigneur philipes de mai-
sieres en sancters, Cheuallier Chancelier
de Chipre, Conseiller & banneret de l'ho
stel du Roy de Fráce Charles le quint de
ce nom: qui trespassa de la gloire de l'hostel Royal, à l'humilité des Celestins, l'an
de grace mil trois cens quatre vingts : &
rendit son esprit à Dieu le vingt neufiesme iour de May: l'an de grace mil quatre
cens cinq.
Ledit Cheualier fut fait Chancelier de
Chipre, au temps de tres-vaillant Roy
Pierre de Lizingnem quint Roy Latin de
Ierusalem, apres Godefroy de Buillon, &
Roy de Chipre, lequel par sa grãde proües
se, & haute emprise, print par bataille, & a
ses frais, les Citez d'alexãdrie en Egypte,
Triple en Surie, Layas en Armenie, Sa-
thalie en Turquie, & plusieurs autres citez & chasteaux, sur les ennemis de la foy

S ij

de Iesus Christ: & apres la piteuse mort du tres-excellent Roy, ledit son Chancelier fut appellé au seruice du Pape Gregoire vnziesme: & finalement au seruice de son droict seigneur naturel, lettré sage, debonnaire, Catholique & bien fortuné Roy de France, Charles le quint de son nom: desquels Papes & Roys les bonnes memoires soyent presentees deuant Dieu.

Le susdit Roy Charles le quint, en l'an mil trois cens septante & vn, donna aux Bourgeois de Paris, priuilege de poüuoir tenir fiefs, vser & iouyr de tiltres de noblesse.

L'an mil trois cens septante & quatre, il octroya lettres, par lesquelles appert qu'il veut & ordõne que les faux-bourgs de Paris, soyent reputez & tenus de la ville, & vne mesme ville souz vn mesme nom.

Colege de Dainuille. Le College de Dainuille fut fondé en la maison de messieurs de Dainuille, pres les Cordeliers, au temps du susdit Charles le quint, par Iean de Dainuille, secretaire des Roys Iean, & dudit Charles, & par son frere l'Euesque de Therouenne: dont les representations sont au coin dudit College, & en la ruë de la Harpe.

Des Guerres Ciuiles aduenues à Paris, regnant le Roy Charles sixiesme, des autres Roys qui ont regné apres luy, de Hugues Aubriot Preuost de Paris, & edifices par luy dressez seditiõ à Paris, fermeture des fauxbourgs, de la Preuosté des Marchans, & erection d'icelle, de la chappelle de Braque, rasement de maisons, de celle de Sauoisy, & autres actes, fondatiõ du College de forteret.

CHAP. XX.

Harles sixiesme cinquāte deuxiesme Roy succeda à son pere Charles le quint l'ã du mõ de 5342. de Iesus Christ 1380 Il regna quarante deux ans: & fut sacré Roy fort Ieune : à l'occasion & pour le different de ses tuteurs le quatriesme iour de Nouēbre, Loys duc d'Aniou le plus ancien de ses oncles demeura regent en France: Le Roy faisant son entree à Paris, deux mil bourgeois allerent au deuant de luy, en habits mipartis de blāc & de verd. Il crea Cõnestable de Frāce Oliuier de Clisson de Bretaigne, lequel fit edifier l'hostel de Clisson, ainsi dit de son nom, qui auiourd'huy est nõmé l'hostel de Guyse.

Le 52. Roy de France.

Creation d'vn Cõnestable.

De Hugues Ambriot.

L'an mil trois cens quatre vingt vn, les Escoliers & gens d'Eglise poursuyuent en Iustice Hugues Aubriot, hôme biē venu à la Cour, & lequel estant preuost de Paris, auoit edifié de grands & magnifiques œuures & bastiment (Paul Emille les explique) iceluy Ambriot meprisoit lors les Escoliers & gens Ecclesiastiques, & les piquoit & prouoquoit de Parolles, L'Euesque de Paris estant monté sur vn eschafaut au Paruis nostre Dame, declara ledit Ambriot heretique, & par sentence le cōdemna publiquement a perpetuelle prison.

Bastimēt fait par ledit Ambriot.

Cettuy Ambriot auoit fait commencer la Bastille à la porte sainct Anthoine, aussi les murs de deuers la bastille, tout le long de leau, iusques au Bouleuert.

Le pont sainct Michel sur seine, ainsi nommé pource qu'il adresse à la porte d'enfer, ou Vauuert, que le Roy Charles sixiesme, fit nommer porte sainct Michel.

Le Petit Pont.

Du petit Chastelet.

Le petit Chastelet, pour resister contre les courses des Escoliers, qui ribloyent de nuict. Ces deux edifices furent bastis de la somme de dix huit mil escus, en quoy furent taxez & condemnez les Iuifs, lors demeurans à Paris, pour les cruautez &

iniures, qu'ils faisoient aux citoyens. Au parauant & d'antiquité y auoit tousiours eu petit pont & petit Chastelet, aux lieux mesmes, mais il les fit refaire de neuf, pource qu'ils venoient en ruyne. La commune de Paris pour estre deschargee des tailles & impositions (nonobstant les remonstrances de Iean des marets, Aduocat du Roy en la Cour) apres auoir fait monopoles & assemblees, pilla les maisons des receueurs, fermiers & peagiers, espandit les deniers par les ruës, deschira les papiers de compte, & tua plusieurs d'iceux collecteurs, des tailles, autant en firent-ils en quatre maisons des Iuifs. *Emotion pour raison des tailles.*

De rechef le peuple de Paris se mutina pour la cueillette des tailles, à l'occasion que l'vn des fermiers exigea vne obolle d'vne pauure femme, vendant du cresson. Les manouuriers & gens de mestier, se mirent en armes, rompirent les portes de la maison de la ville, rauirent les armures, entre lesquelles estoient plusieurs maillets de plomb, desquels ils assommoient les Receueurs, & fermiers sans mercy, iusques dans les Eglises, mesmement en tuerent vn dedans l'Eglise S. Iaques de la boucherie, *Second emotion pour la leuee d'vne obolle d'ouvir le mot d Maillotins.*

S iiij

ANTIQVITEZ

Hugues Aubriot deliuré de prison.

embraſſant l'image de la vierge Marie & cela aduint l'an mil trois cens 81.

Ce peuple ſe voulant ietter dans les fauxbourgs ſainct Germain des prez, les habitans luy reſiſterent : à ceſte occaſion ſe ruerent és priſons de Chaſtelet, & de l'Eueſque de Paris, d'ou ils mirent hors les priſonniers, entre leſquels eſtoit le Preuoſt de Paris Hugues Aubriot, qu'ils feirent leur Capitaine : mais il s'abſenta & depuis ne fut veu.

Debat entre le Duc de Bourgögne & le Duc d'Anjou.

Le Roy indigné entre les Pariſiés.

Le Duc d'Anjou, & le Duc de Bourgögne eurent debat enſemble pour la priorité du lieu, pres la perſonne du Roy : le Duc d'Anjou ſe diſoit l'aiſné : & Philippes ſe diſoit Pair de France, & Doyen des Pairs. L'an mil trois cens quatre vingts & trois, le ſuſdict Roy à ſon retour de Flandres, indigné contre les Pariſiés, entra en armes, & ordre de bataille dans la ville de Paris. Les bouleuers & barrieres, qui eſtoient deuant la porte S. Denis, furent rompus, & la porte miſes en pieces.

Le Roy eſtát aſſis en vn troſne ſur les grands degrez du palais, deuant l'effigie de Philippes le bel, fit parlementer au peuple, illec aſſemblé, par Pierre d'Orgemont ſon Chancelier : qui recita les rebellions mutineries & desobeyssance des habitans de Paris, & le vouloir que le Roy auoit d'en faire punition. Le peuple prosterné en terre, attendoit la iustice du Roy: mais les deux neueux du Roy, à genoux, le prierent qu'il pardonnast au peuple: semblablement les princes en testes nues, gemissoient & pleuroient pour impetrer sa misericorde. Le Roy esmeu de pitié pardonna à la ville, moyennăt qu'il en fit mourir trois cens, & les autres baillerent la moitié de leur bien pour payer les soldats, & gensd'armes. En pareil cas le Roy punit ceux de Rouan, & de quelques autres bonnes villes. Les chaines des rues, & tous les bastons & harnois de guerre furent prins & mis en la main du Roy: Aussi le susdict Roy deposa le Preuost des Marchans & les Escheuins, les offices desquels ne furent restablis que cinq ans apres. Iean des Marets Aduocat du Roy, aymé du commun, en porta la peine, & fut decapité auec douze autres. Audit an mil trois cens quatre vingts & trois, le Roy octroya lettres, par lesquelles appert que son vouloir estoit que les faux-bourgs anciens d'entour Paris, fussent clos & enfermez de gros murs, *Le Roy deposa le Preuost des Marchans.*

ANTIQVITEZ

portes & fossez, & fussent reputez de ladicte ville, aussi que les habitans fussent iouïssans des mesmes priuileges que ceux de la ville de paris.

Entree de la royne à Paris. L'an mil trois cens quatre vingts & neuf, Isabeau de Bauieres Royne de Frãce, faisant son entree à Paris: & passant sur le pont aux changes, tendu de taffetas bleu, à fleur de lys d'or, vn homme en forme d'Ange volant, vint des tours nostre Dame, à l'endroict dudict pont: *Vn hõme volant.* & comme la Royne passoit luy mit vne couronne d'or sur la teste: puis par mesme subtilité retourna, comme s'il eust volé, au lieu d'ou il estoit party. Froissart en son troisiesme liure, fait vn long discours de ceste entree, & recite que les presens que firent les Parisiens, au Roy à la Royne, & à Valentine Duchesse de Touraine, en vn mesme iour, montoient à six cens cinquante marcs d'or, & d'argent, & estoient estimez selon le pris du temps, à plus de soixãte mil courõnes d'or.

Preuost des Marchans & Escheuins remis. L'an mil trois cens quatre vingts huict, Iean Iuuenal des Vrsins, au lieu de Iean de Folleuille, qui exerçoit les offices des deux Preuostez, de Paris, & des Marchãs fut cree par le Roy Charles, garde de la

Preuosté des Marchans. Il recouura les libertez des Parisiens, parauant diminuees, & fit les fleuues nauigables, pour la descente des basteaux.

College de Forteret.

Du viuant du Roy Charles sixiesme, & l'onziesme an de son regne seāt à Rome Boniface, à sçauoir l'an de nostre salut 1391. fut basty pres le College de Mõtagu, & de Rheims, le college de Fortet, par Pierre de Fortet Chanoine de nostre Dame de Paris, & sorty du pays d'Auuergne, & de la ville d'Orillac, & de la famille illustre des Fortets: Ie laisse à part vne infinité d'autres colleges, lesquels sont en ceste vniuersité, partie pour estre nouueaux en fondation, partie à cause qu'il n'y a point d'exercice, pour toucher simplement ceux qui sont frequétez des escoliers pour le bon ordre qui y est, & les hommes de sçauoir qui ordinairemēt y repairent tels que sont les colleges de la Marche, de Lisieux, Rheims, saincte Barbe, le Mans, Harcourt, Iustice, Boncour, & celuy qu'on appelle la petite Sorbonne la reedification dudict college se verra au chap. 28. cy apres.

En ce téps Arnoul de Braque, fit edifier

Chap-
pelle de
Braque.

la Chappelle, dicte de son nom, Chappelle de Braque, ou il gist au milieu d'icelle.

A costé du grand autel, est vne autre chappelle, ou est vn sepulchre auec trois effigies d'vn homme & de deux dames.

Les Epitaphes sont tels.

Cy gist noble & puissant Seigneur messire Nicolas Braque, iadis seigneur de S. Maurice & de Chastillon sur loing, Conseiller & maistre d'hostel du Roy nostre Sire, qui trespassa l'an mil trois cens quatre vingts & huict, le treiziesme iour d'Aoust.

Madame Ieanne de Tremblay, iadis femme dudit sieur, qui trespassa l'an mil trois cens cinquante deux, le treiziesme iour de Septembre.

Madame Ieanne la Bouteillere de Senlis iadis femme dudict sieur, qui trespassa l'an mil trois cens septante-six, le quatorziesme iour de Mars.

En ce temps les gouuerneurs des finances du Roy, pour espargner ses deniers, deliberent de faire vn Cerf d'or massif: & pour patron fut fait celuy de boys, qui est en la salle du Palais, entre deux pil-

Cerf du
Palais.

lers, & deslors fut commencé, la teste, & le col, seulement faits de fin or.

L'an mil trois cens quatre vingt douze, pource que messire Pierre de Craon, ne voulut comparoir à Paris en iugemēt, pour les naureures par luy faits faire, en la personne d'Oliuier de Clisson Connestable, il fut banny, & ses biens cōfisquez & par le cōmandement du Roy ses belles & spacieuses maisons, pres l'Eglise S. Ieā en Greue furent abbatues & rasees, & le fons fut deputé à la sepulture des paroissiens. Le Roy Charles sixiesme vestu, auec aucuns de ses familiers, en feinte d'homme sauuage, & dançant aux torches, en la maison de la Royne Blanche, à S. Marceau, fut en danger d'estre bruslé sans vne damoiselle, qui l'affubla de son manteau. La maison pour ceste cause fut rasee rez pieds rez terre. L'an mil trois cens quatre vingts treize, le Roy donna deux cens marcs d'or pour faire la chasse S. Loys. *Biens cō-fisquez.*

Le Roy presque bruslé.

Don du Roy.

Concile Prouincial, fut assemblé à Paris pour oster le scisme de l'Eglise, & deposer deux papes, contendans à qui le seroit: en ce faisant l'Vniuersité de Paris se monstra auoir grand authorité iusques à *Concile Prouincial.*

sentencier le Pape Benoist, de renoncer à la dignité.

Venue de l'Empereur.

L'an mil trois cens quatre vingts dix-neuf, Paleologue Empereur de Constantinople, vint en France, fit son entree à Paris, & logea au Louure maison Royale.

Maison de Charles de Sauoisy rasee & luy banny.

L'an mil quatre cens quatre, l'Vniuersité de Paris, faisant procession à saincte Catherine du val des Escoliers, vn page de la maison de Sauoisy, cheuauchant vn cheual, escailbota vn escuyer de la bouë du ruisseau, dequoy indigné frappa le page, lequel secouru de ses compagnons, l'vn d'iceux tira vne sagette iusques au grand autel de ladicte Eglise saincte Catherine, comme on vouloit chanter messe. L'Vniuersité qui estoit alors en grand credit, pourchassa tellement la reparation de l'iniure, que la maison du Cheualier, Cõseiller & Chambellan du Roy, fut rasee iusques à terre, & luy banny. Toutesfois estãt de retour en France, obtint lettres du Roy en datte du quinziesme iour de Septembre: l'an mil quatre cens six: par lesquelles luy fut permis de faire reedifier sa maison, par le consentement de ladicte vniuersité: laquelle neãtmoins fut long temps deserte & en ruyne, iusques au temps du Roy Françoys qu'elle fut reedifiee: & se nommoit alors la maison du Thresorier Morlet. L'vne des grandes portes d'icelle est muree, & dessus est escrit le fait ainsi qu'il s'ensuyt. Ceste maison de Sauoisy en l'an mil quatre cens quatre, fut desmolie & abbatuë par Arrest, pour certains forfaicts & exces cõmis par messire Charles de Sauoisy, Cheualier pour lors Seigneur & proprietaire d'icelle maison, & ses seruiteurs, à aucũ escoliers & suposts de l'Vniuersité de Paris, en faisant la procession de ladicte Vniuersité à saincte Catherine du val des Escoliers, pres dudict lieu, auec autres reparations, fondations des chappelles, & charges declarees audict Arrest, & a demeuré desmolie & abbatuë l'espace de cent douze ans, & iusques à ce que ladicte Vniuersité de grace especial, & pour certaines causes a permis la reedification d'icelle, aux charges contenuës & declarees és lettres sur ce faictes & passees à ladicte Vniuersité en l'an mil cinq cens dix-sept.

Loys duc d'Orleãs occis.

L'an mil quatre cens sept, le 22. iour de Nouembre, Loys Duc d'Orleans,

frere du Roy, fut occis de nuict à Paris
Ponts de au pourchas du Duc de Bourgongne : &
Paris rõ- fut inhumé aux Celeſtins, comme il eſt
pus. dit cy deſſus. En ceſt an les riuieres ayãt
eſté gelees par la grand froidure d'hyuer,
au degel les glaçons rompirent tous les
ponts de Paris, & ruinerent & deſmoli-
rent pluſieurs maiſons des pays bas.

Iuſtice L'an mil quatre cens huict, meſſire
de deux Guillaume de Tignouille, preuoſt de Pa-
eſcoliers. ris, fit pendre deux eſcoliers, homicide
d'vn meſchant homme : l'Vniuerſité de
Paris le pourcha tellement qu'il fut condemné à faire deſpẽdre du gibet les deux
corps morts, les baiſer en la bouche, &
les faire porter en l'Egliſe des Mathurins, le conducteur du chariot eſtre veſtu
d'vn ſurplis de preſtre, luy eſtant ſur le
cheual. La ſepulture ſe voit au cloiſtre
des Mathurins. L'epitaphe eſt tel.

*Hic ſubtus iacent Leodegarius du Monſel de
Normania, Oliuerius Bourgeois de Britannia
oriundi, clerici ſcolares quondam ducti ad iuſti-
tiam ſecularem, vbi obierunt reſtituti honorificè
& hic ſepulti, Anno domini M.cccc.viij.die
xvi.menſis Maÿ.*

L'an

DE PARIS. 145

L'an mil quatre cens neuf, le Roy Char- Confir-
les sixiesme, confirma les lettres donnees mation
par son pere aux bourgeois de Paris, tou- de priui-
chant la iouyssance & priuilege de tenir lege.
fiefs, & arrierefiefs, & vser des droits de
Noblesse, à sçauoir selon les merites, &
facultez des personnes, prendre les armes
de Cheualier, auoir brides d'or, esperons
dorez, & autres accoustremens apparte-
nans à l'estat de Cheualerie.

L'an mil quatre cens dix, le duc d'Orleans assiegea le duc de Bourgongne dãs
Paris. La Paix s'en fit au chasteau de Vi- Siege à
cestre. Au parauant enuiron l'an 1409. Paris.
Le duc de Bourgongne tout armé & enuironné d'vne grosse compagnie de gens
bien armez & equipez, vient au Parlemẽt,
contre la veuue de Valétine, pour defendre son faict, comme licite & raisonna-
ble, ce qui ne fut pourtant ainsi trouué,
toutesfois par crainte luy fut pardonné,
Guillaume de Bauieres, pour faire la paix
entr'eux s'en alla à Chartres: ce different
à long-temps duré entre les deux maisons, & pour peu de chose.

L'an mil quatre cens vnze, Pierre des
Essars preuost de Paris, tenant le party
du duc de Bourgongne, leua vne com-

T

ANTIQVITEZ

pagnie de Bouchers à Paris, le Capitaine
desqls estoit, nōmé Caboche. Ils tenoyent
toute la ville en crainte, & firent mourir
aucuns nobles du party du duc d'Orleās:
Alors pour la guerre Ciuile & faction, ou
Ambition de ces deux Princes, Paris &
autres lieux de France souffrirent & endurerent
beaucoup : De rechef fut Paris
assiegé par le duc d'Orleans, ou se firent
plusieurs courses, de l'vn & de l'autre
party.

Sedition par vne compagnie de bouchers

Siége à Paris.

Audit an mil quatre cens vnze, le Roy
Charles sixiesme, se tenant ordinairemēt
à Paris, octroya lettres de reduction de
la Prenosté des Marchans & escheuins,
aux manans & habitans de la ville de Paris,
& pour iouyr perpetuellement, les remit
en leur maison de ville, confirma
leurs offices, ensemble les offices du Clerc,
du Greffier, & des sergēs du parlouer aux
Bourgeois : pour iouyr par eux de la iurisdition,
cobertion, cognoissance, rentes
reuenus, possetions droits, honneurs
Noblesses, prerogatiues franchises, libertez
& priuileges d'ancienneté : Icelles
lettres sont en date du vingtiesme iour
de Ianuier, auquel iour fut esleu pour
preuost des marchās, sire Pierre Gention.

Les esleuz & ordonnez Escheuins furent maistre Iean de Troyes, Iean de l'Oliue, Denys de S. yon, Robert de bellon. *Hospital S. Geruais.*

Audit an mil quatre cens vnze, fut edifiee le chappelle de l'hospital sainct Geruais, ainsi qu'il est escrit dans icelle. L'an mil quatre cens douze le vingtroisiesme iour de Feurier les Preuosts de Paris, & des Marchans furent suspens de leurs offices. L'an mil quatre cens treize, au moys de May, la cōpagnie des bouchers, auec leur capitaine Iean Caboche, se mirent sus de rechef, auec le commun de Paris, de tous lesquels estoyent conducteurs le seigneur de Iaqueuille & maistre Iean de Troyes medecin: & partans de l'hostel de la ville assiegerent la maison de monsieur le Dauphin, Duc de Guyenne, & emmenerent par force plusieurs nobles Cheualiers & escuyers seruiteurs du Dauphin, qu'ils emprisonnerent en l'hostel d'Artois, le duc de Bourgongne present, à qui la maison appartenoit. Pierre des Essarts Preuosts de Paris, s'estant par crainte mis en la Bastille, en fut tiré par douces promesses du Duc de Bourgōgne, & mené en la grosse tour du bois, pres le marché aux moutons, vis

Les preuosts suspens. Les bouchers assiegent la maison du Dauphin.

Iustice de pierre des Essarts.

T ij

à vis de la porte de nesle: & pour les cas à luy imposez (à tort ou à droit) comme d'auoir prins plusieurs offices, védues à son profit, & amoindry les monnoyes, fut decapité, & depuis enterré aux Mathurins. Deux autres gentils-hommes de la maison du Dauphin, l'vn mort en prison, & l'autre vif, furent decapitez aux halles, tout par l'ordonnance & authorité desdits bouchers, soustenus du duc de Bourgongne.

Harangue au Roy.

Héry de marle presidét en Parment, & Iean Iuuenal des Vrsins, accompagnez des citoyens & bourgeois de Paris, feirent vne Harangue & plusieurs remonstrances au Roy, à monsieur le Dauphin, & aux princes de son conseil, touchant les seditions qui se faisoyent en la ville de Paris, dont à la fin s'ensuyuroit la ruyne du Royaume: à cette occasion le Dauphin se monstra le plus fort dans la ville voyant estre supporté des habitans, & d'vn courage magnanime print les armes en main, mit les nobles qui estoyent prisonniers, Dames & damoyselles hors de prison, que les bouchers y auoyét mis. Lesquels bouchers se voyás affoiblis, s'en fuirét és pays du Duc de Bourgõgne. Le

Lettres d'abolition de ——

dixneufiesme iour d'Aoust, audit an mil

quatre cens treize, le Roy donna lettres d'abolition des exes faits à Paris par le discord de ces deux Princes.

Celle mesme annee fut esleuee dans l'Eglise nostre Dame de Paris, la grand' image de sainct Chrestofle, deuãt laquelle image est l'effigie d'vn Cheualier à genoux au dessouz duquel est escrit, *L'image S. Chrestofle à nostre Dame de Paris.*

C'est la representation de noble hõme messire Anthoine des Essarts, Cheualier, iadis seigneur de Tieux, de Glatigny, au val de Galie, conseiller & chambellan du Roy nostre sire Charles sixiesme de ce nõ: lequel Cheualier fit faire ce grãd image en l'hõneur & reuerẽce de mõsieur S. Christofle, l'an mil quatre cens treize.

L'an mil quatre cens seize, le Roy Charles sixiesme, decreta lettres par lesquelles ordonna que la grand boucherie de Paris seroit abatue & demolie, auec le corps de la communauté des bouchers: & seroyent faites quatre boucheries nouuelles, vne vis à vis de sainct Leuffroy, l'autre en la halle de Beauuais, La troisiesme à l'entour des murs du cymetiere sainct Geruais, & la quatriesme à petit pont. *Ordonnances pour les boucheries.*

L'an mil quatre cens dix sept, Taneguy du Chastel, Preuost de Paris, auec vne ar *Siege la ville de Sens*

T ii

mee de Parisiēs, en haine du duc de Bourgongne, s'en alla assieger la cité de Sens. Ceux de dedans feirent composition de luy rendre la ville, & pour ce faire baillerent ostages : mais eux aduertis que secours leur venoit du costé de Bourgongne, ne voulurēt rendre leur ville au iour determiné, à cette cause les ostages eurēt les testes tranchees, & moururent pour leur pays.

La prinse de la ville de Paris, pour & au nom du Duc de Bourgongne, & des grandes seditions en icelle, de la domination des Anglois, le siege de la ville, Couronnement du Roy d'Angleterre à Paris & autres histoires.

CHAP. XX.

Surprinse de la ville de Paris.

L'An mil quatre cens dixhuit, le vingt neufiesme iour du moys de May, Iean de Villiers, seigneur de l'isle Adam, au nom du Duc de Bourgongne entra dedans Paris, par la porte sainct Germain des prez, auec trois cens combatans : & de nuict luy fit ouuerture Pernet le clerc serrurier, qui auoit desrobé les clefs à son pere. Le Dauphin auec ceux de son party, se sauua en la Bastille sainct Anthoine. De Villiers crians Bourgongne, par la ville tira droit à l'hostel sainct Paul, ou estoit le Roy, en malaise de son esprit, lequel il fit monter à cheual, & le mena parmy la ville, à fin d'attirer à soy la faueur du peuple: & allant auec tel exercite de gens amassez par les maisons des grands seigneurs & bourgeois, amis & seruiteurs du Roy & du Dauphin, fit vne grande tuerie: entre les autres furent occis le conte d'Armignac, Henry de marle, Chancelier de Fráce, le conte de grand pré, & plusieurs autres Prelats, Barons, Cheualiers & Citoyens iusqu'au nombre de quatre mil.

Monseigneur le Dauphin estant allé iusques à Melun, retourna vers Paris, auec Pierre de Rieux, Mareschal de France, & autres de sa compagnie, equipez de gensdarmes, lesquels entrans dans Paris par la Bastille sainct Anthoine, en esperance de recouurer la ville, Mais estans paruenus par la grand ruë iusques à l'apport Baudoyer, ou porte baudes, s'amuserent au pillage: dequoy les citoyens irritez les contraignirent à eux retirer, &

Grande perte pour s'estre amusez à piller.

T iiij

cesser leur entreprinse.

Chose di-gne à remarquer
Audit an, le troisiesme iour de Iuillet, vn compagnon de guerre sortant d'vne tauerne en la ruë aux Oues, par despit d'auoir perdu son argent au ieu, frappa d'vn cousteau l'image de la vierge Marie, qui est encores au coing de ladite ruë derriere sainct Magloire: laquelle image rendit sang. Le malfaiteur fut puny audit lieu, auquel tous les ans, & à tel iour, on fait vn feu pour souuenance du miracle.

Confirmatiõ de garde de la preuosté.
Au moys d'Aoust ensuiuant, le Roy cõfirma à Guy de Bar l'office de garde de la preuosté des Paris.

Le ville de Paris liuree aux Anglois.
Celle mesme annee la boucherie de Paris fut restablie en sa premiere institutiõ. Toutes choses se faisoyent par l'authorité de Ieah duc de Bourgongne. L'an mil quatre cens dixneuf, Philippes duc de Bourgongne, apres que son pere eut esté occis à Montereau, liura la ville de Paris à Héry Roy d'Angleterre, auec les pays de Brie & Champagne, ensemble les personnes du Roy, la Royne, & leur fille Catherine estans à Paris.

Le Parlement à Poitiers.
En cette annee le Parlement fut assis à Poitiers par mõsieur le Dauphin, & y fut dixhuit ans, iusques en l'an mil quatre cẽs

trentesix, que Paris fut rendue à l'obeissance de son Roy naturel Charles septiesme: En telle miseres & afflictions fut la ville de Paris regnant Charles sixiesme: Iamais le Royaume de France n'auoit esté si trauaillé que souz le regne de se ieune Roy, lequel departant ses biens, à tout le monde, sans regarder à qui, vsoit d'vne tresgrande prodigalité: puis estât en aage parfait fut malade en son esprit, & lors plus que iamais les troubles, & ambitions des Princes furent descouuertes les vns, contre les autres, chose pitoyable pour le gouuernement de la France.

Charles septiesme fut le cinquante quatriesme Roy, regnant en la France il succeda à son pere Charles sixiesme. L'an du monde cinq mil trois cens quatre vingts quatre. De Iesus Christ 1422. Il regna trente huit ans. Apres que le susdit Roy, eut esté sacré à Reims, il dressa son armee vers Paris, dans laquelle estoit le duc de Bethfort, regent en France au nom du Roy d'Angleterre, lequel voyant que la fortune fauorisoit au Roy Charles, & voulant aller donner ordre aux affaires de Normandie, laissa le gouuernement de Paris à Loys de Luxembourg, Euesque *Charles 54. Roy de France.*

Les gouuerneurs de Paris.

ANTIQVITEZ

de Therouenne, que les Anglois appelloyent Chancelier de France, à Iean Rachet cheualier Anglois, & à Simon Morhier, preuost de Paris, auec deux mil hommes d'armes en garnison: Le Roy char les poursuyuant sa fortune estant à sainct Denys en France, fit asseoir son camp au village de la chapelle, contre lesquels les Parisiens sortirent & combatirent par plusieurs fois: Le Duc d'Alençon auec sa cōpagnie alla mettre le siege deuant la porte sainct Honoré, & de primsaut emporta le bouleuert basty contre la porte, ce fut l'an mil quatre cens trente.

Siege par le Roy de France deuant la ville.

En ce costé y auoit doubles fossez, & entre les deux vne butte à d'os d'asne: les François s'estās faits maistres du premier, s'efforcerent de toute leur puissance, par la conduite de Ieanne la pucelle, de gaigner le second fosse plein d'eau, le remplissant de bois, pierre, terre & autres choses pour ioindre à la muraille: Mais en ce cōbat fut tiré vn coup de trait par vn de ceux de dedās, dont la pucelle fut nauree en la cuisse, au moyen dequoy la retraite fut sonnee, & l'entreprinse faillie. Cela auint en l'an mil quatre cens trente.

De Ieāne la Pucelle.

Audit an, souz le nom de Henry Roy

d'Angleterre: cōmēça le Parlemēt à Paris, le lendemain de la Conception nostre Dame. Toutes lettres de Chancelleries s'expedioient en son nom, estās seellees d'vn seau de cire à doubles armes, de France, & d'Angleterre, dont il s'intituloit Roy, & son image estoit de l'autre costé.

Aussi durant ceste tyrannie, furent publiees les ordonnances de Chastelet, en l'an mil quatre cens vingt-cinq, lesquelles se doiuent lire en l'auditoire par chacun an, le lendemain de Quasimodo.

L'an mil quarre cens trente & vn Henry sixiesme du nom, Roy d'Angleterre, aagé de douze ans, estans passé en France apres le trespas de son pere, vint à Paris en bonne compagnie d'Anglois, & fut couronné Roy de France, par le Cardinal de Vvicestre, en la grand' Eglise nostre Dame de Paris : duquel Royaume vsurpé par luy à faux tiltre, il ne iouyt gueres longuement. *Couronnemēt du Roy d'Angleterre à nostre Dame de Paris.*

Reduction de Paris, au Roy de France, famine & pestilence en icelle, l'entree du Roy Charles septiesme, institution des Requestes du Palais, fondation des colleges de Rheims, Lisieux, & des bons enfans. CHAP. XXI.

ANTIQVITEZ

CHAP. II.

EN l'an mil quatre cens trente six, le conte de Richemont, Conneſtable de France, ſçachant q̃ les Pariſiens eſtoyẽt ennuyez de la dominatiõ des Anglois, les fit pratiquer ſecrettement de rendre leur ville au Roy de France, moyennant qu'il leur promit les remettre en la grace du Roy, & impetrer pour eux lettres d'abolition de tout ce qui leur pourroit eſtre imputé à faute. Ces concluſions prinſes, le Conneſtable print auec luy le baſtard d'Orleans, le ſeigneur de la Suze, le ſeigneur de l'Iſle Adam, le ſeigneur de Carment, & autres Capitaines & vindrent au point du iour à la porte ſainct Michel aſſeant leur Camp aux Chartreux le Vendredy prochain d'apres Paſques, Michel l'Allier Ieã foraines, & quelques autres citoyés auertis de leur venue, comme le iour cõmençoit à luyre eſmeurent le populaire côtre les Anglois: A iceux ſe ioignirẽt Thomas Pigache, Iean de ſainct Benoiſt, Nicolas Louuier, & Iaques Berger hõmes de nom

Recouurement de Paris, les Anglois eſtãt à la ville mis à mort.

Deffaite des Anglois.

qui tuerent partie des Anglois, et les autres mirent en fuytte, faisant beaucoup de prisonniers. Les chaines de fer furent tendues à chasque coing de rue et carrefour de la ville, de façon que l'on tranchoit le chemin aux Anglois fuitifs qui ne sçauoient ou se sauuer, tant de ceux qui les poursuyuoient par les rues, que des pierres, thuyles, boys & autres matieres qu'on leur iettoit des maisons. La tuerie fut grande, & le Chancelier des Anglois, Vilbie capitaine, & Simon Morchier Preuost de Paris euitans la fureur du peuple, se retirerēt en la Bastille sainct Anthoine. Le bruict & clameur du dedās de la ville paruint à l'ouye du Connestable & des Françoys: lesquels cognoissans que la deliberation sortoit à effect, les vns rompirent les portes sainct Iaques & sainct Michel, monterent par dessus les murailles, les autres entrerent par basteaux dans la ville sans faire meurtre: & tous d'vne volte assiegerent la Bastille, que tenoient les Anglois: lesquels desesperez de leur salut se rendirēt, & s'en allerent en pleine liberté par dehors les murailles, dont ils furent moquez & iniuriez du peuple. Tost apres q̃ le bruit fut

La Bastille assiegee.

ANTIQVITEZ

que les François furent Seigneurs de la ville, les Cloches commencerent à sonner, & en toutes les Eglises pour rendre graces & louanges à Dieu fut chanté, *Te Deum laudamus*, Le soir on fit les feux de ioye : En memoire de ceste reduction messieurs les Preuost & Escheuins de la ville auec la Cour de parlement, messieurs des Comptes & plusieurs autres officiers, vont à l'eglise nostre Dame de Paris, tous les ans, le premier Vendredy d'apres Pasques, & font chanter le mesme Cantique.

Peu apres les Parisiens furent persecutez de famine & pestilence, & tout le territoire affligé de la cruauté des gens de guerre : au moyen dequoy, peuple innumerable mourut à l'hostel Dieu de Paris : dont espouuentez les principaux de la ville, se transporterent en autres lieux, & n'en demoura que trois pour la garder, à sçauoir Adam de Cambray premier president, Ambrois de Lore, preuost de Paris, & Simon Charles, president des Comptes : à ces causes elle demeura bien deserte : Outre plus à ces maux s'adiousta la course des loups continuellement dedans la ville, apres qu'ils

appaisé / *gneurs de* / *ca*r*ent*... / *pour*

qui ce font tous les ans.

Les habitans de Paris affligez de famine.

eurent deuoré plus de quatre vingts ho- *La tour-*
mes par les champs, lesquels firent de *se des*
grands dommages aux personnes & aux *loups dâs*
biens des citoyens n'osoit-on aller de *Paris.*
nuict par la ville. Pour reprimer ceste
rage louuine fut par Edit constitué que
pour chasque loup qui seroit prins, les
preneurs auroient vingt tournois des deniers du Roy, outre le salaire publique,
que le peuple de son bon gré côtribuoit.

Entre les maisons qui sont segnalees *College*
est le College de Rheims assis au haut de *de Reis.*
l'Vniuersité, & non loing de celuy de
Montagu, & fut iadis l'hostel du Duc de
Bourgongne, mais Philippe Côte de Neuers, & depuis Duc de Bourgongne le
vendit l'an 1412. & le 12. de May à vn Archeuesque de Rheims, qui le fonda en
College: d'ou est venu que la collation
de la principauté de ceste maison appartient à quiconque soit Archeuesque de
Rheims. Quand au college de Lisieux
il a eu diuers fondateurs, & nomméme̅t
les trois qui s'ensuyuent, lesquels estoiét
freres à sçauoir Guillaume d'Estoute-vil- *College*
le abbé de Fescamp, & Colard d'Estou *de Lisi-*
te-ville cheualier & seigneur de Torcy *eux.*
& voulurent iceux freres fondateurs

qui ont donné & renté ceste maison, qu'on l'appellast le College de Torcy, ainsi qu'il se recueille des testaments des susdicts Euesques & Abbé, daté l'vn de l'annee 1414. & huictiesme de Decembre: & l'autre de l'an 1422 du 12. d'Octobre: & ordonné par arrest de la Cour qu'il sera appellé de Torcy, dit de Lisieux. Les maisons ou est basty ce college appartenoient à l'Abbé saincte Geneuiefue, mais le susdict Euesque les achepta, y commençant la fondation, laquelle son frere, executeur de son testament poursuyt ce que l'autre laissa imparfaict en mourant, le susdict Euesque donna plusieurs des fiefs, & biens qu'il auoit de son patrimoine, afin d'obuier aux querelles, & proces qui pourroient puis apres estre meuz par les successeurs : y ayant donc deux fondations, la premiere, qui est celle de l'Euesque, precede les testamens, & la deuxiesme qui est de l'Abbé executa la volonté de celuy qui auoit comencé la susdicte fondation.

Entree du Roy Charles 7. à Paris.   L'an mil quatre cens trente sept, le Roy Charles septiesme, fit son entree à Paris, le quatriesme iour de Nouembre, enuiron dix-huict moys apres sa reduction.

Auec

Auec le Roy eſtoient mõſeigneur le Dauphin ſon fils, Meſſire Charles d'Anjou frere de la Royne, Monſeigneur le Conneſtable, le Comte de la Marche, le Cõte de Vendoſme, le Comte de Tancaruille, le Comte de Vertus, le baſtard d'Orleans, & autres grands nombre de Ducs, Barons & grands Seigneurs. Au deuant de luy vindrent iuſques à la chappelle les eſtats de la ville, à ſçauoir. Le preuoſt de Paris, le Preuoſt des Marchans, Eſcheuins & Bourgeois. La Cour de parlement ia retournee de Poitiers à Paris, l'Eueſque de Paris, le chapitre & clergé, le Recteur de l'Vniuerſité auec les quatre facultez, la chãbre des Comptes & tous les autres eſtats. Ainſi accompagné vint iuſques à S. Ladre, auquel lieu vindrent au deuant de luy quatorze perſonnages, repreſentans les ſept vertus, & les ſept pechez mortels, montez ſur diuerſes beſtes. A l'entree de la porte S. Denis vn iouuenceau en guiſe d'vn Ange volant en l'air par artifice, luy fiſt preſent des clefs de la ville.

Ordre de l'entree.

Le Roy eſtoit monté ſur vn braue courſier & armé de toutes pieces, deuant luy on portoit ſon heaume, ſur lequel e-

ANTIQVITEZ

L'ordre ſtoit vne couronne d'or ſa cotte d'armes
tenu à de veloux azuré à trois fleurs de lys d'or.
l'entree Son eſpee en eſcharpe ſemee de fleurs
du Roy. de lis, le tout releué de broderie. Au deuant eſtoient les Herauts des princes de
ſon Royaume, & d'autres Roys & princes eſtrangers. Derriere venoient mille
Archers, auec les gentils-hommes. Suyuoit la bataille conduicte du baſtard
d'Orleans, laquelle eſtoit de huict cens
lances: l'enſeigne eſtoit ſemee d'eſtoil-
les d'or, auec l'image S. Michel. En tel &
plus grand triomphe entra Charles ſept-
ieſme dans Paris, laquelle eſtoit tendue
par tout de tapiſſerie. Deuant les filles
Dieu y auoit vne fontaine à quatre tuy-
aux, l'vn fluoit de lait, l'autre de vin ver-
meil, le tiers iettoit vin blanc, & le dernier eau claire: & y auoit gens propres
auec taſſes d'argent pour en preſenter à
boire aux paſſans. Tout le reſte des rues
S. Denis & autres, eſtoient ornees de theatres, ieux, perſonnages, & repreſenta-
tions, ſelon que l'vſage de ce temps là le
permettoit. L'an mil quatre cens cinquā-
Proceſſiō te, les Pariſiens aduertis de la victoire
ſolennel- des François contre les Anglois à Formi-
le. gny, aſſemblerét douze mil enfans maſ-

les, au cymetiere des Innocens, duquel lieu ils allerent en procession à nostre Dame de Paris, chacun portant vn cierge ardent en sa main, pour rendre graces à Dieu.

L'an mil quatre cens cinquante-trois, le Roy Charles septiesme, crea & institua la iurisdiction des Requestes du Palais Royal à Paris, le quinziesme iour d'Auril, & l'an de son regne trente-deuxiesme auant Pasques: comme plus amplement est declaree cy deuant à l'ordre du Palais Royal & des officiers de la Cour de Parlement. Il fit aussi vne Ordonnance, par laquelle les seize examinateurs, ou Commissaires du Chastelet de Paris, sont tenus chacun endroit soy, de demourer aux seize quartiers de la ville, anciennement partis & diuisez souz seize quartiniers, pour s'informer des maluersations & crimes, qui pourroient aduenir & en faire rapport à iustice, afin d'en faire punition. De son téps Iaques Cueur, de Bourges, marchant, & depuis argétier de France, fonda le college des bons enfans, & la chappelle sainct Cler en la rue sainct Honoré: en laquelle gist Messire Geoffroy Cueur, Cheualier, *Les Requestes du Palais.* ✕ *Creation de seize Comissaires.* *College des bons enfans.*

son fils, qui trespassa l'an mil quatre cens vingt-huict.

Du regne du Roy Loys vnziesme & autres ses successeurs, des partialitez en Paris, pour le Roy, & le Duc de Bourgongne, du siege deuant icelle ville par les Princes, des priuileges des Bourgeois, de la monstre generale des habitans en armes, fondation du monastere de l'Aue Maria, & autres histoires.

CHAP. XXII.

Le 55. Roy de France.

Loys vnziesme du nom, fut cinquante-cinquiesme Roy de France, fils de Charles septiesme, il succeda à son pere, l'an du monde cinq mil quatre cés vingt deux, De Iesus Christ 1460. Il regna vingt-trois ans. Et fut sacré à Reims le quinziesme iour d'Aoust. Or apres que le Roy Loys vnziesme eut fait entree tresmagnifique en sa ville de Paris, il fut aduisé de la rebellion des Princes de France à l'encontre de luy: & voulans pouruoir à tel inconuenient, luy sembla pour le plus expedient, d'enuoyer vers les gouuerneurs de Paris, les soliciter de *Guet à* leur foy, loyauté, seruice & obeyssance *Paris,* enuers luy: afin qu'ils donnassent ordre *& gar-* à ce qu'aucune sedition ne s'esleuast en *de aux* la ville, dont les autres du Royaume *portes.* pourroient prendre mauuais exemple.

Par ceste remonstrance les Parisiens enclins à l'amour de leur Roy, establirent guet en la ville, garde aux portes, dont aucunes furent estouppees, mesmes celle de Bussy, qui a esté ouuerte du temps du Roy François premier, feirent raccoustrer les chaines és carrefours de la ville, & reparerent leurs fortifications. On fit apres commandement aux Parisiens, d'auoir armures en leurs maisons, faire le guet dessus les murailles, mettre flambeaux ardens & lanternes, aux carrefours des ruës & fenestres des maisons. Le Roy fit son effort de leuer gens de guerre en l'Vniuersité de Paris, mais Guillaume Fichet recteur, constamment luy contre-dict.

Le Comte Charles de Charolois, dres- *Sōmat iē* sa son armee contre le Roy, puis il de- *aux ha-* manda aux Parisiens passage par dedans *bitans d* la ville, sinon se declaroit leur ennemy. *Paris.*

V iij

Ce iour estoient à la garde de la porte S. Denis, Pierre l'orfeure, & Iean de Popincourt bourgeois, lesquels donnans responce aux herauts du Comte, auiserent les Bourguignons à sainct Ladre. Alors Ioachim Rouaut auec les parisiés, saillirent aux champs, & en tuerent plusieurs. Les artilleries de la ville les contraignit se retirer bien tost vers Montlehery, ou depuis se donna la bataille, qu'on dit la iournee de Mont-lehery. Apres ce conflit le Roy se retira à Paris ou Guillaume Chartier, Euesque de ladicte ville, luy fit vne oraison elegante, sur la police du Royaume: A ceste cause furent esleuz pour le Conseil de la Republique six Conseillers de la Cour, six de l'Vniuersité, & six bourgeois de Paris. Toutes les saules plantez au long des esgouts de la ville, furent couppez, la voirie de la porte sainct Anthoine & sainct Denis fut abbatue, & remparts furent faicts au dedans des murailles.

L'armee des Princes de France, dont estoit principal conducteur le Comte de Charolois, assiegea Paris, du costé de sainct Anthoine des champs. Ledict Côte enuoya quatre lettres dans la ville:

Iournee de Môtlehery.

Siege deuant la ville.

l'vne au citoyens, les autres au Parlemēt, les tierces au Clergé, & les dernieres à l'vniuerſité: à fin de leur notifier la cauſe de ceſte aſſemblee de guerre.

La lecture faicte, furent envoyez ambaſſadeurs de la ville, vers les princes, à ſçauoir au nom des citoyens, Ieā Choard Lieutenant du Preuoſt de Paris, françoys Aſſer, & Arnaut l'huillier. Du clergé, Thomas courſelle, Ieā de l'Oliue, docteurs en Theologie, & Euſtace l'huillier. De la cour de Parlemēt, Ieā bouléger, Iean ſellier, & Iaques fournier. De l'vniuerſité, Iaques Iuyn, Ieā l'huillier, Ieā de mōtigny, & Enguerrand Parenty medecin. Ceux cy feirent leur legation vers les princes, conduits de Guillaume Chartier Eueſque de Paris: & eſtans en l'hoſtel de ville, annoncerent publiquement que l'intention des princes tendoit au but du bien public, & afin que les affaires du royaume fuſſent plus ſagement adminiſtrees par le roy, qu'elles n'eſtoyent, & que la cauſe de prendre les armes eſtoit pour la protection des citoyens : & quant à eux ils deſiroyent venir enſemble en la ville royalle, en laquelle on doit venir demander le iugement des françois, & qu'à ce-

Nos des deleguez qui furē parler aux princes.

V iiij

ste raison ils requeroyent d'y entrer sans faire iniure à personne. A telles conclusions furêt les parisiens quasi sur le point de les accorder. En ces entrefaictes les soldats & compagnies tant de pied que hommes d'armes, que le roy auoit laissez en garnison en ladite ville de Paris, & pour la seureté & garde d'icelle, feirent monstre & reueue generalle par les rues. Par plusieurs iournees les Parisiens sortirent de la ville sur les Bourguignons par les portes Sainct Anthoine, & Sainct Dennys, & tousiours demeuroit quelcun de costé & d'autre: Les Embassadeurs de Paris furent bannis & enuoyez en exil. Les Compagnies de guerre, dont vne bonne partie estoyent logez à Sainct Marceau, de la nation de Normandie, & estoyent pour le seruice du roy, l'vn d'iceux par contumelie appella les habitans de Paris Bourguignons, pour ceste cause estát empoigné fit amende honorable en l'hostel de ville, ou il fut mené en chemise, la teste nue, vne torche ardante en la main: & apres s'estre desdit eut la langue persee d'vn fer chaut.

Les hommes d'armes estoyent logez dans la religion des Chartreux, ou ils fi-

Monstre generalles des soldats du Roy.

Punitiõ d'vn soldat.

rent beaucoup des dommages.

Vne bataille se dõna à Sainct Marceau, ou y en eut beaucoup de prins, & d'occis, des deux parties.

Le Preuost des marchans assembla les principaux en l'hostel de ville, ou fut ordonné que de nuit on feroit de grãs feux aux carrefours de la ville, & que chacun en son quartier feroit le guet en armes, pour contreuenir à l'insolence des soldats, logez par les maisons de la ville, qui se vantoyent d'estre seigneurs des biens meubles de chasque hostel. *Gardes, & feux aux carrefours, pour l'insolence des soldats.*

Apres que la paix fut faicte entre le roy & les princes, les parisiens luy feirent vn banquet sumptueux en l'hostel de ville, ou le susdict Roy rendit graces au bourgeois, de ce qu'ils estoyent demourez en foy permanente enuers luy, & leur donna de grands priuiles, à sçauoir, que les Bourgeois de Paris, ne doiuent estre contraints à loger par fourrier. *Priuileges des bourgeois*

Que nul ne peut empescher ne retarder les viures, & marchandises qu'on ameine à Paris.

Que les Bourgeois de Paris ayans fiefs ou arrierefiefs sont exemps d'aller, enuoyer, ou contribuer au bã & arrierebã.

ANTIQVITEZ

Qu'iceux bourgeois ne sont tenus respondre, ny ne peuuët estre traits hors les murs, & closture de Paris.

Ce pendant que le roy seiournoit à Paris, il donna la garde de la Preuosté de Paris, à Robert de Toureuille cheualier, & en deposa Iaques de Villiers. De Iean de Nanterre premier president, il le crea second, & dōna le premier lieu à Iean d'aunet & eseut aucuns citoyens de Paris pour les Conseillers. Toutes ces choses furent faites l'an mil quatre cens soixāte cinq.

Les monstres des habitans de Paris. L'An mil quatre cens soixante six, par l'expres commandement du roy, & en sa presence les parisiens firent monstres des gens de guerre, pour sçauoir qu'elle force auoit ceste grande ville, & sortissent par la porte Sainct Anthoine, auec les enseignes desployees, furent trouuez en nombre soixante dix mil hommes, aptes aux armes.

Autre monstre. De rechef fit faire vne autre monstre des habitans de paris, lesquels sortirent par la porte Sainct Anthoine, en la presence des ambassadeurs d'Arragon, lesquels furent nombrez cent quatre mil en armes.

Le roy Loys vnsiesme, fit faire la chap- *Chapelle*
pelle du palais ou on chante la messe de *qui est à*
Messieurs les presidens, & y mit les yma- *la grand*
ges de Sainct Charlemaigne, & S. Loys, *salle du*
qu'il fit oster hors de leurs places, & y en *Palais.*
mit d'autres. Aussi il feit faire son effigie
à genoux deuant l'Image nostre Dame
dedans la salle dudit palais. Il commanda au parisiens de celebrer la feste Sainct
Charlemaigne, & fonda perpetuellement
à la saincte chappelle vne messe par chacun iour en l'honneur de Sainct Iean.

    L'An mil quatre cens soixante vn, la
maison & religion des Beguines, pres les *Conuent*
Celestins, fut restauree & restablie de neuf *de l'A-*
& fut nommee l'Aue Maria: Leans furent *ue Ma-*
mises les sœurs de Saincte Claire, de l'ob *ria.*
seruance de Sainct françois.

    L'An mil quatre cens soixante seize, le
dix neufiesme iour de Decembre, Messire *Iustice de*
Loys de Luxembourg, Conte de Sainct *deux*
Paul, & Connestable de france, fut deca- *grans*
pité en la place de greue, & son corps en- *Princes.*
terré aux Cordeliers. Aussi l'An mil quatre cens septante & sept le vingt quatriesme iour d'Aoust, Iaques d'Armignac
Duc de Nemours, fut decapité en ladicte
ville, & son corps enterré audit conuent.

ANTIQVITEZ

Vn clo-   L'An mil quatre cens quatre vingts
cher bru- trois, le clocher saincte Geneuiefue, qui
flé assiet- auoit duré neuf cens ans, fut entierement
te des Po- bruflé de la foudre du Ciel.
stes.
Institu-   En ce mefme temps, l'affiette des po-
tion des ftes, & les logis à trouuer cheuaux pour
Cheua- courir, furent premierement ordonnez
liers de en france par le fufdict roy.
l'ordre.   L'an mil quatre cens foixante neuf le
Roy inftitue, & cre les cheualiers de l'ordre Sainct Michel.

Edifices fous le roy Charles huictiefme, punition
d'vn facramentaire, fondation des College
de Montagu, de Clugny, du Pleſſy, & du
College de Marmouſtier, inſtitution des fil-
les Penitentes, desbordement du fleuue de
Seine, & errection de la chambre du
Threfor.

CHAP. XXIII.

Le 56.   Harles huictiefme, fils de
Roy de Loys cinquáte fixiefme roy,
France. fucceda à fon pere. L'an du
monde cinq mille quatre cés
quaráte trois de Iefus Chrift
mille quatre cens octante trois. Il regna

quatorze ans : Au moys de Iuin il fut sacré & couronné roy ayant presque quatorze ans d'aage, il fit son entree à Paris, l'an mil quatre cens quatre vingts & quatre.

L'An mil quatre cens quatre vingts *Basti-*
cinq, fut commencé à bastir l'hostel, as- *ment*
sis entre la chambre des comptes & la *faits.*
maisõ du Roy, sur le chemin par ou on va
en l'isle du palais, ainsi qu'il est escrit en
lettres d'or, & d'azur dessus l'vne des por
tes dudict hostel.

Les lettres d'Or dient l'annee,
Que l'œuure fut encommencee.
Au temps du roy Charles le huit
Cestuy hostel si fut construit.

Les lettres d'or nombrales de ce distique sont, V.M.V.I.C.L.L.I.V.C.V.I.

L'An mil quatre cens quatre vingts dix, *Punitiõ*
Ieau L'Anglois, prestre heretique osta *d'vn sa-*
l'hostie & le calice de dessus l'autel, ou *cremen-*
on chantoit messe, en la Chappelle Sainct *taire.*
Crespin & Crespinian, dans la grand Eglise de Paris, & la ietta par terre. L'iniure reparee enuers Dieu à la possibilité &

deuotion des hommes, mesmement du clergé, le sacramentaire fut degradé & bruslé au marché aux pourceaux. Iean standon Docteur en Theologie, se mit en deuoir de le pouuoir conuertir.

Premiere fondation du College de Montagu. L'An mil trois cens quatorze, par reuerend pere Gilles Esselin Archeuesque de Rouan, sorty de la maison, & famille de montagu, autrement nommé Listenoys: Cestuy achepta la place de l'Abbé & conuent Saincte Geneuiefue du mont, auec tous les cens, & dependances d'icelle, sauf que il paya quelque petite somme annuelle pour recognoissance. Ceste maison d'estude s'appella vn long temps des Esselins, & depuis la coustume, luy donna le nom de la famille de laqu'elle le fondateur estoit descendu & le nomma l'on le College de Montagu.

Or ceste premiere fondation aneantie, la seconde auint l'an de grace mil trois cens nonante huit sous vn Cardinal Euesque de Laon, & sorty de la race du premier fondateur, lequel y mit six boursiers & mourant donna la charge de cecy à l'Euesque d'Eureux qui feit ses statuts que les boursiers deuoyent garder, les soumettant à la visitation, & reformatiõ de messieurs les Chanoines nostre Dame de paris.

La troisiesme fondation, ou restauration de celle maison collegialle fut faicte l'an de nostre seigneur 1480. par vn principal nommé Gean Stantocq' homme de saincte vie, Docteur en la saincte faculté de Theologie, & seigneur de villette: Cestuy fut le premier qui institua l'ordre des pauures de montagu on appelle Capettes receuant & nourrissant les pauures qui abordoyent & les faisant instruire aux lettres. Mais son reuenu ne suffisant pour la nourriture d'vn si grand nombre de pauures estudians, qu'il aduint que l'an de grace mil quatre cens nonante deux messire Louys de Grauille Admiral de france soulaga l'indigence des pauures de Montagu, & feit bastir le corps d'hostel ou est la chapelle & donna deniers tant pour renter le College que pour bastir le reste qui estoit en ruine.

Ieã Stãtocq instituteur des Capettes de mõtagu.

L'Admiral de Grauille.

Entre les Colleges fameux de paris pour les religieux Sainct Benoist à esté celuy de Clugny, lequel fut fondé l'an de nostre seigneur 1200. par iunon premier du nom, & Abbé de Clugny, lequel achetant la place, ou ce College est assis

College de Clucgny.

pres la rue de la harpe, & la porte Sainct Michel, laissa a son successeur, qui aussi s'appelloit Iuon ou yues du nom, le moyé & la charge de bastir le susdict college, comme il feit, dediant l'Eglise en l'honneur de la vierge Marie, & y bastissant le cloistre en partie, le chapitre, & la Bibliotheque: Au reste ne faut estimer que tou le corps de ceste maison ne fut edifié par les Abbez susdicts, ains y auoit des bastimens anciens, & cecy des le temps des romains, & des premiers seigneurs Gaullois ainsi que l'antiquité du lieu le demonstre.

College du Plessy.

Ce College du plessi fut aussi fondé en la rue Sainct Iaques, presque du mesme temps que la premiere institution de Montagu: faut sçauoir qu'en l'an de nostre Seigneur mil trois cens vingt deux il y eut vn bon seigneur nommé Geoffroy du Plessy notaire du Sainct siege Apostolique de rome, & secretaire du roy Philippe surnommé le long, roy de france, & de Nauarre, lequel au mois de Ianuier sous le pontificat de Iean vingt deuxiesme & par l'authorité d'icelluy fonda le College susnommé, & le doüa des rentes contenues à la fondation & depuis se allant

rendre

rendre religieux de l'ordre S. Benoist à Marmoustier lez Tours, il fonda aussi le college en la rue S. Iaques, qui porte le nom de ladicte abbaye de marmoustier, & eschantilla les richesses de sa premiere fondation, pour en auantager la seconde. *College de Marmoustier.*

L'an mil quatre cens quatre vingts & douze, par la predication de Iean Tisserant cordelier, fut commencé à Paris l'ordre & religion de la Magdaleine, des femmes & filles pecheresses conuerties à penitence, & leur fut dōnée la maison d'Orleans : elles sont de present appellees les filles repenties : mais de present on les a mises ou estoit l'abbaye S. Magloire, à la rue S. Denis, & les religieux ont esté (ainsi que dit est) transportez hors la ville en l'eglise S. Iaques du haut pas. *Conuent des filles repēties.*

L'an mil quatre cens quatre vingts seize, le fleuue de Seine se desborda iusques dans la rue & maisons de la megisserie, & autant ailleurs, en sorte que le lieu de la vallee de misere estoit couuert d'eau iusques à la porte de Paris, pour souuenaice de cela fut engraué dans vne pierre estant à vne maison, faisant le coing *Desbordemēt de la riuiere de Seine.*

X

ANTIQVITEZ

de la megisserie en ladicte vallee, ce que s'ensuyt.

Mil quatre cens quatre vingts seize,
Le septiesme iour de Ianuier,
Seine fut icy à son ayse
Battant le siege du piller.

Depuis ce temps-là, les maisons de la vallee de misere, abboutissans deuant S. Leuffroy ont esté basties: parauant c'estoit voyrie.

Iceluy Roy Charles huictiesme, erigea la chambre du thresor à Paris dans l'enclos du Palais, & y mit cinq Conseillers. Le Roy François premier en a depuis cree trois autres, qui font le nombre de huict, il en est plus amplement traicté au chapitre ou il discourt du Parlement de Paris.

Chābre du thresor erigee.

Du Roy Loys douziesme, & de ses ordonnances, la ruyne & reedification du pont nostre Dame, decoration de la grand chambre de Parlemēt, edifices de l'hostel de la chābre des Cōptes; & de la fondation du Conuent des Minimes pres Paris.

CHAP. XXIIII.

Oys douziesme, comme le plus prochain, succeda à la couronne apres Charles huictiesme, & fut le cinquante-septiesme Roy de France. L'an du monde 5459. De Iesus Christ 1497. Il regna dix-sept ans, & fut sacré à Reims le 27. iour de May, son entree fut faicte à Paris le lundy second iour de Iuillet.

Du 57. Roy de France.

Le susdict Roy fit plusieurs ordonnances pour la reformation de la iustice, & interpreta les priuileges des estudes des escoliers. Toutesfois l'Vniuersité sentant sa liberté greuee, fit plusieurs remonstrances en parlement pour modifier les status Royaux, & à ce qu'ils ne fussét publiez en icelle Cour. Laquelle nonobstant telles remonstrances proceda à la publication, dont les escoliers irritez firét congregatió aux Bernardins, ou fut conclud q̄ defence seroit faicte à tous regens de coleges, maistres & maistresses d'escolles de ne tenir escoles dans Paris, aux predicateurs de ne prescher, & aux medecins de ne subuenir aux malades.

Ordonnances pour les escoliers.

Dequoy le Roy grādemét courroucé vint à Paris accompagné de gensd'armes, ayant chacun l'arc tendu en la main,

X ij

& le lendemain seant en Parlement confirma ses ordonnances.

Cheute du pont nostre Dame.

L'an mil quatre cens quatre vingt dix-neuf, le Vendredy deuant la Toussaincts vingt-cinquiesme iour d'Octobre, le pōt nostre Dame assis sur pieux auec soixante maisons dessus edifices en tresbel ordre & de mesme hauteur, vne heure deuant midy tresbucha dedans la riuiere de Seine quatre vingts deux ans apres auoir esté basty. Vn maistre charpētier ayāt annōcé la future cheutte à Ieā Papillō, Lieutenant criminel, il le denōça à la Cour de Parlement, laquelle ordonna ledict Lieutenant commissaire pour faire vuider les habitans: lesquels effrayez de si soudaine ruyne & perte de leurs biens, & personnes, chacū se hastoit d'éporter ce qui luy appartenoit: Gardes furēt mises aux deux bouts du pont pour empescher la voye aux passans, à ce que nul ne tōbast au peril.

Filles noyees. Le Preuost des Marchās emprisonn-

A la cheute d'icelny le cours de Seine fut arresté, & remonta contremont, dont quelques filles estans en Glatigny furēt noyees: Autres plus curieux de leurs biēs que du salut de leurs personnes, perirent auec leurs meubles. Iaques Piedefer Preuost des Marchans, & les Escheuins, furent emprisonnez en la conciergerie du Palais, par Ordonnance de la Cour, tant pour gratifier au peuple, qui se plaignoit de son tresgrand interest aduenu par leur faute, que pour chastier leur negligence, pour laquelle ils furent taxez & condamnez en grosses emendes, & priuez de leurs offices. La longueur de ce pont estoit de soixāte & dix pas & quatre pieds, la largeur de dix-huict pas. Il estoit soustenu en sa largeur de dix-sept ordres de pieux & chacun ordre de trente pieux, chacū desquels auoit de grosseur vn pied en diamettre, & en rondeur & circonference trois pieds & vn quart. Il se treuue au liure noir du Chastelet, lettres par lesquelles, ledict pont nostre Dame est donné à la ville de Paris, reserué au Roy le fons de terre, la iustice haute, basse & moyenne, & qu'il n'y demoura changeurs ny orfeures, auec obligation à icelle ville de le soustenir à ses despens.

nez & priuez de leur office.

Liure noir du Chastelet de Paris.

Depuis ce temps-là iceluy pont a esté construict & reedifié tout de pierre de taille, faisant six grandes arches esgales dont les pilastres estans de la largeur du pont sont fondees sur pilotis, & sont ren-

Le pont nostre Dame reedifié, fondé sur pilotis

X ii

forcees des deux costez, selon le cours de l'eau en triangulaire, faisant vne pointe pour empescher & rompre les glaces, & autres choses qui pourroient porter nuysance. Dessus sont edifiees par symmetrie & proportiō d'architecture soixāte-huict maisons, toute d'vne mesure & mesme artifice, de pierres de taille & brique, chacune cōtenant cellier ou caueau ouuroir, gallerie derriere, cuisine, deux chambres, & grenier : chacune aussi escrite selon le nombre de son rang en lettres d'or.

Au milieu d'iceluy, qui est haut sont les images de costé & d'autre de nostre Dame, & S. Denis, auec les armes de la ville. Il est paué ainsi que les rues, comme aussi sont les autres ponts, en sorte que les passans estrangers pensent estre en terre ferme. Brief, quāt à la structure des ponts c'est le seul chef d'œuure de toute l'Europe, sous l'vne des arches est escrit ce distique,

Iucundus geminos posuit tibi sequana
Hunc tu iure potes dicere pontificem.

✠ L'an mil cinq cés six, le siege & iurisdidiction du prenoſt de Paris, ſeant au chaſteau du Louure, à cauſe de la ruyne des edifices du grand Chaſtelet, fut remiſe & reſtablie audit chaſtelet: lequel a eſté reparé, tant des amendes prouenantes de Parlement, que de celles dudict Chaſtele. C'eſt la grand ſalle ou ſont les procureurs, le deuant de laquelle aboutit vers S. Leufroy, ou ſont les images de noſtre Dame, d'vn Roy & d'vne Royne le deſſous eſt voulté par deſſus le chemin publique de ceſte ſalle, on va dedans vn autre baſtiment fait de brique, faiſant le coing comme on deſcend en la vallee de miſere, lequel a eſté acheué l'an mil cinq cens cinquante.

Le grād Chaſtelet reparé, des amendes prouenātes de la Cour.

Regnant ledict Loys douzieſme, la grand' chambre de la Cour de Parlemēt, ou ſont plaidees les appellations verballes, fut ſumptueuſement decoree & enrichie d'or fin & d'azur diſtinctement ſeparez, ſelō les images, armoiries, frizures medailles, ouurages antiques croteſques, manequins, bordures & autres eſpeces de figures entaillez à demy boſſe, voyez au paſſage ou il traicte du Parlement. A l'entree d'icelle chambre eſt la figure d'vn lyon doré, ayant la teſte baiſſee

X iiij

contre terre, & la queuë entre les iambes : signifiant que toute personne tant soit grande en ce Royaume doit obeyr, & se rendre humble, soubs les loix & iugemens de ladicte Cour.

Chãbre des Comptes.

Ledict Seigneur Roy, fit edifier la chãbre des Comptes, ouurage tresmagnifique, & excellent edifié: sur le deuant de laquelle se presentant en veuë cinq images: la premiere est Temperance, laquelle tient vn horloge & des lunettes, sous elle est escrit,

Temperantia. Mihi spreta voluptas.

La seconde est Prudence, laquelle tient vn miroir & vn crible, dessous est escrit,

Prudentia. Conciliis verum speculor.

La tierce est Iustice, tenant vne balance & vne espee, & est escrit dessous elle,

Iustitia. Sua cuique ministro.

La quatriesme est Force, qui embrasse vne tour, & tient de l'autre main vn Serpent, & est escrit sous ses pieds.

Fortitudo Me dolor atque metus fugium.

L'image du Roy est au milieu des quatres, vestu d'vn manteau Royal, & tient en vne main le sceptre du royaume, & en l'autre la main de Iustice. Au dessous est escrit.

Quatuor has comites foueo, cœlestia dona,
Innocuæ pacis prospera sceptra gerens.

Dessous le portail du premier perron des grands degrez de ladicte chambre, sont les armes de France, au dessus d'vn porc espic couronné par deux Cerfs volans, & au dessous est escrit,

Regia Francorum probitas. Ludouicus honesti,
Cultor, & athereæ religionis apex.

Ledict seigneur Roy Loys douziesme, achepta la maison peinte des gestes de Hercules, pres les Augustins, laquelle auoit esté edifiee par vn gentilhomme de Flãdres, nommé Aluin, en ce lieu y auoit iadis vne voyrie. Le Roy Françoys la dõna depuis à messire Anthoine du Prat, Chancelier de France.

Le conuent & monastere des freres minimes, dits les bons hommes, de l'ordre de S. François de Paule Italien, qui viuoit du temps du Roy Loys vnziesme, fut cõmencé à bastir de neuf, au regne du Roy Loys douziesme, l'espouse duquel, Anne de Bretaigne, & parauãt femme du Roy Charles huictiesme, donna la place, qui estoit l'anciẽ hostel de Bretaigne, dit Nigeon, pres le village de Chaillot, à vne lieuë de Paris : l'eglise dudit lieu fut bastie

Conuent des freres Minimes pres Paris.

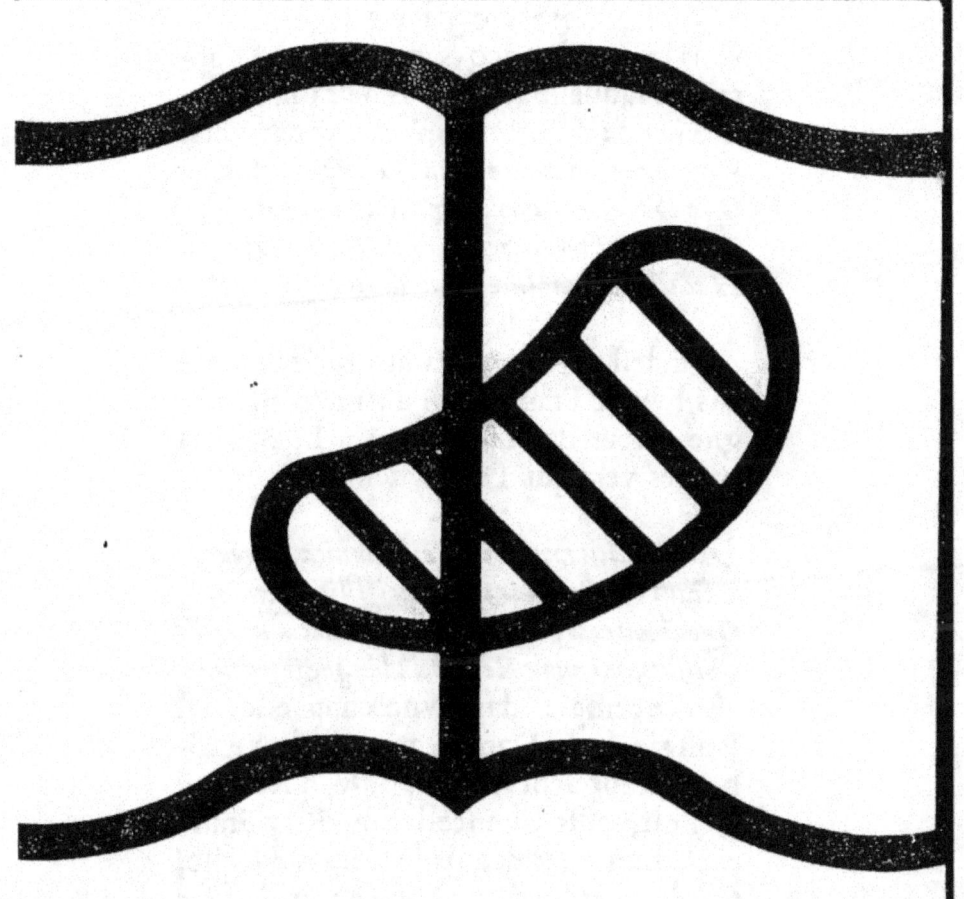

Original illisible

NF Z 43-120-10

sous le Roy François premier, au portail, de laquelle au dessous de l'image nostre Dame de pitié, sont escrits ces vers.

Virgo expers næue & primæue nescia culpæ,
Quæ Dominum ancilla & filia nixa patrem,
Hæresôn pestes scelerum contagia mundo
Hæc tibi diuina luce secare datum est.

Au dessous sont deux armoiries ou escus, l'vn de France, & l'autre de Bretaigne, & ces deux lettres, K. L. & plus bas les vers qui s'ensuyuent.

Annæ felicis monimenta Britannica fulgent,
Octaui & Caroli & Lodoici lilia Regum:
Quorū animus sanctis precibus perducat ad astra
Christus, qui viuis Rex est, iudéxque sepultis.

En ce temple, dans vne chappelle, est l'effigie d'vne Dame à genoux sur vn tōbeau, representant l'espouse d'Antoine du Prat, iadis Chancelier du Roy François premier, & depuis le trespas d'icelle, Cardinal & legat en France: au dessous sont escrits ces vers.

Quis dedit hæc si quis quærat: mihi grata secundi
Munera sunt nati qui tegit ossa lapis.
Nobilis & generose matrone, Francisce Veyni
    Epitaphium.

DE PARIS. 177

Hic francisca tegor, clari que coniugis Vxor
Felice prole sui, & sanguine clara meo.
Me pietas cælo & terræ dat viuere proles,
Vitam ergo geminam mors dedit vna mihi,
Sex animum post lustra Deo, quam præbuit ille,
Restitui: Tellus, quæ dedit ossa tenet.

Du regne du roy François premier du nom, & aucuns actes d'iceluy, de l'image nostre Dame de souffrace, du deluge S. Marceau, entree de la royne, edifice de S. Eustace, du bastiment de l'hostel de ville, procession du roy augmentation de l'hostel Dieu, ruyne de la tour de Billy, fondation des colleges de Cambray, Escolles de Picardie college S. Michel & du Mans. Institution des enfans rouges, entree de l'Empereur à Paris, & autres histoires, de plusieurs Eglises S. Seuerin, Sainct Iulian le pauure S. Cosme & S. Damian.

CHAP. XXV.

François de Valloys, comme le plus prochain succeda au roy Loys, & fut sacré roy de france, estant le cinquante huictiesme qui regna sur les françois. L'an du monde cinqmil quatre cens septante six De Iesus Christ, 1514.

58 Le. Roy de france.

ANTIQVITEZ

Il regna trente-deux ans, il fut sacré Ro
à Reims, le 25. iour de Ianuier. Il me seroit bien impossible d'escrire iusques à suffisance les choses qui ont esté faictes auant ma naissance, quand ie ne puis selon le deuoir reciter ce qui est aduenu de mon temps en ceste ville de Paris: neantmoins en procedant sommairement, ie diray ce qui appartient à l'ordre de nostre histoire, ainsi que le subiect de la matiere s'y offrira.

Confirmation des priuileges des Marchans.

Le susdict Roy, premier du nom, au commencement de son regne a confirmé & authorisé toutes les libertez, franchises & priuileges tant de l'hostel de la ville preuosté des Marchans, que de l'Vniuersité de Paris: comme il appert par les ordonnances & edicts dudit seigneur: il fit son entree à Paris, l'an mil cinq cens quatorze.

Anglois en Frãce.

L'an mil cinq cens vingt-trois, les Anglois estans en Picardie, les cloches ne furent sonnees le iour des trespassez dans Paris, & furent les chaines tenduës, & guet ordonné parmy la ville, tant à ceste cause, que pour la craincte des boute-feux.

Mõsieur de Vẽdosme, gouuerneur de Paris

& de l'isle de france, fit faire des tranchees hors les fauxbourgs depuis les fossez. S. Honoré, iusques à ceux de Sainct Martin: & pour seureté de la ville furent leuez parmy le populaire deux mil aduenturiers. *2. mil auêturiers leuez.*

L'An mil cinq cens vingt six, les Parisiens firent present au roy de cent cinquāte mil francs, pour la deliurance de Messieurs les enfans estans en Espaigne. En c'est an le quinziesme iour de May, la petite riuiere de la ville & fauxbourgs S. Marcel s'enfla de telle maniere, que la plus part des rues dudit fauxbourgs, & les maisons iusques au deuxiesme estage estoyent dans l'eau. On l'appelle la riuiere de Bieure, & est seule naturelle propre a faire la vraye couleur d'escarlate. *Dō faict au Roy. L'eau fort grāde.*

L'An mil cinq cens trentehuict, le dernier iour de May, vn heretique rompit & coupa la teste à vne image de nostre Dame, estant derriere le petit Sainct Anthoine: pour reparation duquel scandale, le roy françois vint en procession à pied iusques audit lieu, auquel il assit vne autre image toute d'argent, luy accompagné de grāds princes, seigneurs & Cardinaux de france. On appelle icelle image nostre *De l'Image nostre Dame d'argent.*

Dame d'argent: & celle de pierre à laquel
le l'iniure auoit esté faicte, est gardee en
grande reuerence en l'Eglise Sainct Geruais: on la nomme nostre dame de souffrance.

Mariage de madame Renee. En ceste mesme annee Madame Renee, fille du Roy Loys douziesme, fut espousee au Duc de Ferrare en la Saincte Chappelle. Le festin fut faict au palais.

En ce mesme temps le heraut de l'Empereur fut receu en la grande salle du Palais, & pource faire le roy fit dresser sur la table de marbre vn Theatre pour luy, & ceux de son sang. Ledit heraut ne fut ouy pource qu'il n'auoit lettres de la part de son maistre.

College du mãs. Audict an fut acheué de bastir le college du Mans, l'an mil cinq cens vingt neuf au moys de Decembre, trespassa Iean de Selua, president en Parlement. Il fut inhumé à Sainct Nicolas du Chardõneret, ou on lit ainsi son Epitaphe.

D. O. M.

Ioanni seluae Parisiensis senatus amplissimi
Galliae ordinis praesidi summo, magnae probitatis

atque integritatis virodéque Repub. in qua per multos honoris & dignitatis gradus, cùm eos propter incredibilem eius moderantiam non concupiuisset, adeptus est bene merito. Apud insubres angles atque hispanos cum de reb. maximis ad eos missus esset, ob eximiam eius in administrādis negotiis, prudentiam, cæterasque non vulgares virtutes, præcognito valdéque laudato Regi mago francisco, à quo in sanctius atque interius consilium assumptus est, ob exploratam difficilimis atque grauiss. temporib. fidem eius & industriam grato atque probato, Ceciliæque buxiæ bonæ bonis prognatæ, castè, pudicè, ac liberaliter ab illis dum vixerunt educati parentibus opt. atque chariss. P.

Il y a plusieurs autres colleges, comme celuy de l'Aue Maria dit d'Vrbant, celuy de la Mercy, de Calamber, les trois Euesques, ou se font les leçons ordinaires des lecteurs royaux instituez par le grand Apollon Gauloys, françois premier du nō, pere & restaurateur des bonnes lettres, le College de Triguier, les Colleges de nostre Dame, de Caluy, Harcourt, des Thresoriers, Iustice, seez, & Narbonne le College mignon, Sainct Denys, & celuy de maistre Geruais, puis les escolles de Pi- *College de Cambray. Escolles de Picardie.*

Dame d'argent: & celle de pierre à laquelle l'iniure auoit esté faicte, est gardee en grande reuerence en l'Eglise Sainct Geruais : on la nomme nostre dame de souffrance.

Mariage de madame Renee. En ceste mesme annee Madame Renee, fille du Roy Loys douziesme, fut espousee au Duc de Ferrare en la Saincte Chappelle. Le festin fut faict au palais.

En ce mesme temps le heraut de l'Empereur fut receu en la grande salle du Palais, & pource faire le roy fit dresser sur la table de marbre vn Theatre pour luy, & ceux de son sang. Ledit heraut ne fut ouy pource qu'il n'auoit lettres de la part de son maistre.

College du mãs. Audict an fut acheué de bastir le college du Mans, l'an mil cinq cens vingt neuf au moys de Decembre, trespassa Iean de Selua, president en Parlement. Il fut inhumé à Sainct Nicolas du Chardõneret, ou on lit ainsi son Epitaphe.

D. O. M.

Ioanni seluæ Parisiensis senatus amplißimi Galliæ ordinis præsidi summo, magnæ probitatis atque integritatis virodéque Repub. in qua per multos honoris & dignitatis gradus, cùm eos propter incredibilem eius moderantiam non concupiuisset, adeptus est bene merito. Apud insubres anglos atque hispanos cùm de reb. maximis ad eos missus esset, ob eximiam eius in administrãdis negotiis, prudentiam, cæterasque non vulgares virtutes, præcognito valdéque laudato Regi magno francisco, à quo in sanctius atque interius consilium assumptus est, ob exploratam difficilimis atque grauiss. temporib. fidem eius & industiam grato atque probato, Ceciliæque buxiæ bonæ bonis prognatæ, castè, pudicè, ac liberaliter ab illis dum vixerunt educati parentibus opt. atque chariss. P.

Il y a plusieurs autres colleges, comme celuy de l'Aue Maria dit d'Vrbant, celuy de la Mercy, de Calamber, les trois Euesques, ou se font les leçons ordinaires des lecteurs royaux instituez par le grand Apollon Gauloys, françois premier du nõ, pere & restaurateur des bonnes lettres, le College de Triguier, les Colleges de nostre Dame, de Caluy, Harcourt, des Thresoriers, Iustice, seez, & Narbonne le College mignon, Sainct Denys, & celuy de maistre Geruais, puis les escolles de Picardie. *College de Cambray. Escolles de Picardie.*

ANTIQVITEZ

cardie, ou se font les actes des maistres es arts, leur determinances, & autres telles ceremonies propre pour honnorer ceux qui font leur deuoir a l'estude, & affin d'encourager les autres a faire le semblable: ne veux oublier les Colleges de Tornay, des Lombards, de Boisy, de Baieux, des Allemans de saincte Barbe, & Coqueret, lesquels sont de la fondation de feus de bonne memoire messieurs Symon, & Robert du Guast Docteurs en decret.

College S. Michel. Ne laisseray en arriere le college de Cenac dit de S. Michel fódé par les seigneurs de la maison illustre de Pompadour, lesquels en sont les patrons & collateurs, & pource faut q̃ le principal, & procureurs soyent Lymosins d'autant que le lieu est affecté à ladite nation.

L'An mil cinq cens trente, fut abatue & demolie la fauce porte S. Martin au moys de Septembre: aussi furent les autres fauces portes dont il est traité cy dessus. Audit an le cinquiesme iour de Mars Eleo*Entree de la royne.* nor sœur de l'Empereur, & espouse du roy françois, fit son entree à Paris.

L'An 1530. Le Capitaine maclou fut executé à Paris, lequel auoit assemblé, de sept a huit mil hõmes, portãs armes, tous

brigans

brigans, larrons, & volleurs, qui faisoyẽt infinis maux en Aquitaine.

Le susdits roy ayma toutes bonnes lettres & sciences: institua a Paris leçons publiques par gẽs doctes en langue Hebraique, Grecque, & en Mathematique, ausquels il dõna gages hõnestes & suffisans, au moyẽ dequoy, il rẽdist l'vniuersité de paris tresflorisante & opulente es lettres.

L'an mil cinq cens trente deux, le dixneufiesme iour d'Aoust, fut la premiere pierre assise par le preuost de Paris à S. Eustace, pour icelle Eglise estre reedifiee & accrue iusqu'au lieu dit la Croix neuue. Le commencement dudit bastiment tesmoigne qu'en la perfection d'iceluy il sera vn des plus excellents de la ville. De l'antiquité d'icelle on dit ainsi: Vn Bourgeois de Paris nommé Alais, demeurant pres le pont Alais ainsi dit de son nõ, faisant conscience d'auoir mis impost d'vn denier sur chasque pennier de poisson, fit edifier vne chappelle dediee au nom de Saincte Agnes laquelle depuis à esté faict paroisse, & dediee au nom S. Eustache. A la mienne volonté que les vsuriers, & impositeurs, qui de iour à autre sauisent d'exiger imposts prinssent exemple à ce-

Bastimẽt de l'Eglise S. Eustache.

Y

stuy, les affaires de la france ne se porte-
royent si mal.

Du basti-   L'An mil cinq cens trente trois, fut cō-
ment de mencé le tres-magnifique edifice de l'ho-
l'hostel stel de la ville de Paris, bastimens tres ex-
de ville, cellent en nostre aage sur le portail est es-
maison crit en lettres d'or.
des mar-
chans.   *Senatui, populo, Equitibusque Parisien. pie de*
se meritis franciscus primus francorum rex po-
tentissimus has ædes a fundamentis extruendas
mandauit accurauit, congendisque publicè consi-
liis & administrandæ reipublicæ dicauit. Anno
a salute condita. M. D. xxxiij. Idibus Iulij.

   Incisum M. D. xxxiij. Idibus septemb.

   Petro Viola præfecto Decurionum, Claudio
Daniele, Ioanne Bartholomeo, Martino bragelo-
nio, Ioanne curtino Decurignibus.

   Dominico cortonensi Architectante.

Proces-   L'An mil cinq cens trente quatre, au-
sion ou le cuns Lutheriens affigerent par les carre-
roy assi- fours de la ville de Paris libelles diffama-
sta, & toires contre le Sainct Sacrement de l'au-
l'occasiō. tel. Le roy pour reparation du crime de
leze maiesté diuine, alla en procession a
pied, teste nue, & la torche au poing, a-

pres la saincte hostie qu'il faisoit porter deuant luy depuis la paroisse Sainct Germain l'auzerrois iusques à la grand Eglise, luy accompagné de messieurs ses enfans, & des princes de son sang. A ceste procession furent portees entierement toutes les sainctes reliques, tant des faux bourgs que de la ville, & mesmement celle de la saincte chappelle, ce qui n'auoit iamais esté veu. Et apres le midy du iour de ceste procession furent bruslez six Lutheriens les compagnons desquels & de semblables secte deuant & apres, finirent leurs iours en grand nombre par le mesme tourment.

L'An mil cinq cens trente cinq, fut peinte la vie du Prophette Helie, au Cloistre du monastere des Carmes. Audit an le susdict roy pour tuition & defence de son royaume fit faire & dresser legionaires, assauoir pour le seruir & ayder en ses affaires. Assauoir au pays de Normandie vne legion, En Bretaigne vne Legion, En Picardie vne Legion, En Bourgongne, Champagne, & Niuernoys vne legion, En Dauphiné & Prouence vne legion, Au pays de Lyonnois & d'Auuergne vne legion, Et au pays de Languedoc vne le-

Conuent des Carmes.
Legionaires pour le seruice du Roy

Y ij

gion qui font sept legions, & en chacune auoit six mil hommes, & s'en alla le Roy en Normandie & Picardie pour veoir les monstres desdicts legionaires.

Salle S. Loys. En ce téps on appropria la salle Sainct Loys dans le Palais, pour y tenir la chambre Criminelle de Parlement.

L'hostel Dieu a Paris. Aussi en la mesme saison fut acheuee l'augmentation du bastiment de l'hostel Dieu de Paris, du costé de septentrion, des biens de monsieur Anthoine du prat, Chancelier de france, l'effigie duquel est à genoux auec celle du Roy françois au deuant de l'Edifice.

Rãpars à l'êtour de la ville. L'An mil cinq cens trente six, le dernier iour de Iuillet, furent commencez les rãpars, fossez & tranchez, pour enclorre les fauxbourgs & la ville de paris, par le cõmandement de Iean du Belay, Cardinal, Euesque & gouuerneur d'icelle ville.

En ce temps les moines Sainct Eloy furent ostez de ladite prieuré, & en leurs lieu furent mis prestres seculiers.

Punitiõ de soldats. Le iour S. Mathieu audit an, pource que la compagnie des gens de guerre à pied, qu'on auoit leuez à Paris pour la defence d'icelle n'auoit esté payee, ils rentrerent dans la ville, assiegerent la maison de l'Euesque, & apres quelques efforts en furẽt prins trois(le reste s'esuanouyssant cõme fumee.) il furent pendus & estranglez au paruis nostre Dame.

Ceste annee le dernier iour de Decembre, le roy d'Escosse fit son entree à Paris & le lendemain premier iour de Ianuier, il espousa à nostre Dame, Madame Magdaleine, fille du roy. Le festin fut faict au palais. *Entree du Roy d'Escosse*

L'An mil cinq cens trente huict, le dixneufiesme iour de Iuillet, enuiron cinq heures du soir, apres grandes tourmentes, esclairs & vents merueilleux, la foudre tomba sur la tour de Billy derriere les Celestins, en laquelle estoyent pres de deux cens caques de poudre à canon, à cause dequoy toute la court fut embrasee & rompue par la violence du feu, de telle furie que les fondemens furent arrachez du fonds de terre, & les pierres transportees par le poussement du feu, iusques à Sainct Anthoine des champs, Sainct Victor, au terrain, & dans la ville : & ne demoura en la place aucune forme de tour. Ceste demolitiõ gasta tous les iardins, abastit les murailles des Celestins, & toutes *La foudre sur la tour de Billy.*

Y iij

leurs verrieres: brisa les maisons d'alentour, & tua & blessa plusieurs personnes. Les verrieres de Sainct paul, de S. Geruais, de Sainct Victor, & de S. Marceau en tomberent par terre, & les poissons sans nombre furẽt veus morts sur le fleuue de Seine.

Institution des enfans rouges. En ceste annee furent instituez par la royne de Nauarre, les enfans orphelins, appellez les enfans rouges: & pour leur demeurãce fut fondee & edifiee vne maison auec vne belle chappelle, derriere le Temple, qui a esté fort augmentee par les biens faits des parisiens.

Entree de l'Empereur à Paris. L'an mil cinq cens trente neuf le premier iour de Iãuier, Charles cinquiesme, Empereur, passant en france pour aller en ses pays, fit son entree en la ville de paris, entrant par la porte Sainct Anthoine: ou il fut receu & honoré par commandement du roy en triumphes, theatres & appareils de magnificence. Il alla rẽdre graces à Dieu en l'Eglise nostre dame, & de la au Palais, ou le roy l'attẽdoit auec preparation d'vn festin tresopulent.

fuitte aucuns abitãs. L'An mil cinq cens quarante quatre, la ville de Paris receut vne punition diuine: car l'Empereur auec grande armee estant entré en France, vint accompagné de grand nombre, d'hommes, iusques à Chasteau Thierry à raison dequoy aucūs habitans de Paris, transporterent eux & leurs biens, és autres bonnes villes fermees. Ceux qui demeurerent dedans, la plus part artisans gens de mestier, se mirent en armes, & firent monstres en la presence du Roy: mais la grace à Dieu on neut aucun besoin de les mettre en campagne, parce que l'Empereur se retira. Alors le tableau, estant à nostre Dame de Paris, qui representoit le couronnement du Roy Henry d'Angleterre en ladite Eglise, fut osté par les Chanoines.

Ie n'ay aussi trouué les antiquitez des Eglises de sainct Nicolas qu'on nōme du Chardonneret, ny de sainct Iulian le pauure, & quand à celle de sainct Yues elle n'est de grāde antiquité, puis que le saint au nom duquel elle est fondee, na pas quatre siecles qu'il passa de ce monde en la gloire de Paradis. Vous auez encor' l'Eglise parrochiale sainct Seuerin fondee au mesme lieu, où iadis viuoit solitairement le sainct Religieux Seuerin, au nom duquel elle est fōdee: & est l'vne des plus fameuses, & grandes paroisses de Paris:

Y iiij

ANTIQVITEZ

outre laquelle est celle de sainct Cosme, & sainct Damian, dans laquelle repose les

Eglise S. Cosme. ossemens de ce grand Docteur Theologien M. Claude despence.

Sepulture estans à S. Seuerin. L'an mil cinq cens quarante cinq, trespassa vn ieune seigneur Aleman, estudiāt à Paris, lequel fut ensepulturé au milieu du cymetiere sainct Seuerin, son effigie est esleuee sur son tombeau, & à l'entour est escrit vn tel Epitaphe,

En souuenance du tres-noble sang des Contes de Phrise Orientale, aussi pour les dons de graces, tant de l'esprit que du corps, de feu noble hôme Ennō de Embda, esleu gouuerneur & Satrape de la cité de Embda, qui sur le cours de ses estudes fut icy rauy par mort, en l'aage de vingt & trois ans, au grand regret de son Pays, & de tous ses amis: Nobles femmes sa mere grād, & sa doléte mere, ont à leur cher & vnique fils fait dresser ce presēt tombeau, en tesmoignage du deuoir de vraye & pure amitié, & certaine esperance de la resurrection du corps, qui icy repose. Il trespassa en l'an de nostre seigneur mil cinq cens quarante cinq, le dixhuictiesme iour de Iuillet.

Des edifices souz le regne du Roy François, du Guay de la Megisserie, du Chasteau du Louure commencé à reedifier, de Madric, des Rampars, de l'augmentation des faux-bourgs, Des lieux nobles baillez à bastir, reedification des Eglises, & autres accroissement.

CHAP. XXV.

Souz le regne du susdit Roy François, on ne cessa de bastir dedans la ville de Paris: Premierement furent faites les lõgues murailles du guay & chaussee de la Megisserie, depuis la valee de misere iusques à la porte neuue, par dela le Chasteau du Louure, tout le long de la riuiere, ouurage digne d'vne telle ville, pour mettre les bateaux & marchãdises en seureté.

Muraille du Guay. La porte neuue.

Icelle porte neuue fut faite au lieu ou iamais n'y en auoit eu, dont le chemin pour sortir aux champs fut beaucoup plus brief.

Ledit seigneur des l'an mil cinq cens vingt neuf, fit raser la grosse tour du

ANTIQVITEZ

La groſſe Louure pour ſpacier & amplifier la court
tour du d'iceluy Chaſteau : auquel il fit faire de
Louure. grandes reparations & noueaux edifices:
entre leſquels, vn peu deuant ſon treſpas,
fit commencer vne grand ſalle à la mode des antiques, la plus excellente ſelon
l'Art d'Architecture, qu'on vit iamais: laquelle le Roy Henry ſecond du nom, à
fait paracheuer, Sur le portail d'icelle eſt
eſcrit en lettres d'or, ſur champ noir, ce
qui s'enſuit,

Henricus II. *Rex Chriſtianiſſ. Vetuſtate col-
lapſum refici cœpt. A pat- Franciſco* I. *R. Chri-
ſtianis. S. mortui ſanctiſſ. Parent. memor pietiſſ.
filius Abſoluit.*
An.   A.   M.   D.

Salu. XXXX.   *RESTI.* VIII.

Au deux bout d'icelle eſt eſcrit,

VIRTVTI
REGIS INVICTISSIMI.

Au chef de ladite ſale par dehors tout
au haut d'icelle dãs vne auuale, en lettres
d'or eſt eſcrit,

A. B.
SOLVT.
AN. SAL.
M. D. L.
VI.

Ledit seigneur fit aussi edifier de neuf le chasteau de Madric pres Paris, fit reparer de sumptueux edifices le chasteau de sainct Germain en Laye, & orna de bastimens excellens & ouurages antiques, sa maison de fontaine Belleau. *Chasteau de Madric.*

Par son commandement furent faits les rampars és portes sainct Anthoine, du Temple, sainct Michel, sainct Iaques, & autres lieux en l'an mil cinq cens quarãte quatre. On fit de son temps ouuerture de la porte de Bussy bastie toute de neuf. *Rãparts faicts à Paris.* *Porte de Bussy.*

A cette occasion les grands Seigneurs, mesme ceux de la Iustice, & les Bourgeois, firent bastir hors d'icelle porte, & & en tout le faux-bourgs sainct Germain des prez, grand nombre de beaux hostels & riches maisons: & non seulement en ce lieu mais és faux-bourgs sainct Victo depuis Coppeaux iusques à sainct Marceau & faux-bourgs Sainct Iacques,

& sainct Michel: tellemét qu'ils sont augmentez de moitié. Autant en a esté fait aux faux-bourgs sainct Denys, sur la mótaigne & voirie du grand moulin, qu'on appelle à present la Villeneuue, à la porte de Mont-martre, & generalement en tous les faux-bourgs de Paris, cótinuant par nouuelles ruës d'vn fauxbourg à l'autre: car la moitié des terres desdits lieux ont esté employees en bastimens, de sorte que le tout ensemble nouueau basty se roit monstré d'vne bien grand ville.

Lieux nobles baillez à bastir. En ce mesme temps furent baillez à bastir l'hostel de Flandres, ou peu parauant auoyent esté iouez les mysteres du vieil Testament, de la Passion & des Actes des Apostres: les hostels de Bourgógne, & de Artois, d'Orleás à S. Marceau, les terres & cultures saincte Catherine du val des Escoliers, les terres de derriere les Celestius, l'hostel de la Royne, & derriere sainct Paul, les iardins qui estoyent encores demourez derriere & à l'étour sainct Eloy, vne partie de la culture du temple, & autres lieux.

Eglises rebasties. Furent aussi commencees à restaurer & reedifier de neuf les Eglises saint Victor, sainct Estienne du mont, sainct Barthelemy, saincte Croix en la drapperie, la Magdaleine, sainct Merry, sainct Geruais S. Eustace, sainct Sauueur, sainct Iaques de la boucherie en partie, aussi le fort Clocher, sainct André des arts en partie, S. Iean en Greue, sainct Germain l'Auxerrois en partie, sainct Bon en partie, sainct Germain le vieil, & autres. En faisant les fondemens de la neuue Eglise sainct Merry, on trouua souz le grand autel dans vn tombeau de pierre le corps de son fondateur, ayant des botines de cuyr doré aux iambes, lequel si tost qu'il fut touché de l'air, tourna en poudre. Son epitaphe estoit aupres, la date duquel pour la vieillesse ne peut estre recogneuë. Cest epitaphe fut engrauee en vn autre pierre qui est au milieu du cœur, & contient ainsi, *Eglise S Merry.*

Hic iacet vir bonæ memoriæ odo falconarij fundator huius Ecclesiæ.

Anciennement n'estoit qu'vne petite chappelle, en laquelle dit Vincent historial au cinquiesme liure, chapi. iiiixxij. sainct Merry trespassa: son corps y fut enterré, & y reposa deux ans, & depuis en l'an mil trois cens quatre, il fut leué de

ANTIQVITEZ

terre, & mis en vne capſe d'argent en la meſme chappelle, qui eſtoit alors dediee au nom de ſainct Pierre.

A fin de ne nous eſloigner, nous traite-
Compa- rons des choſes memorables auenus ſouz
gnie des le regne du Roy François il erigea la cō-
cent har- pagnie de cent harquebuziers de la ville
quebu- de Paris. Auſſi en ſon regne furent reba-
ziers. ſtie de neuf les fontaines de la Croix du Tiroir, & du Ponceau, & le magnifique hoſtel de Feſcamp. Il fit edifier la chambre du Conſeil, pres la grande chambre doree en Parlement. Auſſi furent dreſſees les petites loges & ouuroirs de gens de meſtier en la court du Palais, contre les gros murs, & à l'entour du cymetiere de la ſaincte chappelle.

Iuriſdi- Ledit ſeigneur Roy crea & erigea la
ction du Iuriſdiction du bailliage de Paris, & vn
bailliage. conſeruateur pour cognoiſtre des cauſes
✝ des priuileges Royaux de l'Vniuerſité: lequel bailliage fut tenu premierement en l'hoſtel de neſle, depuis au petit Chaſtelet, & apres le reunit auec la preuoſté de Paris. Il erigea auſſi vn Lieutenant particulier, Ciuil & criminel, en la Preuoſté de Paris.

Encores ledit ſeigneur donna par lettres, exemption à la ville de Paris, & à ses Citoyens d'aller au ban & arrieban.

Sous le regne du Roy Henry deuxiesme du nom ruyne & reedification du pont sainct Michel, seditiõ du pré aux clercs, defences de n'edifier aux fauxbourgs, & autre faits.

CHAP. XXVII.

Enry second du nom, Roy de France, succeda à son pere François de Vallois, l'an du monde 5508. de Iesus Christ 1547. & à tel iour qu'il fut né, assauoir le dernier iour du moys de Mars.

59. Roy de Frãce.

L'an mil cinq cens quarante sept, premiere annee de son regne, le samedy dixiesme iour de Decembre, estans la riuiere de Seine agrandie outre ses limites, & à l'occasion d'aucuns grands bateaux qui toucherent contre le pont S. michel, neuf maisons assises sur iceluy, vers le regard de petit pont, trebuscherent dãs le fleuue. Depuis on a refait ledit pont tout de neuf, & dessus ont esté basties de

Cheute de neuf maisons sur le põt S. Michel.

tresbelles maisons, egales en hauteur & maçonnees de pierre de brique.

Ce pont à esté iadis basty droit à la ligne sur pilliers de pierre, ainsi qu'on peut veoir les fondemens quand les eaux de Seine sont basses.

l'Estat du pont aux chãges anciēnement.

Or puis qu'il vient à propos ie diray en passant que le pont aux Changes estoit aussi d'anciēneté tout droit depuis le deuant du Palais, iusques souz la porte de Chastelet, dont les pilliers se peuuent encores veoir en temps sec. La porte sainct Leufroy estoit à l'alignement dudit põt, & le lieu de quelques maisons qui sont à l'entour de ladite chappelle y seruoit de cymetiere.

Apres que ledit pont aux Changes eut esté dressé ainsi qu'on le voit, à fin d'abreger le chemin, on rompit les maisons qui sont à l'opposite de la megisserie, & fit on vne ruë qu'on appelle la tournee du pont : sur laquelle sont bastie chambres en recompense des maisons qui auoyent esté ostees aux proprietaires. Au bout dudit pont, vis à vis du chef sainct Leufroy, ou est l'esgout, y auoit vn abreuoir de cheuaux qui aboutissoit à l'escorcherie : comme on à troué en faisant les

fonde-

fondemens d'aucunes maisons.

L'An mil cinq cens quarante huit au moys de Iuillet, pour peu d'occasion fut suscitee vne querelle & sedition qui dura longuement entre les escoliers, les religieux, abbé & conuent de Sainct Germain de prez, & les habitans des maisons assises au pré aux clers: dõt s'ensuiuit qu'i ceux escoliers demolirent & ruerent par terre vn grãd clos de l'abbaye, & arracherent les vignes qui y estoyent, rompirent les maisons des seigneurs & bourgeois situees audit pré, mirent en friche les beaux iardins, & abandonnerent tout au pillage, disans à eux appertenir ledit pré aux clercs, & qui n'estoit loisible à aucun d'y edifier. *Sedition & querelle pour le pré aux clercs.*

La Cour de Parlement pour obuier à tels inconueniens enuoya sur le lieu Mõsieur Genton preuost de l'hostel du Roy, & le lieutenant Criminel, accompagnez de leurs archers, sergens, & guet de la ville, pour tenir force contre les escoliers aucuns desquels furent prins & mis en prison.

En fin apres que les religieux de sainct Germain, qui auoyent baillé ledit pré à bastir, & le recteur de l'vniuersité, ensem-

ANTIQVITEZ

ble les detenteurs des heritages eurēt esté ouys, icelle Cour delegua deux Conseillers commissaires, pour limiter & borner ledit pré aux clercs, afin de faire droit aux parties.

Arrest de la cour pour les differens du pré. Le dixiesme iour de Iuillet audit an, fut prononcé en parlement l'arrest dudit pré aux clercs, par lequel fut dit entre autres articles, que toutes les veues de l'Abbaye ayant regard sur iceluy pré, seroyent bouchees, & par mesme moyen les veues des maisons circonuoisines. Que apres la limitation & borne faite dudict pré aux clercs, les maisons estans trouuees dedans ledict pré seroyent razees. Que les religieux ouuriroyent le passage ancien de derriere l'abbaye, & pour ce faire seroit rompu leur clos neuf, pour y faire voyrie. Qu'iceux religieux bailleroyent lieu sur leurs terres pour porter les imondices de leur seigneurie, & autre lieu aux maquignons pour voltiger leurs cheuaux, auec defences aux porteurs de vidanges d'en porter audit pré, & aux maquignons d'y pourmener leurs cheuaux, sur amende.

Insolences faites depuis. Toutesfois nonobstant l'arrest les Escoliers ne se desisterent d'abatre les maisons, rompre les iardins, & mettre le feu

dedans: & fut la furie d'iceux trop longue
& domageable à plusieurs.

Audit an, le ieudy dixseptiesme iour de *Ianuier*, fut publié en Parlement l'Edit du roy, par lequel est defendu de bastir & edifier maisons es fauxbourgs de Paris: & que les bastimens commencez, qui n'auoyent forme ne façon de maison, ne seroyent parachevez. *Deffence de ne bastir aux fauxbourgs.*

En ce téps fut dressee la môtee pour aller en la chambre des generaux des aides, sur la petite salle du palais, ouuree des deuises du roy, & de plusieurs. H. H. couronnees.

L'Entree du Roy Henry deuxiesme à Paris,
& de la Royne son espouse, la procession
par luy faite, le bastiment à loger l'artille-
rie, des fontaines des Innocens, ouuerture
de la porte de Nesle, des autres diuers
bastimens de son temps, des Edits par luy
faicts pour la Closture & police de Paris,
& renouuellement des Halles, & autres
actes.

Z ij

CHAP. XXVIII.

Entree au Roy Henry.

EN l'an mil cinq cens quaranteneuf, le seiziesme iour de iuin le susdit Roy fit son entree en armes a Paris, la plus riche & magnifique, qui fut iamais veue entre les françois, tant du costé du roy, que de la part de la ville, qui n'auoit en rien espargné ses thresors, ny ses bons esprits, pour rendre l'hōneur deu à son prince, tant en habits & ornemens, qu'en Theatres & belles inuentions, dont ie descriray en passant les plus singuliers.

A la porte S. Denys.

A la porte royalle Sainct Denis, par laquelle ledit Seigneur deuoit entrer, y auoit vn auant portail d'ouurage Tuscan & Dorique : aux deux costez duquel estoyent deux grands Colosses d'hōmes, mis en lieu de colonnes, tenants chacun vn grand croissant d'argent, dās lesquels estoit escrit en lettre romaine, la deuise du roy.

Donec Totum Impleat Orbem.

A la somnité de cest auāt portail estoit

vn Hercules de Gaule, dont le visage ressembloit au feu Roy françois. Il tenoit en sa main dextre vne lance entortillee d'vn serpent & d'vn Laurier, signifiant que guerre conduite par prudence donne la victoire.

En la gauche tenoit son arc, ayant le carquois en escharpe quatre chaines sortoyent de sa bouche, assez lasches, qui estoyent attachees aux oreilles de quatre personnages l'vn representoit l'Eglise, l'autre noblesse, le tiers conseil, & le quatriesme labeur. Es noms desquels estoit escrit en lettres d'or.

TRAHIMVR SEQVIMVRque volentes.

Signifiant qu'iceluy roy françois par sa douce eloquence & faits belliques, auoit attiré tous estats à luy : comme le denotoyent quatre vers escrits en vn tableau, lesquels pour n'estre prolixes laisserons.

A la fontaine du Ponceau y auoit trois fortunes, assises sous vn Iupiter. La premiere d'or, tenant vn gouuernail en dextre, & vne couronne d'abondance à la senestre: elle representoit le roy, & le royaume, & portoit par escrit.

Regnorum sors Diua comes.

La seconde estoit d'argent, & armee, representant les nobles son mot est tel.

Sors Iida potentum.

La tierce de plomb, signifioit le peuple, & tenoit vn coultre de charrue. Elle auoit aisles au dos, & disoit.

Impigra Iustaque sors plebis.

L'image de Iupiter auoit ces mots.

Tibi sceptra Iouemque consiliant.

Entree du Palais. Ainsi le susdict Roy continua de Marcher plus auant iusques au grād Palais, a l'entree duquel sur les grands degrez, estoit vn double arc triomphal, duquel la frize & cornixe estoyent enleuees de moresques dorees, & au dessus estoyent les armes du roy & de la royne, enuironnez de chapeaux de triumphe. Aux deux cantons estoyent deux harpies, tenant chacune vn flambeau tousiours bruslant &

au milieu des deux arcs, estoit vne Venus grande au naturel, qui iettoit lait de sa mamelle dextre. Les degrez estoyent tous couuers en berceau, de festons de lierre.

Le dixhuictiesme iour de Iuin ensuinant la royne Catherine de Medicis, fit son entrée en ladite ville, la plus riche & sumptueuse, qu'on ait iamais veue: estant accompagnee & suiuie des grandes Dames & princesses, dont les ornemens & beautez excedoyent les excellences du monde.

Le lendemain iour de la feste Dieu, le Seigneur Claude Guyot preuost des marchans, & les Escheuins presenterent à la maiesté du Roy vn riche present tout de fin or, vray chef d'œuure d'orfeuerie : en la base duquel soustenue par trois harpies enrichies des deuises & armes du roy, estoit escrit.

Henrico II. Principi P. E. princeps ciuitas Lutetia D.D.

Au milieu de ceste base estoit planté vn palmier contrefaict au naturel, autour duquel estoyent debout trois roys armez & couronez. L'vn ressembloit naifuemēt

Z iiij

au roy Loys douziefme, le fecond au roy françois, & le tiers au roy Henry. Les deux premiers monftroyent au tiers vne petite table pendante à l'vne des brâches du palmier, ou eftoit efcrit.

Magnum magna decent.

Sous les trois Roys contre la baffe eftoyent trois perfonnages, à fçauoir, fous le roy Loys, eftoit Ianus à deux vifages, l'vn vieil, & l'autre ieune, portant contenance de vouloir efcrire: Sous le roy françois eftoit iuftice, tenant vne efpee nue en la main, & fous fes pieds vne bource.
Sous le roy Henry eftoit vn Dieu Mars armé, garny d'vne tarque à vne tefte de Lyon. Ces trois auoyent leurs pieds fur le dos des trois harpies. A l'vn des coftez eftoyent les armes de la ville, qui auoyent ce mot dans vn rouleau.

*Thumidis velis aquilone
secundo.*

Apres que le roy & la royne eurent fait leurs entrees, & le tournoy eut efté acheué, le troifiefme iour de Iuillet fut drefee vne bataille naualle, & donné l'assaut de gens de pied, contre vne petite ville cinte, en l'Isle de Iouuiers dans laquelle estoit Monsieur d'Aumalle & sa compagnie comme tenans les nauires & galleres du roy & des grāds seigneurs, peintes & armoyees de leurs couleurs voltigeoyent à l'entour sur la riuiere de Seine, (chose plaisante à veoir) & les assaillans de la ville tous a pied, & en fort bel ordre en armes estoyent campez à l'isle aux vaches. En cest assaut fut bruslee vne tour au milieu de l'eau, & l'artillerie de tous costez fut deslachee de telle impetuosité, que la terre trembloit, & empeschoit la fumee la clarté du Ciel. De l'estonnement les verrieres des Celestins tomberent toutes par terre. Vne galere y fut bruslee par le feu qui se print à leur poudre estant ietté de ceux de dedans.

Le lendemain le roy fit faire procession generalle a Paris, ou il assista, & auec luy la Royne, tous les princes & princesses à pied, & cierges en la main : En icelle fut porté le Sainct Sacrement de l'autel, les sainctes reliques de la saincte Chappelle, la chasse saincte Geneuiefue, & general-

Procession generalle.

lement tous les sainćts reliquaires de la ville & fauxbourgs de Paris : Le roy partit de Sainćt Paul auec telle compagnie, & vint à noſtre Dame de Paris, ou fut celebré la meſſe en toute humilité & deuotion, à laquelle il aſſiſta pluſieurs Cardinaux, archeueſques & Eueſques, ſemblablement les deux cens gentilshommes, ſuyſſes, archers & officiers de la maiſon dudit ſeigneur, tous ayans torches arden

Ordre de ladite proceſſiō. tes en la main Et les ſuiuoyent les eſtats de la ville, les cours de Parlemens, des Comptes, des aydes, des generaux, le Preuoſt de Paris, & toute la iuſtice, marchant en bel ordre a ladite proceſſion, auſſi ayās torches ardentes, & cierges bruſlans en

Heretiques bruſlez. leur main. Ce iour furent bruſlez cinq heretiques ſacramentaires, & pluſieurs autres depuis.

En ce temps furent inſtituez les enfans Orphelins en l'hoſpital de la Trinité, comme auons dićt plus amplement ſous le Regne de Philippes Auguſte cy deuāt. Il y a vne place derriere les Celeſtins,

De L'arſenal. ou de couſtume les Roys font fondre leur artillerie pour la defence du Royaume: en ce lieu le roy Hēry ſecōd a fait faire deux grandes & ſpacieuſes loges en for me de halles, en l'vne desquelles on fond & forge les pieces d'artillerie, & l'autre sert de les mettre à couuert, ensemble des logis & maisons pour les officiers & ouuriers dudit estat: & lors fut clos le passage par lequel on alloit de la à la Bastille.

Audit an mil cinq cens quarante neuf, le vingtcinquiesme iour de Nouembre, le Roy commanda par lettres patentes en forme d'Edit, par lesquelles il ordonna que toutes personnes de quelque qualité, estat & condition qu'ils fussent, mettroyent par deuers messeigneurs de la chambre de son thresor, la declaratiõ par escrit des fiefs, arrierefiefs, heritages, possessions, maisons, cẽs, rentes, prez forests, & autres choses quelconques mouuans de son domaine, dõt ils estoyent en iouyssance en la Preuosté & viconté de Paris: à fin que par les tiltres & enseignemens, on fit des papiers terriers pour la conseruation des droits dudit seigneur. Par mesme voye les quartiniers de Paris exhiberent par Rooles le nombre des maisons en chasque quartier au moyen dequoy on cogneut à peu pres le nõbre d'icelles, que l'on à estimé iusques à dix mil ou enuirõ, nõ cõprins lesdits fauxbourgs, les Eglises,

Edit du Roy.

Nombre des maisons.

ANTIQVITEZ

Chappelles colleges, Chapitres & communautez, les cinq ponts, les vnze halles & beaucoup d'autres lieux du domaine du Roy.

Fōtaines S. Innocent. L'An mil cinq cens cinquante, les fontaines S Innocent furent basties de neuf, auec vn corps d'hostel par dessus, le tout de pierre entaillee à l'antique, ou sont representees au naturel les Nymphes & Dieux poëtiques sur d'eux desquelles estans demy nues est escrit en lettre d'or.

Fontium Nymphis.

Porte de Nesle ouuerte. Audit an fut ouuerte la porte de l'hostel de Nesle, pour passer du costé des Augustins, vers Sainct Germain des prez: & pour ce faire fut fait de neuf vn pont de bois trauersant par dessus les fossez dudit hostel: depuis lequel on a fait vn quay & chaussee de pierre de taille au long de la riuiere, en reparant les vieilles murailles iusques au pont Sainct Michel, fut aussi peint de neuf & doré le quadran de l'horloge du Palais & au dessus escrit en lettres d'or.

Henric. ij. franc. Rex Christiani.

L'an que deſſus le Roy fit pluſieurs ordonnances ſur le fait des monnoyes, & *Monnoye*
furent dreſſees en l'hoſtel de Neſle plu- *faite à*
ſieurs forges, ou furent forgees les pieces *Paris.*
de deux ſols ſix deniers.

Le gay de
Ceſte meſme annee au moys de Iuin, *la riuiere*
fut commencé à baſtir le guay au long de *de Seine.*
la riuiere de Seine, depuis le port au foing
iuſques en Greue.

Audit an & moys, le Roy Henry ayant
dōné à certain perſonnage la place d'entour la boucherie de Paris, vis à vis de
Chaſtelet, depuis la tour de la boucherie
iuſques au coing aboutiſſant deuant le
marché à la volaille les bouchers ſy op-
poſerent, diſant cela leur appartenir, &
que l'ancienne boucherie comprenoit iuſ
ques là. *Ancien-*
ne bou-
De fait le paué fut leué, pour verifier *cherie.*
leur dire, & furent trouuez les fondemens
à l'allignement de ladite tour. En icelle tour ſont encores des degrez pour mō-
ter ſur ceſte boucherie, ou y auoit grandes ſalles à faire feſte, & deſſous y a des
caues.

En c'eſt an fut eſtably le baſtiment de
pierre de taille & de brique en la vàlee de
Miſere contre Chaſtelet, au bas duquel

ANTIQVITEZ

sont les demeurances d'aucuns orfeures & marchans : le haut estage est estably pour la chambre des Commissaires de Chastelet, dans laquelle on entre par la saile dudit lieu.

Bastimēs des Celestins.
Aussi en ceste saison fut acheué le bastiment du Cloistre des Celestins, tout uoûté de pierre de taille, de tres excellent ouurage.

Sieges des sergens.
En ce temps les sergens à verge firent dresser les loges, autrement sieges, ou bureaux, couuers d'ardoise, & dessus les effigies d'vn Roy & de Iustice, à fin d'y tenir leur assistēces durāt le iour, L'vn à la porte Baudes, le second pres sainct Iaques de l'hospital, le tiers au petit Chasteler, L'autre au bout du pont sainct Michel, & en la place Maubert.

Audit an fut faite ouuerture en la grosse muraille de la saile du Palais, & dressée vne porte pour entrer de front en la chābre dorée de Parlement : Vers la fin d'icelle annee, mil cinq cens cinquante, on restaura de grosses pierres de taille plusieurs ruynes au grand Chastelet.

Excellēs meubles vendus.
Au moys d'Aoust dudit an, furent vendus publiquement, en la Megisserie, plusieurs ymages, tables d'autels, peintures

& autres ornemens d'Eglise, qu'on auoit apporté & sauuez des Eglises d'Angleterre.

En cette annee mil cinq cens cinquante, le Roy enuoya lettres en France, en forme d'Edit. Au Preuost de Paris, & ses lieutenans, Preuost des Marchans, & escheuins, par lesquelles il leur mandoit faire faire le portrait & dessein de la closture & fortifications de tout Paris, comprins les faux bourgs, tant de l'Vniuersité que de la ville, auec permission de bastir, & edifier maisons dedans ceste closture: donné à sainct Germain en Laye le huictiesme iour de septembre. *Edit du Roy.*

Enuoya ledit seigneur Roy autres lettres ausdits Preuosts, pour auiser l'establissement d'vn Bac sur la riuiere de Seine, donné à sainct Germain en Laye, le neufiesme iour de Septembre, audit an.

Enuoya autres lettres pour la police de la ville & nettoyement des ruës d'icelle, donnees audit lieu & mesme iour. Autres lettres pour dresser les pantes des esgoutts, & coduits des immondices d'icelle ville, donné audit lieu & mesme iour. *Establissement d'vn Bac, & autres cōmandemens du Roy.*

Autres lettres pour le departement & establissement des Comissaires & quartiniers, par certains lieux & places de la ville, cité & vniuersité, & faux-bourgs pour suruenir aux affaires & necessitez de icelle, donné audit lieu & mesme iour.

Halles baillees à rebastir. En ce temps les halles de Paris furent entierement baillees à rebastir de neuf, ou furent dressez, bastis & continuez excellens edifices, hostels & maisons sumptueuses par les bourgeois preneurs des vieilles places & ruynes.

Porte neuue au Palais. En ce moys furent faites portes neuues de bois en la grande & petite salle du Palais, entaillees aux armes de France & Dauphiné, auec les croissans & H H couronnees : ensemble furent faites les fenestres de mesme estoffe en icelle grande salle.

Le neufiesme iour d'Octobre, par cas fortuit fut brustee vne grande partie du College de Reims.

Audit an mil cinq cés cinquāte, la veille de Toussains, fut publié à son de trōpe par Edit du Roy, qu'aucun ne vēdit marchandise, ouurist boutique en iour de feste en la ville de Paris : & que nul artisan n'eust à faire son mestier, la veille de feste passé mynuit.

Le Dimāche septiesme iour de Decembre

bre ensuyuant, ainsi qu'on chantoit vne *Vn here-*
antienne apres vespres en l'Eglise de no- *tique*
stre Dame de Paris deuāt sō image, vn he *bruslé au*
retique natif de Lorraine, passāt entre les *paruis*
chanoines, vint l'espee traite vers l'image *nostre*
& montant ou elle est assise, s'efforça de *Dame.*
la frapper, & la ietter par terre: mais e-
stant arresté par les assistans fut emprison
né, & le ieudy ensuyuant eut la langue
couppee par Arrest de la Cour, pour les
blasphemes & fut bruslé vif, au paruis no
stre Dame: & le Dimanche d'apres audit
lieu, furent faites processions generalles
par la Cour de Parlement, par les magistrats de l'hostel de ville, & le peuple de
Paris en grand nombre.

L'an mil cinq cens cinquante vn, le Sa- *Proces-*
medy treiziesme iour de Iuin, fut descen- *sion gene*
due la chasse saincte Geneuiefue, & por- *rales.*
teé en procession en l'Eglise nostre Dame, à cause des Tonnerres, foudres, gres-
les, & longues pluyes, qui auoyent gasté
beaucoup de Pays, & tué ou blecé beaucoup de personnes.

Le vingtiesme iour d'Aoust ensuyuant *Villeneu*
par les parroissiens de sainct Laurens, & *ue aux*
autres habitans, furent assises les quatres *faux-*
premieres pierres pour fondemens, d'vne *bourgs.*

Aa

chappelle nouuellement erigee en la vil_
le neuue des faux-bourgs sainct Denys
sur la montaigne du moulin: laquelle cha
pelle à esté acheuee de bastir & augmentee pour le soulagement desdis habitans.

Bornes mises aux faux bourgs. Audit an, le lundy cinquiesme iour de
Octobre, furent commencees à ficher les
bornes pour enclorre auec Paris les faux-
bourgs de sainct Germain des prez, sainct
Michel, sainct Marceau, & sainct Victor.

Le sacre de reuerend pere en Dieu, l'Euesque de Paris, procession du Roy, reedification du petit Pont, assiette des premiers fondemens des rampars & bouleuerts de la ville, auec cōtinuation d'iceux, fondation de l'hospital des pauures à sainct Germain des prez, la Paix entre les Princes, trespas du tres-Chrestien Roy Henry second du nom & la redification du College forteret.

CHAP. XXIX.

LE Dimanche quinziesme de
Nouembre, mil cinq cens cin-
quante vn, Eustace du Bellay
Archediacre de Paris, fut sacré
Euesque en la chapelle de l'hostel episco-

pal. Le mecredy dixhuictiesme iour du- *Processiō*
dit moys audit an, le Roy fit faire procef- *general-*
sion generalle, ou fut porté le sainct Sa- *le.*
crement de l'autel, les sainctes reliques
de la saincte Chapelle, les Chasses saincte
Geneuiefue S. Marceau, S. Germain des
prez, & toutes les autres Chasses & reliquaires de Paris: ils partirent de la grand
Eglise, vindrent par la ruë de la vieille
drapperie, entrerent en la grand salle du
Palais, passerét par la petite salle, & deuāt
la saincte Chapelle, ou estoyent le Roy, la
Royne & toute la seigneurie de sa Cour,
accōpagné de la Cour de Parlement, de
la Chambre des Comptes, du corps de la
ville de Paris, & autres estats d'icelle. Le
Roy suyuit la procession à pied, le cierge
ardant en la main, suyui de tous les Estats
dessus dits, retournerent par la ruë de la
Calendre en la grand' Eglise, ou Mon-
sieurs du Bellay nouuel Euesque de Pa- *Entree*
ris fit l'office, lequel ce mesme iour *de l'Eu*
de grand matin auoit esté receu, & *que de*
fait son entree d'Euesque, ainsi qu'il *Paris,*
s'ensuit: Il faut entendre que c'est la cou- *ce qui*
stume ordinaire quād le nouuel Euesque *fait à l*
faict son entree, de coucher vne nuit à S. *dite en*
Victor, & le matin l'Abbé de S. Victor *trē.*

Aa ij

ANTIQVITEZ

le presente à l'Abbé de sainct Geneuiesue, qui le conduit auec ses Religieux, en l'Eglise de saincte Geneuiesue des ardãts, & est porté le nouuel Euesque, faisant cette entree dans vne chaire, par les quatre Barons de France. Or pource que la procession empescha ces solennitez, le Roy pour lors, en deschargea lesdits Barons & seigneurs: & seulement vint ledit reuerend Eustace du bellay en l'Eglise saincte Geneuiesue des ardants: se reuestit des habits pontificaux attendant l'abbé saincte Geneuiesue, lequel vint suiuant la chasse saincte Geneuiesue apportee en procession, & s'arrestant l'abbé à la porte de l'Eglise saincte Geneuiesue des ardãts, fit la reuerence audit Euesque du Bellay, luy baillant vn liure ouuert à baiser. Puis luy feit mettre les mains dessus & lire dedans, pour faire les promesses accoustumees.

Les quatre Barons de France appellez. Celà fait, l'abbé print l'Euesque par la main senestre, le mena hors l'Eglise, & le presenta au clergé de Paris, qui estoit attendant en la ruë. La furent appellez en defaut par vn huyssier de Parlement, les quatre Barons de France (dõt Mont-morency souloit estre le premier, mais cette

Baronnie peu au parauant, en la mesme annee auoit esté erigee en duché) à sçauoir le Baron de Massy, le Baron de Maugeron, le Baron de Cheuureuse, & le Baron de Lusarches. Apres que le doyen & le chantre de l'Eglise de Paris, eurent receu leur Euesque auec oraisons, & harangues latines, luy eurent presenté l'eau beniste, l'encensier, & fait les autres ceremonies, & que l'Abbé de saincte Geneuiesue eut protesté, & fait protester les autres que cette presentation, & reception faite en brief temps, par le commandement du Roy, seroit sans deroger à l'aduenir aux anciennes coustumes & vsage, ils menerent ledit reuerend pere Euesque en la grand Eglise: & deuant qu'entrer en icelle, luy firent iurer & signer de sa main les statuts de leans, qui luy furent leuz, puis l'introduirent en l'Eglise ou fut chanté le Cantique, *Te Deum laudamus*.

Et ce fait le menerent au reuesteire & au tresor : & l'ayant assis au siege Episcopal, le meirent en possession de toute l'Eglise & Euesché. Le Dimanche vingtseptiesme iour de decembre, audit an, fut faite procession generale depuis l'Eglise nostre Dame de Paris, iusques à l'Eglise S.

Image noſtre dame miſe ſolennellement. Geruais, ou fut chantee la meſſe, & faite predication touchant la veneration des images, pour cauſe que quelques iours auparauant on auoit rompu les teſtes de vne image de noſtre Dame & de ſon enfant derriere S. Anthoine le petit, au meſme lieu ou on auoit fait ſemblable iniure à vne autre image noſtre Dame, du tēps du Roy Frāçois, lequel au lieu y en auoit miſe vne d'argēt, laquelle auſſi auoit eſté deſrobee, & depuis vne autre de pierre remiſe, laquelle auoit eſté ainſi briſee comme i'ay dit, pour reparation duquel crime apres que la meſſe eut eſté chantee en l'Egliſe S. Geruais, la proceſſion de toutes les Egliſes de Paris accompagnans le reuerēdiſſime Legat en France, & l'Eueſque de Paris tenant vne image de noſtre Dame doree & argentee, ſuyuis de la Cour de Parlement, du corps de la ville, & grand nōbre de peuple, tous allerent au lieu deſſus dit, auquel le reuerendiſſime Legat en grād hōneur poſa icelle image en la preſence des aſſiſtās. Au cōmēcemēt de l'ānee 1552. furēt abbatues les maiſōs aſſiſes

Edifice petit nt. ſur le petit pōt, du coſté de l'hoſtel Dieu, pour leur vieilleſſe tōbāt en ruyne, & en furēt edifiees d'autres de pierre de taille,

toutes d'vne grandeur & mesmes allignement: au milieu duquel fut apposee telle escriture en lettres d'or, sur champ noir.
Anno Dom. M. D. LII. Henrice II. VI. Clau. Guiotus mercatorum præfectus iterū continenter factus Ioh. Iayus cos. Luillierius, Gui. Lormierius & Rob. Pratensis.

AEDILES POSVERE.

L'an mil cinq cens cinquante-trois, le Roy Henry donna le priuilege, & cōfirma les anciens tiltres au preuost des marchans, Escheuins & bourgeois de Paris, pour les exempter d'aller au ban & arriereban: par lettres donnees à sainct Germain en Laye au mois de Iuin. *Confirmatiō de priuileges.*

Audit an furent cōmencez les fortifications de la ville de Paris du costé du bouleuert dedans le fleuue de Seine, là ou le cours d'iceluy entre dans les fossez, derriere les Celestins, en continuant iusques à la Bastille S. Anthoine, pour laquelle chose accomplir, ensuyuant l'edict du Roy, toutes les maisons furent taxees & & cotisees depuis quatre liures tournois iusques à vingt-quatre liures tournois: & fut la premiere pierre assise le Vendredy vnziesme iour d'Aoust, laquelle estoit ainsi escrite & grauee, q̃ voyez cy dessus. *Fortifi catiōs ȩ la ville de Pari*

A a iiij

ANTIQVITEZ

NISI DOMINVS

MANE NOBISCVM
DOMINE.

D. HENRI II. R.

G. C. F. A.   V. G.

G. TH. C. P M. VL OR.
RP. TL. IB.

QVARTVM VIRIS.

I. H. E. T H. E. VR B.

1553.
VIII. M. AV.

FRVSTRA VIGILAT

QVI CVSTODIT EAM.

CVSTODIERIT CIVITATEM.

Lesdictes fortifications à fons de cuue auec leurs ramparts & secrettes defenses, furent continuees iusques à la porte S. Anthoine, auquel lieu à main senestre est grauee en pierre ceste escriture,

Regnant le Roy Henry II. M. Martin de Brazelonne, Conseiller du Roy, Preuost des Marchans, M. Augustin de Tou, Claude Marcel, M. Pierre Preuost, & Guillaume l'Archer, Escheuins.

En cest endroict dans la pierre du fondement est graué ce qui s'ensuyt.

Henrico II. Francorum Rege Christianiss. Galliarum.

Habenas moderante, præpositus & IIII. viri par. R. P. ad ciuium securitatem & quietem. A fund Erexere. M.D.LVI.

L'an mil cinq cens cinquante-sept, fut basty de neuf vn hospital, pour loger & retirer les pauures, hors les fauxbourgs sainct Germain des prez, le dict lieu n'est presque entretint que des aumosnes des citoyens & bourgeois de Paris, chose grandement charitable, car en ce lieu y a grande abondance de pauures. *Hospital S. Germain*

Au moys de May audit an, s'esmeut

ANTIQVITEZ

Seconde sedition pour le pré. la seconde sedition du pré aux Clercs: finalement vn ieune escolier prins en la sedition, fut pendu, estranglé & bruslé au milieu dudict pré.

Seconde fuyte. En cest an fut la seconde fuyte des Parisiens, espouuentez de la prinse de sainct Quentin, & fit le Roy faire processiõ generale, ou il assista. Le Dimenche cinquiesme iour de Septembre, en la presence du Roy, & de la Royne, furent faictes moustres generales des estats & mestiers de Paris, entre la chappelle &sainct Denis en France.

Le marché neuf. Enuiron ce temps, fut ouuerte vne rue vis à vis de la rue neuue nostre Dame, maintenant nommee le marché neuf, & boucheries, le long de la riuiere de Seine, iusques à l'Eglise sainct Germain le vieil, aboutissant de l'autre part au bout du pont sainct Michel, pour la cõmodité des passans, & eslargissement des voyes publiques, acheuez sous le regne du Roy Charles neufiesme du nom, comme verrez descrit cy apres.

La mort du Roy Henry. L'an mil cinq cens cinquante-neuf, le dixiesme iour de Iuillet, trespassa le Roy Henry deuxiesme de ce nõ, en son hostel des Tournelles, par les blessures qu'il auoit receuës d'vn côtre coup de lance le Védredy dernier iour de Iuin, au tournoy empris & tenu en la rue S. Anthoine, auquel tournoy ledict seigneur Roy estoit l'vn des tenans, ce qu'il fit pour la ioye de la paix, qu'il auoit obtenue par le don de Dieu, auec les Princes estrangers, au moyen dequoy il marioit au Roy Philippes d'Espagne sa premiere fille Elizabeth : & madame Marguerite sa sœur, à Philebert Emanuel Duc de Sauoye : La mort dudict Prince apporta grande tristesse & pleurs aux François & estrangers : aussi les annees d'apres, le royaume de France s'en ressentit.

Le Ieudy treiziesme iour de Iuillet, le cueur dudict feu seigneur Roy, honnorablement embasmé, fut posé dans vn cercueil de plomb, d'vn pied en carré, dessous la couuerture duquel estoit graué.

Icy gist le cueur de Henry par la grace de Dieu second de ce nom, Roy de France Treschrestien, qui trespassa aux Tournelles de Paris, le dixiesme iour de Iuillet, l'an mil cinq cens cinquante-neuf.

Puis fut porté processiōnellement ce

Le cueur du Roy Henry, aux Celestins.

Le cueur mesme iour aux Celestins, ou il fut mis en la presence des grands Seigneurs en vn caueau, sur vne colonne, deuant le grand autel dudict couent des Celestins. Et apres tous les honneurs & ceremonies gardees, le Dimenche xiij. iour du mois d'Aoust, son corps fut enterré à l'eglise de S. Denis en France.

Durant le regne dudict seigneur Roy, le tresillustre & reuerendissime Cardinal Charles de Lorraine, fit bastir dās le bois du Chasteau de Meudon, vn lieu de plaisance, nommé la Grote, à l'imitation des anciens Romains, qui souloient bastir ainsi leurs edifices: est ledict Chasteau, estoffé de tant de colonnes, effigies, statues de marbre de peintures grotesques, compartimens, & images d'or & d'azur, & autres couleurs, qu'il est impossible le reciter sur le deuant dudict lieu, dedans la cornixe, est escrit en lettres d'or,

Chasteau de Maudō.

Quieti & musis Henrici I I. Gall. R. P R. OPT.   P. P. S.

Le Chasteau dudict lieu de Meudon auoit esté commencé à bastir du temps du Roy Françoys premier, par Anthoine Sanguin Cardinal du sainct siege, & seigneur dudict lieu, & fut paracheué durāt e regne du Roy Henry deuxiesme.

L'an mil cinq cens soixante, fut reparé *College* & reedifié le college de Forteret, cent de *For-* septante ans apres sa fondation, ainsi *teret ree-* ainsi qu'on lit sur la porte d'iceluy ainsi. *difié.*

Aurelia censium & Fortetica familiæ decus D. Petrus Fortetus Parisiensis canonicus has ædes sacratiss. musis, anno domini 1391. Dicauit prudentiss. moderatores ruinosum vestibulum restituebant anno domini 1560.

Du regne, entree, sacre & couronnement du Roy Françoys deuxiesme du nom, en la ville de Reims, & de plusieurs choses durant son temps, entre autres le commencement des guerres ciuilles en la France.

CHAP. XXX.

Apres le trespas & deces du Tref-chrestien Roy Henry *François* deuxiesme du nom, succeda *de Va-* à la couronne de France son *lois 60.* fils aisné François deuxies- *Roy de* me de ce nom, lequel estoit aagé de quin *France.* ze à seize ans, & commença à regner au mois de Iuillet, l'an de nostre seigneur mil cinq cens cinquante neuf. Auquel temps furent faicts plusieurs edits & ordonnances pour le faict de la religion: Le Ieudy quinziesme iour du mois de Septembre ensuyuant, ledict seigneur Roy procedant à son sacre & couronnement fit son entree en la ville de Reims en Champagne, & le Lundy d'apres, qui estoit le dixhuictiesme iour dudict mois, sa majesté fut oingte & sacree en la grād' Eglise, par le Reuerendissime Cardinal de Lorraine, Archeuesque dudict lieu, &

Sacre du Roy. Abbé de l'abbaye S. Remy, estant accompagné des Princes du sang, des Pairs de France, & de plusieurs autres grands seigneurs, auec excellentes pompes & magnificences, y estant gardees & obseruees toutes ceremonies requises ou accoustumees d'ancienneté. En celle mes-

Mort du president Minart. me annee, le douziesme iour du mois de Decembre, maistre Anthoine Minart, tiers president du souuerain Parlement à Paris, en retournant du Palais en son logis, luy estant monté dessus sa mulle, entre cinq & six heures du soir, fut frappé d'vn coup de pistolle, en la vieille rue du Temple, dont il mourut peu apres.

Au mois d'Aouſt 1560. furent depeſ-　*Lettres*
chees lettres patentes par leſquelles le-　*du Roy*
dict ſeigneur Roy mandoit au preuoſt de　*pour aſ-*
paris,& pareillement à tous autres Iuges　*ſembler*
faire aſſembler à ſon de trompe, ou au-　*les eſtats.*
trement, en la principalle ville de leur
reſſort, les trois eſtats, pour conferer enſemble tant ſur les plaintes & doleances
qu'ils auoient à propoſer en l'aſſemblee
generale des trois Eſtats de France,com-
me auſſi ce qui leur ſembleroit tourner
au bien public,& au ſoulagement & repos d'vn chaſcun.

En celle meſme annee mil cinq cens　*Autres*
ſoixante,le dixieſme iour du mois de Se-　*lettres*
ptembre, le Roy François eſtant à ſainct　*pour fai-*
Germain en Laye, deſpecha lettres paten-　*re ladi-*
tes, par leſquelles il mandoit, prioit, ex-　*cte aſſem-*
hortoit, & neantmoings enioignoit, à　*blee.*
tous Eueſques Prelats,& membres de l'e-
gliſe de ſon obeïſſance qu'ils euſſent à ſe
trouuer en la ville de Paris,au 20.iour du
mois de Ianuier enſuyuãt,pour en ce meſme lieu,ou autre,pchain d'icelle,qui leur
ſeroit aſſez toſt deſigné, ſ'aſſembler & cõ-
ferer enſemble,ſur le vray ſeruice de Dieu
& de noſtre mere ſaincte egliſe,& pour la

seureté des consciences de tout le pauure peuple.

Le Roy part de sa ville de Paris. Au mois d'Octobre ensuyuant, le Roy partit de la ville de Paris, auec grād' compagnie tous en armes, & chemina pour aller à Orleans, pour y assembler les trois estats de son Royaume, afin d'entendre les plaintes & doleances de son peuple, ainsi que luy mesme auoit fait crier, & publier par tout son royaume. En ce mesme tēps, le quatre & cinquiesme iour du mois de Nouembre, fut faicte assemblee en l'eglise nostre Dame de Paris, par le commādement du Roy, pour lesdicts estats.

La mort du susdit Roy. Audit mois de Nouembre, le Roy deuint malade d'vn caterre qui luy tomba sur vne oreille, & tellement le pressa ladicte maladie, qu'il en mourut vn Ieudy cinquiesme iour du mois de Decembre, audict an mil cinq cens soixante, laissant madame Marie de Stuart, Royne d'Escosse sa femme, veuue, sans aucūs enfans & quelque peu de temps apres son corps fut porté inhumer en l'Eglise S. Denis en Frāce, pres ses peres & ancestres, ainsi cōme on a de coustume de faire auec telle pōpe funebre q̄ le tēps peut permettre.

Du

Du regne du Roy Charles, neufiesme de ce nom, continuation de l'assemblee des Estats en la ville d'Orleans, l'entree, sacre & couronnement du Roy à Reims, l'entree du Roy à Paris, grande tempeste & merueilleuse gresle tombée, poudre bruslées dedans l'arsenac, Bastiment du neuf marché, edification de la porte sainct Victor, & autres choses dignes de memoire.

CHAP. XXXI.

Harles Maximilian, fils du Roy Henry deuxiesme de ce nom, & de madame Catherine de Medicis, nasquit à S. Germain en Laye, le vingtsixiesme de Iuin, de l'annee 1550. & succeda à son frere François, qui mourut à Orleans, estât le Royaume rēply de diuisiōs.

Et pour autāt qu'il estoit encores en bas aage, tout le maniement des affaires fut baillé à la Royne sa mere, pour en disposer & ordonner : toutesfois il fut conclut que en toutes lettres & depesches, le Roy parleroit sans qu'on fit aucune mentiō de regent, ou regente : & Anthoine de Bour-

Charles Maximilian. 61. Roy.

Bb

ANTIQVITEZ

bon, Roy de Nauarre, fut eftably & declaré fon lieutenant general, reprefentāt fa perfonne, par tous les pays & terres de fon obeiffance: ce qui fut au grand contentement de tout le peuple, pour lors.

Sacre du Roy.
Colloque à Poiffy.
Le dixhuictiefme iour de May, 1560. le Roy fut facré à Reims. Au moys de Septembre enfuyuant, fut affemblé à Poiffy vn colloque national des Prelats de Frāce, pour ouyr & examiner les opinions diuerfes de ceux de la religion pretēdüe reformee: auquel fuyuant le fauf conduit & permiffion dōné, affifterent plufieurs miniftres, auec lefquels ne fut rien accordé n'y refolu. L'an 1562. ils obtiennent l'Edit de Ianuier: par lequel leur eftoit permis, de faire prefches & autres exercices de leur religion, hors les villes feulemēt, & ce toutesfois par prouifion, & fans approbation de deux religions en France.

Entree du Roy à Paris.
Audit an 1562. le lundy fixiefme iour d'Auril, le Roy fit fō entree à Paris, & s'en vint coucher au Louure. Et le Dimanche enfuyuāt au matin vint à noftre Dame ou il fit les folēnitez qu'ont accouftumé faire fes predeceffeurs Roys. En celle mefme annee le troifiefme iour du mois de Iuillet, fur les dix ou vnze heures du ma-

tin, s'esleua telle tempeste & vn vent si grand & impetueux en la ville de Paris & és enuirons, q̃ plusieurs moulins à vẽt d'alentour furẽt abbatus & renuersez par terre, & sur les deux heures apres midy tomba grande quantité de grosse gresle par endroits, qu'il n'estoit point memoire d'en auoir iamais veu la semblable. *Vẽts impetueux & gresle*

Et audit an depuis la Toussaints iusques enuiron la my Karesme, la riuiere de Seine se desborda grandemẽt, & outre passa ses limites accoustumee, tant pour les grãdes eaux pluuiales, q̃ aussi pour estre la terre trop attrẽpee. Le 17. iour de Decẽbre 1562. ceux de la nouuelle religiõ pretẽdue reformee, faisant la presche au fauxbourg S. Marcel lez Paris, à vn lieu nõmé le Patriarche, aucuns malins esprits firent de grãds scãdalles, & actes impies en l'Eglise S. Medard, y tuans & bleçãs ceux qui y furẽt trouuez. Quelque tẽps apres furẽt punis quelq̃s vns desdits pilleurs, & entre autre Priere Creõ, dit le chãpenois, surnõnõmé nez d'argẽt, & vn autre dit le Cager, aussi le Cheualier du guet nommé Cabaston lesquels furent pẽdus, ledit Cabastõ fut executé à la greue le 22. d'aoust: trois moys apres ou enuiron les troubles *Eglise S. Medard pillee.*

Bb ij

recommencerent à la Frãce, vers la fin du moys de Nouembre. Le camp fut deuant la ville de Paris iusques au huictiesme de Decẽbre, & le dixneufiesme dudit moys fut donnee bataille pres Dreux.

Mort du Duc de Guyse. L'an 1563. le dixhuictiesme iour de Feurier, François de Lorraine duc de Guise, ayãt pour le seruice du Roy Charles neufiesme assiegé la ville d'Orleans, fut frappé par derriere d'vn coup de pistolle, par vn nõmé Poltrot, lequel depuis fut executé à Paris le dixhuitiesme iour de Mars audit an, pour l'assasinat, & duquel coup ledit Sieur duc de Guyse mourut le vingtquatriesme iour de Feurier: & le sudit Poltrot fut tiré & desmembré par quatre cheuaux, en la place de Greue.

Edit de Pacification. En fin pour euiter aux meurtres & pilleries, le tout fut pacifié par le prudent cõseil du Roy & de la Royne sa mere: & en fut publié vn Edit de pacification, le dixneufiesme iour de Mars, mil cinq cens soixante trois.

Edit du Roy pour la creation des Iuges Cõsuls. Le dernier iour de Nouembre 1562. Par cõmandement & lettres patentes du Roy, il veut & entend que le Preuost des Marchans face assembler cẽt notables Bourgeois de Paris & d'iceluy nombre choisir cinq Marchans qui soyent natifs & originaires de ce Royaume, & demeurans en ladite ville: Le premier desquels se nōmera Iuge des Marchās, & les autres porterons tiltres de Consuls, & l'office desquels ne sera cōtinué plus d'vn an entier, ains trois moys auāt que leur an eschaye serōt tenus appeller soixante marchās lesquels en esirōt trēte d'entr'eux, & ceux-cy auāt que partir du lieu serōt l'election des cinq Iuges & Cōsuls, lesquels seront le sermēt entre les mains des anciens: Ces Consuls ne sont cōmis sur vne generalité de police, ains simplemēt sur ce qui passe de marchand à marchād, sur le simple fait de la marchandise: La façon de iuger desquels est autant sainte qu'elle est soudaine, & pleine de simplicité, sās faire la suite des proces immortels, & causer la ruyne des poursuiuans. Ces Consuls sont vne trouppe de Bourgeoys de Paris, de bōne & vertueuse vie, sans nul reproche, lesquels vuident en dernier ressort, & sans appel, les causes puremēt, ressentāt ce qui est en nature de debte, pour l'esgard de la marchandise, & sur le different du marchand à autre, veu qu'il ny à homme, qui entende mieux le fond du sac, de ce qui conserue le trafic que celuy qui ne fit ja-

Quel est l'office des Consuls de Paris.

En que temps institutez à Paris.

Bb iij

mais autre estat, ou office : ils ont esté creez souz le Roy Charles neufiesme du nom, pour le seul esgard, & conseruation de l'estat de marchandise qui sembloit saneātir, à cause que les proces pour raison de leurs debtes, estoyent tirez en si grande longueur qui ny auoit nul moyen de plus trafiquer, au grand preiudice du marchand, & souuent d'vn proces s'en engendroit vne infinité par ignorance de ceux qui auoyent les affaires en main Leur ordre donc, auec lequel ils dressent leur façon de policer, est en telle sorte. Celuy, qui est demandeur, fait adiourner sa partie, viēt se presenter au bureau & parquet des Consuls, armé de la Cedulle, & obligation de celuy, à qui il à affaire, la faut, que l'vne & l'autre des parties propose son droit de sa propre bouche, ayant fait serment de ne dire chose qui ne soit veritable. Or la Cedulle mise en ieu, le Consul s'enquiert du debteur, si c'est son escriture, & si elle est suiuant la verité: sil le cōfesse & ne peut monstrer quittance ny escrit tesmoignant qu'il ayt payé, il faut que sur le chāp il fournisse la somme que il doit sans aller vser de subterfuges, ou qu'il donne cautions suffisantes pour le

Ordre de la police des Consuls.

contentement du crediteur: sans qu'il soit besoin que les parties se destruisent ny en poursuitte, ny en despens, ny en espices pour le Iugement. Et pource que les iuges n'ont cognoissance quelconques sur les crimes, ny autres actions, aussi n'ont il iurisdition personnelle de peine, sauf q̄ l'emprisonnement en defaut de payer, ou suffisante caution, car il ne se faut la presanter pour y chiquaner, & chercher eschapatoires. Et ce qui fait ce magistrat si rond & entier est pource qu'il est simplement annuel. La maison ou ladite Iustistice s'exerce, est pres l'Eglise S. Merry bastye de nostre temps. *Consuls annuels.*

En l'année 1563. le vingthuitiesme iour du moys de Ianuier, entre deux ou trois heures apres midy, le feu se print à plusieurs caques & vaisseaux de poudre qui estoyent dedans l'arcenac du Roy, en la ville de Paris, & par la grande violēce de l'estonnement & du feu cinquante maisons dalentour furēt abbatues & ruynees, & les habitās d'icelles tous morts, les verrieres tōberēt en plusieurs Eglises, mesme en la Cité, il y eut tres-grande perte & dōmage au monastere des Celestins, en l'Eglise sainct Paul, & autres ès enuirons, *Feu soudain à l'arsenac*

Bb iiij

ANTIQVITEZ

Entrée de l'Euesque. Le second Dimanche de Caresme, dix-huictiesme iour du moys de Mars, que l'on contoit mil cinq cens soixante cinq, des le premier iour du moys de Ianuier, comme le Roy Charles l'auoit ordonné par vn sien Edit, Reuerend pere en Dieu Guillaume violle estant sacré Euesque de Paris, fit son entree en la mesme maniere que les euesques ont accoustumé de faire a leur reception. Ledit viole ne vesquit gueres longuement, & mourut le mardy quatriesme iour du moys de May, l'an de grace mil cinq cens soixante sept, estant en son hostel Episcopal, & fut enterré honorablement en la grand Eglise nostre Dame de Paris, auec telle solemnité & pompe funebre que l'on a accoustumé faire à ses predecesseurs. En l'annee 1568 fut

Du marhé neuf. acheué le neuf marché & poissonnerie, commencé long temps au parauant, le long de la riuiere de Seine aboutissant de vn bout au pont S. Michel, & l'autre sortant dans la rue neuue nostre Dame, auquel lieu a esté basty dix sept boutiques tout d'vn costé ioignantes l'vn à l'autre, dedans lesquelles se vendent la marée, & salines, & és autres places des enuirons se vend poisson d'eau douce, beurre œufs, &

autres telles marchandises de bouche: Il y
a aussi en ce mesme lieu sur le quay le lōg
de la riuiere trois maisons, deux desquelles ont esté basties pour vendre chair &
tenir boucherie, & l'autre est pour la cō-
modité des salines, chose singuliere au
profit du peuple, à cause de la riuiere de
Seine, & de deux puits qui sont audit lieu.
Sur le portail de la maison du mitan est
escript ce qui ensuit.

*Cl. Guiotus præf. mercator III. Pe. Curtius.
Aedd. Macellum hoc piscarium inchoat. carna-
rium vtrinq. afundam ædificarunt.* AN.
DOM. M. D. LXVI. *Car. Rege.*

L'autre escrit estant contre la boucherie pres le pōt S. Michel est tel qui ensuit.
Regnant Charles IX. Roy de France,
De l'ordonnance de messire Nicolas le
gedre Cheualier Seigneur de Ville-Roy,
Preuost des Marchans, Nicolas Bourgeois, Iean de Bray, Maistre Iaques sanguin, & Claude Heruy Eschéuins ces E-
difices furent patacheuez M. D. LXVIII.

En cette mesme année 1568 le Vendre- *Porte S.*
dredy vingtroisiesme iour de Iuillet fut *Michel*
assise la premiere pierre pour faire vn pōt *rebastie.*
leuis autrement dit tapecul, à la porte S.
Victor, & fut rebastie ladite porte toute

de neuf auec le logis qui est dessus, & aussi les deffeces pour garder les fossez, & pour forteresses de la ville, & pour reparation & augmentation desdits fossez.

Entree de l'E-uesque. En l'an 1570. le neufiesme iour du mois de Mars, fut faite l'entree de reuerend pere en Dieu Pierre de Gondy, & en grādes solennitez accoustumees fut sacré Euesque de Paris, accōpagné de l'abbé de sainéte Geneuiefue, & plusieurs autres prelats & Pasteurs de l'Eglise Catholique & Romaine, fit les sermēs qu'ōt accoustumé faire ses predecesseurs en tel cas. En celle

La riuie-re desbor-dee. mesme annee, au moys de Decēbre, la riuiere de Seine s'espādit & accrut tellemēt dedās la ville de Paris, & autres lieux circōuoisins qu'elle gasta & noya plusieurs terres à l'étour d'icelle ville. Et depuis en l'ānee 1571. enuiron le cōmencemēt de Feurier, recōmença icelle inundation d'eau beaucoup plus grande qu'elle n'auoit esté au parauant, tellement que parmy la place Maubert y auoit plusieurs basteaux pour passer ceux qui demouroyent és maisons voisines, quand ils vouloyent aller & venir à leurs affaires & negoces, & y auoit longtemps que l'on ne l'auoit veuë si fort desbordee, & dura cette grā-

de innundation d'ean longuement. *Colegs*
Ie n'oubliray de vous descrire deux no- *des freres*
tables colleges, lesquels auons veu dres- *de la So-*
ser de nostre temps à Paris, maisons de *cieté.*
toute pieté, car ainsi les faut-il nommer,
puis que pour le seruice les fondations
en sont faictes, à sçauoir celle des freres
de la societé, menez & appellez en France, par feu de bonne memoire monsieur
du Prat Euesque de Clermont en Auuergne, qui fut cause qu'au commencement
on appeloit ce colege les pauures de Cler
mont, & les chefs duquel se tindrent vn
fort long tēps en la rue de la Harpe, depuis ont esté mis en la ruë S. Iaques à l'ho
stel de Langres, ou ils lisent & enseignēt
la ieunesse, la catechisent & informēt en
la loy, & craincte de Dieu, selon q̄ porte
leur institutiō, & si aucū veut cōmuniquer
amiablemēt de quelque chose touchāt la
loy, il est fort biē receu, & instruict de la
verité. A esté fondé & bastit on encor
tous les iours vn college en la rue des A- *Colege*
mendiers des aumosnes & biens-faicts *d'Abl.*
de feu de bonne memoire le seigneur
d'Ablon Conseiller en la Cour de parlement, lequel laissa la pluspart de ses biēs
tant pour le bastiment, q̄ pour l'establis-

ANTIQVITEZ

sement des rentes, & manutention de ce college. Nous auons cy deuant parlé, de la desmolition de la grande tour du Loudre qui iadis seruoit de prisons q̃ le Roy François premier du nõ feit abbatre pour continuer ce superbe bastiment qui y a esté fait, & de son tẽps, & de celuy de Héry deuxiesme & de Charles 9. lequel est ores le siege de noz Roys, & le logis ordinaire des Prĩces. Cest edifice est à present vn des plus rares pour l'excellẽce de son architecture, qui se trouue guere en l'Europe, & en vne assiette, belle & autãt forte qu'hõme sçauroit imaginer: ayãsde toꝰ costez l'air libre, la riuiere de Seine qui luy est à l'obiect, & le chemin vny, pour aller aux Tuilleries, qui est le palais de la Tres-illustre, & Tres-Chrestiẽne Royne Catherine de Medicis, lequel est l'vn des plꝰ plaisans, & superbe qui soyẽt en l'Vniuers, & lequel sa maiesté fait dresser de telle sorte, qu'elle l'enclora dedans la ville.

Bastimẽt du Chasteau du Louure, & le palais de la Royne aux tuilleries.

Aussi la religieuse maison des frere nuds pieds de l'ordre S. Frãçois, qu'on appelle Capussins à l'imitatiõ Italiẽne: car d'Italie les a l'on fait venir du viuãt du Roy Charles 9. & est l'vne de leurs retraites à vn lieu pres de Paris nõmé Piquepuce, fondé par

Capussins introduits à Paris.

les aumosnes de Reuerend pere en Dieu monsieur l'Euesque de Cisteron : l'autre conuent de ses freres est à Meudon, ou le Reuerendissime Cardinal de Lorraine Charles les a mis, & les y entretient cóme soigneux des pauures, & amy de la sainćteté de ces religieux, honnorez par tout à cause de l'austerité de leur vie, depuis changez & transmuez aux fauxbourgs sainct Honnoré.

Le dix-neufiesme iour de Mars 1563. fut publié à Paris l'edict de pacification, afin d'euiter aux meurtres, & pilleries, & les deux armees ioinctes ensemble fut reprins le Haure de grace que les Anglois tenoient. Au retour le Roy seant en son lict de Iustice à Rouan, declara sa majorité : fit vne ordonnance que tous missent les armes bas. *Edict de pacification des troubles.*

L'an 1567. la ville de Paris fut de rechef assiegee par ceux de la religion pretendue reformee : & le Roy pensant faire la feste S. Michel auec les Cheualiers de son ordre, en la ville de Meaux, fut empesché à l'occasion des troubles pour le faict de la religion. La nuict du premier iour d'Octobre audict an le Roy s'estant retiré en sa ville de Paris, fut brusté dix- *Siege deuant Paris.*

sept ou dix-huict moulins à vent, d'entre les portes du Temple & S. Honoré.

Bataille près Paris. La veille S. Martin d'hyuer le 10. iour de Nouembre 1567. fut donnee vne bataille, en laquelle monsieur le Connestable fut biecé à mort, & raporté en son hostel à Paris, ou il mourut le 4. iour ensuyuant : le champ demeura au Roy, ladicte bataille fut donnee entre Paris & S. Denis, auquel lieu ils estoient entrez le 2. iour d'Octobre peu apres lesdicts protestans deslogerēt allant à Mōtereau faut Yōne, ou ils furent suyuis du cāp du Roy.

Le 10. iour d'Aoust 1570. il fut publié à Paris le second Edict de pacification, qui dura aussi peu que par cy deuant : car à peine l'estranger fut-il hors du Royaume, que la guerre recommença. Apres **Mariage du roy de Frāce.** ces choses fut pratiqué plusieurs mariages, mesmes du Roy auec madame Elizabet d'Austriche fille de l'Empereur Maximilian, laquelle il espousa au grand cōtentement de tout le Royaume, au mois de Decembre 1570. en la ville de Mesieres sur la Meuse. Et le mois de Mars apres sa Majesté fit son entree en armes à Pairs, suyuant la bonne coustume de ses predecesseurs, au deuant duquel furent tous les estats, luy offras les seruices que les subiects doiuent à leur souuerain, cōme aussi il leur promist tout tel traicte- *Entrée* ment que doit vn Roy de France à ceux *du Roy* que la loy & la nature affranchissent. La *& de son* Royne son espouse aussi ayant esté sacree *espouse.* à sainct Denis, le 26. iour de mars audict an par monsieur le Reuerendissime Cardinal de Lorraine, lequel fit toutes les ceremonies accoustumees: Et le 29. iour dudict mois, audict an fit son entree, voire en la plus grande magnificence qu'il fut possible deliurant les prisonniers comme auoit fait son espoux, aussi plusieurs dons de lettres de maistrises qui furent dōnez aux habitans de Paris.

L'an 1571. Il fut permis par dō du Roy, auoir des Coches à la mode d'Italie, speciallement pour aller de Paris à Orleans, depuis plusieurs en ont fait faire pour aller & venir à diuerses villes, cōme à Rouā Troyes, & autres notables villes de Frāce, pour le soulagemēt de plusieurs persōnes.

L'an 1572. Ieanne d'Albret, Royne de Nauarre mourut le 10. iour de May au *Maria-* grandissime regret de plusieurs. Le 18. *ge du* iour du mois d'Aoust fut celebré le ma- *Roy de* riage à l'Eglise nostre Dame de Paris, *Nauarre* suyuant les sainctes ceremonies de l'Eglise Catholique, Apostolique & Romaine, d'entre Henry d'Albret Roy de Nauarre, & fils d'Anthoine de Bourbon, & de Ieanne d'Albret, son espouse madame Marguerite de Frāce sœur de nostre Roy: les nopces & banquets furent faicts au Louure, & quelques combats à l'hostel de Bourbon.

L'admiral blecé. L'an 1572. le 22. iour d'Aoust, quatre iours apres ledict mariage, l'Admiral se retirant du Louure en son logis, il fut attainct en la main d'vn coup d'arquebuze qui passa iusques au bras, & le bleça griefuement: on ne sçait l'occasion particuliere du coup.

Iour S. Barthelemy. Audict an le 24. dudict mois d'Aoust iour sainct Barthelemy & vigille sainct Loys, fut par vn tumulte tāt la nuict que le iour plusieurs princes, seigneurs & bourgeois habitans de Paris furent mis à mort: voy les Croniques & Annales de France, aussi l'histoire des troubles.

Vne espine fleurie. Le iour mesme que ceste execution fut faicte aduint chose merueilleuse: car au Cymetiere sainct Innocent à Paris, vne Aubespine à demy seiche & desnuee de fueillages,

fueillages, commença soudain à germer & produire si bien qu'à veuë d'œil on la voyoit fleurir : Ce qui causa que le peuple y accourût de toutes parts, le susdict Roy Charles fut veoir l'arbre.

Le Ieudy 28. iour dudict mois le Roy fit faire procession generalle en laquelle il assista & furent portez les corps saincts de sainct Marcel saincte Geneuiefue & autres precieux reliquaires, loüans & remerciant Dieu des aduertissemens qui estoient si bien venus pour la conseruation du Royaume. Le 27. iour d'Octobre audict an la Royne Elizabeth d'Austriche accoucha à Paris sur le point du iour, d'vne fille, au grand contentement d'vn chacun. *Procession generalle*

Ceste annee encor les moynes S. Magloire ont esté transportez à S. Iaques du haut pas faux-bourgs S. Iaques comme auons dit cy deuant.

Le Dimanche 23 iour de Nouēbre 1572. fut enuoyé de par le Pape Gregoire 13. pour Legat le seigneur Cardinal des Vrsins, sorty de celle casse Vrsine, de tout temps affectionné à la couronne de France, & tres-fidelle au sainct siege de Rome qui fit son entree en la maniere ac- *Entree d'vn Legat à Paris.*

ANTIQVITEZ

Inondation d'eaux.

coustumee & en telles ceremonies.

L'an 1573. les neiges & gelees ont esté fort grande cest hyuer sur le commencement de Ianuier le degel y estant venu y a eu telle & si grande inondation d'eaux à Paris, que de memoire d'homme on n'en vit le semblable, veu q̃ en plusieurs endroicts de la ville, & Vniuersité il falloir aller auec des basteaux par les rues.

Baptesme de la fille du roy Charles.

Le second iour de Feurier 1573. fut baptisee la fille du Treschrestien Roy Charles ix. à Paris en l'eglise S. Germain de Lauxerrois. La solennité du baptesme fut magnifique, & selõ le merite des maisons seroit chose superflue de le reciter, pour vous dire quel estoit le parrain, fut esleu mõseigneur Philebert Duc de Sauoye, & Prince de Piedmont, l'espouse duquel est tante du Roy, il enuoya vn deputé pour tenir sur les fonts l'enfant en son nom: Ainsi en ont vsé tres-illustre princesse Marie d'Austriche, Imperatrix de Rome, & royne ds Hõgrie & de Boëme mere de la royne & premiere marrine, & madame Isabel roynæ serenissime d'Angleterre. Le deputé pour l'Imperatrix fut celuy qui porta l'enfant au sacre, ou seruoiẽt messieurs les Princes, & seigneurs, lequel deputé de l'Empereur nōma ceste fille Marie, ainsi q̄ celuy d'Angleterre luy imposa aussi le nom d'Isabel pour monstrer l'vnion des trois maisons, & la concorde de ces trois nations, France Alemagne, & Angleterre, laquelle ie prie Dieu vouloir maintenir.

Monseigneur le Duc d'Aniou, partit de la cour le Samedy 5q. iour de Ianuier 1573. pour aller au siege dēuant la ville de la Rochelle accompagné de la plus grād' part des princes du sang & seigneurs de France, & pendant qu'il estoit en ce lieu vint nouuelles en France que les Pologuois l'auoient esleu pour leur Roy. *Departement de monsieur pour aller au siege de la Rochelle.*

Le troisiesme iour de Mars audict an le Duc d'Aumalle fut tué d'vn coup de mousquet deuant ladicte ville de la Rochelle, au grand regret des Catholiques. Neantmoins que les forces du Roy Charles fussent fort grandes tant sur mer que sur terre pour assuiectir ladicte ville, aussi qu'elle estoit demy foudroyee: mais entēdue par ceux de dehors l'horrible desolation, la pitié de plusieurs tant hommes que femmes qui là s'estoient retirez, & crioiēt mercy à ioinctes mains: ce bō roy Charles vsant de sō humanité & cleméce accoustumee leur donna Paix qui leur fut accordee au mois de Iuillet audict an, le 11. iour dudict mois fut publiee à Paris, y estant compris ceux de Nismes & Mont-auban.

Receptiõ des Polognois, & l'entree du Roy de Pologne.

A ceste cause on eut meilleur moyen de receuoir les Ambassadeurs de Pologne qui estoient arriuez à Paris le 23. iour d'Aoust 1573. pour faire compagnie à nostre inuincible Prince Henry, qu'on auoit esleu Roy dudict Royaume, pour le seul respect de ses vertus, & actes belliqueux, les magnificences furent fort grãdes, mesmes en son entree qui fit à Paris le 14. iour de Septembre accompagné de la noblesse de France & de Pologne, la porte par laquelle il entra fut la porte S. Anthoine, les rues estoient magnifiquement accoustrees, Messieurs de ville & autres bourgeois de Paris, tous luy firent honneur, les preparatifs furent fort longs pour son voyage, en fin le 28. iour de Septembre veille de sainct Michel, apres auoir mis ordre à ses affaires il partit de Paris. Le Roy Charles auoit déliberé de l'accompagner iusques aux frontieres de Frãce & de Lorraine, mais demeurant malade à Vitry en Partoys

Depart du Roy de Pologne & maladie du Roy.

d'vne fieure lente, qui a duré six mois & plus, ceste deliberation fut rompue Ayant fait seiour audict Vitry l'espace de cinq iours auec son frere, & comuniqué ensemblement de leurs affaires prindrēt congé l'ē de l'autre qui ne fut sans vn grand regret, & rengregemēt de douleur, d'autant qu'ils auoient vescu toute leur vie en bonne & parfaicte amitié: De là le Roy alla à Reims en attendant la Royne sa mere, qui conduisoit son fils, le Roy de Pologne iusques à Blamont, ou elle luy dit à Dieu, sur la fin dudict moys se vint rendre le Roy accompagné de sa mere & autres Princes & seigneurs, à sainct Germain tant pour se reposer que donner ordre à sa maladie qu'il voyoit de iour à autre prendre accroissemēt.

Le Dimenche 30. iour de May 1574. qu'on celebroit au Diocese de Paris, vn Iubilé enuoyé de nostre S. pere le Pape, pour l'occasion des guerres & heresies de ce téps, le Roy aggraué de maladie longue & fascheuse, demanda & receut le S. Sacrement de l'austel, comme Prince Tres-chrestien qu'il estoit, & de nom & de fait: Destors quitta toutes choses de ce monde & fist sa tref-honnoree Dame & mere Regente de son royaume en l'absence de son frere, le Roy de Polongne, auquel il pria tous seigneurs luy porter honneur, reuerēce & obeyssance: Ayāt donné ordre à sa cōscience & à toutes ses affaires sur vne heure apres Midy, la parole luy commēça à faillir, sur quoy sans beaucoup se trauailler, encor qu'il fust en la fleur de son aage rendit l'esprit à Dieu le mesme iour de Pentecoste à trois heures apres Midy, audict Chasteau de Vincennes: Auquel lieu furent faictes les ceremonies que l'on a de coustume faire aux Roys de France, le voyant en effigie par plusieurs iours, chose fort triste & pitoyable: Son corps fut apporté en pompe funebre depuis sainct Anthoine des champs iusques à nostre Dame de Paris, auquel lieu y auoit vne chapelle ardente fort grande couuertes de toutes parts de cierges, comme le semblable estoit par tout ladicte eglise, auquel fut fait vn sermon funebre, & toutes les ceremonies que l'ō a de coustume faire à la Pompe funebre. Ce iour demeura le corps à nostre Dame, & le lendemain fut porté à S. Denys en france, ou il fut

La mort du Roy Charles ix.

DE PARIS.

mis en sepulture soignāt le lieu ou estoit mis le Roy Henry son pere, au grand regret de tous ses suiects ayant perdu vn si bon prince & seigneur lequel est passé de ceste vie en l'autre le quatorsiesme an de son regne 1574.

Des choses aduenues du temps que la reyne à esté regēte en la france, en l'absence du roy Henry troisiesme de ce nom roy de france & de poulongne, le partement du susdit Roy pour venir en france, & son entree en plusieurs villes, de son sacre & couronnemēt a Reims & autres choses memorables a son regne auquel Dieu le vueille conseruer heureusemēt.

CHAP. XXXII.

APres la mort du roy Charles Maximilian, la Royne Mere Auerdu roy estant regēte, par l'a-*tissement* uis des princes, & de mes-*au Roy* sieurs du Conseil, fut enuoyé de Pou-aduertissement au roy de Poulongne *de longue* la mort dudit roy Charles son frere, luy mandant que en toute diligence il pleust à sa maiesté venir receuoir la couronne qui luy estoit eschue.

Cc iiij

Premier Edit du Roy de France & de Poulongne.

Le cinquiesme iour de Iuillet, mil cinq cens septante quatre fut publié en la ville de Paris, Confirmation du pouuoir donné par le defunct Roy Charles que Dieu absoule, à la Royne Mere desdits par lesquelles patentes, & le roy Henry troisiesme du nom roy de France & de Poulongne: Donne de rechef pouuoir puissance & authorité à ladite royne sa mere, de faire tout ce que il luy semblera bon & vtille pendant son absence audit royaume, pour le gouuernement d'iceluy: Donné a Cracouie le quinziesme iour de Iuin l'an de grace mil cinq cens soixante & quatorze, & de nostre regne le premier, & de Poulongne le deuxiesme.

Departement du Roy du pays Poulongne

Or le Roy de france & de Poulongne sçachant à la verité la mort du feu Roy son frere, & estant appellé auec grande instance par la Royne sa mere, & la Cour de Parlement de Paris, pour y venir receuoir la succession de la Couronne, presupposant bien que les Poulongnois ne se contenteroyent aisement de son partement, estant priuez de la presence de leur Roy: Il se partit secretement accompagné d'aucuns des siens, esquels il auoit toute fiance, & en c'est estat en toute diligence arriua en grande celerité a Vienne en Austriche, où il fut paternellement receu, & royallement traité par la maiesté de l'Empereur, duquel lieu il escriuit a ses serenismes Seigneurs, lettres d'amytie & beneuolence, leur signifiant le desir qu'il auoit allant en france, passer par les terres de leur obeyssance, & arriuer iusques à Venise pour les visiter, leur disant outre, que y estant arriué il se reputoit estre en sa propre maison.

Le Senat de la ville de Venise eut pour grandement agreable l'occasion d'honorer vn si grand Roy leur amy & allié & soudain delibera de receuoir sa maiesté auec la plus grande pompe & magnificence, & ce dont elle se pourroit auiser.

Arriuee du Roy à Triui-gi, Venise, Padoue.

Le vendredy seisiesme iour de Iuillet sa maiesté arriua a Triuigi : mais vn peu deuant enuiron deux lieux loing de ladite ville, luy fut presenté vn Cheual de pris & beauté admirable, estant paruenu à la ville fut salué d'artillerie en grand nombre, fut receu par l'Euesque Clergé & plusieurs notables Seigneurs : Le iour suiuant print le chemin de Venise fort bien accompagné de grans Seigneurs & gentilshommes ; aussi d'vn Cardinal &

ANTIQVITEZ

legat du Sainct siege Apostolique estans arriuez furent saluez & conduits en toute magnificence, estant conduit en l'Eglise Sainct Nicolas, ou fut chanté *Te deum Laudamus*, puis ayant seiourné quelque peu en ce lieu partit pour aller a Padoue, puis a Rouigo, ou il fust festoyé & bien receu du Duc de ferrare.

Feu de ioye a Lyon.

Les feux de ioye furent faits a Lyon le cinquiesme iour de Septembre mil cinq cens septantequatre estant les Seigneurs, & Marchans aduertis de l'arriuee du roy en ses Pays, & estant bien asseurez qu'il cheminoit pour arriuer en ladite ville de Lyõ, feirent soudain les preparatifs pour faire honneur à sa maiesté & le receuoir en toute humilité.

Feux de ioye a Paris.

Le mardy quatorsiesme iour du present moys qui estoit la feste & solemnité de l'exaltation saincte Croix, Messieurs de la Court de parlement & les Escheuins, prindrent ce iour pour faire les feux a Paris, parce que en ce mesme iour l'annee precedente sa maiesté auoit faict entree en ladite ville auant son partement de france pour aller en Poulongne, quarante pieces d'artillerie furent laschez, le Te deum Chanté, & les feux, & autres ioyes pour la bien arriuee du susdit roy.

L'entree du roy a Lyon fut le sixiesme iour de septembre, le roy se mit sur la Saonne dequoy les habitans auertis feirent faire a l'endroit de l'Arsenal vn basteau à la forme du Bucentaure de Venise, ayant quatre tournelles, & galleres magnifiques, puis estant descendu à terre se mit dans vne coche couuerte de velours noir, estant accompagné de la royne sa mere, de monsieur, Le Roy de Nauarre estant a cheual à costé d'icelle & la Royne son espouse de l'autre costé, le Duc de Sauoye, puis suiuoyent quatre Cardinaux & plusieurs princes, & grands seigneurs.

L'An 1574. mourut en la ville d'auignon reueréd pere en Dieu Charles Cardinal de Lorraine le vingt sixiesme iour de Decembre au grádisme regret de tous bons & fidelles Catholiques. Gabriel de l'orge Compte de mongomery, pour les rebellions par luy faits, est decapité à Paris le 26. de Iuin, à la place de greue.

L'An 1574. Le iour de Noel fut publié par toutes les paroisses de la ville de Paris que le grád iubilé cómençoit ce iour à la

Mort du Cardinal & de montgomery.

Iubile à Rome.

ANTIQVITEZ

ville de Romme : & de la puissance du Sainct pere chef de toute l'Eglise Catholique, nomme Gregoire treisiesme du nom : tous pardons & Iubillez cessez & suspens par tous lieux, iusques au mesmes iour de Noel que l'on contera l'an mil cinq cens septante cinq que ledit Iubille cessera a Rome: Chose accoustumee faire de cinquante ans, en cinquante ans.

Sacre du Roy de France à Reims. L'An mil cinq cens septante cinq, le treiziesme iour de feurier, Le Roy Héry, Roy de France & de Poulongne fut sacré & couronné à reims par reuerend pere en Dieu, Le Cardinal de Guise.

Le quinsiesme iour dudit moys & an, il espousa Loyse de Vaudemont, de la tresillustre maison de Lorraine, par le Cardinal de Bourbon en ladite ville de reims. Au moys de Mars ensuiuant furdnt faites les funerailles & prieres, celebrees a Paris à la grand Eglise nostre Dame, pour les ames de Madame Claude de france, fille du Roy Henry deuxiesme sœur du roy espouse du Duc de Lorraine : & de Madame Marguerite fille du grand Roy François, premier espouse du Duc de Sauoye.

Le Lundy sixiesme iour de Decembre, *Depart* mil cinq cens soixante quinze, fut le par- *dela roy-* tement de frāce de tresillustre & tresuer- *ne.* tueuse princesse Elizabet d'Austriche, fille de l'Empereur maximilian à present regnant, venue du feu Roy Charles neufiesme du nom laquelle sortit la ville de Paris par la porte Sainct Anthoine elle fut conduite par le roy, & tous ses princes & seigneurs Cardinaux & autres iusques a Sainct Maur des fossez, maison de la royne mere : ou elle fut magnifiquement festoyee, le lendemain fut sa departie laissant vn grand regret de si tost abādonner la france.

Nous auons par cy deuant dit que du- *La Paix* rant l'absence du roy de france & de Pou- *publiee a* longne plusieurs princes gentilhommes *Paris.* & autres seigneurs estoyent mal contens, & s'estoyent mis en armes : Mais voyant le susdits sieur Roy, le desordre & desolation qui craignoit veoir de son peuple par la prudence sienne & de son conseil le tout fut pacifié : Et le Lundy quatorsiesme iour de may mil cinq cens septante six. Les articles de la paix entre lesdits princes, ont esté publié en la grand chambre doree au Palais de Paris, le roy estant

en son siege au Parlement accompagné
de plusieurs princes & grands seigneurs,
aussi de messieurs les Presidens & Côseil-
lers de sa cour, lesquels promirent tous
garder & faire obseruer lesdicts articles,
suiuant la volonté du roy: Le mardy suiuant fut chanté *Tedeum laudamus*, en l'E-
glise nostre Dame par les chantres de la
chappelle du roy, auquel ledict sieur Roy
assista accompagné de plusieurs princes,
& de Messieurs de parlement & autres,
Aussi ce mesme iour fut faict vn feu en la
place de greue deuant la porte de l'hostel
de ville ou il fut laché beaucoup d'artillerie & autres Canons.

Voyla (Amy Lecteur) ce que i'ay peu
recueillir en sommaire, tant des Croniques enciennes, diuers autheurs Latins &
François, que des vieilles chartres, monu
ments, escritures antiques, tesmoignage
des hommes, & de ce que i'ay veu, touchant les Antiquitez, histoires & singularitez de Paris, ville souueraine, & maistresse de france te suppliant receuoir ce
petit labeur de bonne part.

FIN.

LES NOMS DES EVES-
que de Paris.

1 Sainct Denys Areopagite, Apostre des Gaulois, qui souffrit mort sous Domitian, fut premier Euesque de Paris.

2 Mallo
3 Massus
4 Marcus
5 Aduentus
6 Victurnus
7 Paulus
8 Prudentius
9 S. Marcellus
10 Viuianus
11 Felix
12 Flauianus
13 Vrsicinus
14 Apedinius
15 Eraclius
16 Probatus
17 Amelius
18 Libanus
19 S. Germanus
20 Ragnemodus
21 Eusebius
22 Faramodus
23 Saphoratus
24 Simplicius
25 S. Cerannus
26 Leuthbertus
27 Authbertus
28 S. Landericus
29 Robertus
30 Sigrobandus
31 Importunus
32 Aglebertus
33 Sigofridus
34 Turnaldus
35 Aldulphus
36 Bernecharius
37 Hugo
38 Merseidus
39 Fedolius
40 Ragne captus
41 Deodefridus
42 Erkauradus

43 Ermanfredus
44 Ynchadus
45 Etkauradus
46 Eneas
47 Angelinus
48 Gorlinus
49 Anchericus
50 Theodolphus
51 Fulradus
52 Adelelinus
53 Galterus
54 Albericus
55 Constantius
56 Garinus
57 Lysiardus
58 Raynaldus
59 Albertus
60 Franco
61 Ymbertus
62 Gaufredus
63 Guillelmus
64 Fulco
65 Galo
66 Giobertus
67 Stephanus
68 Theobaldus
69 Petrus Lombardus

70 Mauricius de Soliaco
71 Odo de Soliaco
72 Petrus Camb. secundus
73 Guillelmus 2. Altissiodorēsis
74 Bartholomeus
75 Guillelmus 3. Aluernensis
76 Galterus 2. Castroterrici
77 Regnaldus de Corbolio
78 Stephanus 2. Aurelianensis.
79 Raynulphus
80 Simon Matiphus Suessionensis episcopus.
81 Guillelmus 4. de Aureliaco
82 Stephanus 3. de Borreto
83 Hugo 2. de Bisoncio
84 Guillelmus 5. de Canaco

85 Fulco 2. de Ca-
    naco
86 Audoinus
87 Petrus 3. de Fo-
    resta
88 Ioānes de Meu-
    lant
89 Stephanus Pari-
    siensis 4.
90 Aymericus de
    Mainach
91 Petrus de Orde-
    monte 4.
92 Gerardus de mō
    te Acuto Pari-
    sien.
93 Ioannes Breuis-
    cope 2.
94 Ioannes de Ru-
    pescissa 3.
95 Ioannes de Nan
    to 4.
96 Iacobus du Cha
    stelier

97 Dionysius de
    Molendino 2.
98 Guillelmus
    Chartier 6.
99 Ludouicus de
    Bellomonte
100 Gerardus Co-
    baille 2.
101 Ioannes Simon
    5. Parisien.
102 Stephanus de
    Poncher 5.
    Turonen.
103 Franciscus de
    Poncher Turo-
    nen.
104 Ioānes du Bel-
    lay 6.
105 Eustachius du
    Bellay
106 Guillelmus
    Viole
107 Petrus de Gon-
    dy.

Dd

ANTIQVITEZ

Les Magistrats & offices de la Prevosté de Paris, & du Chastelet.

LE preuost de Paris.
le lieutenant ciuil.
le lieutenant criminel.
le conseruateur.
le lieutenant particulier.
les deux Aduocats du roy.
le procureur du roy
Douze Coseillers.
Deux auditeurs.
les Conseillers du Roy en la conseruation.
le Greffier de l'audience ciuil & criminel.
le seelleur.
les greffiers de Chastelet.

les Commissaires & Examinateurs.
les notaires royaux
les Aduocats & procureurs.
les Sergens du Preuost, nommeez Sergens de la douzaine.
le cocierge & guette de Chastelet.
le geolier.
Quatre sergens fiefez.
Vnze vingts sergés à cheual.
Vnze vingts sergés à verge.
le Cheualier du guet, auec ses sergens.

Les Magistrats, & autres estats de l'Hostel de la ville.

LE Preuost des Marchans.
les quatre Escheuis
le greffier.
le procureur.
le receueur.
le clerc.
Vingt quatre conseillers.
Seize Quartiniers.
les Dizainniers.
les Cinquantiniers.
les Sergens du parlouer aux bourgeois.
les Sergens de la marchandise.
les officiers iurez sur le faict des marchandises de bled, vin, bois, & autres, contenues es ordōnances.
les cent harquebuziers.
les six vingts archers.
les soixante arbalestriers.

Les Iurisdictions temporelles.

LA Preuosté de Paris.
la conseruation.
le bailliage du palais
le for l'Euesque.
la Iustice Saint Germain des prez.
la iustice du Tēple.
la iustice S. Martin des champs.
la iustice saincte Geneuiefue.
la iustice sainct Benoist.

La iustice S. Mar-
cel.
La iustice sainct Vi-
ctor.
La iustice de l'ho-
stel de Tison.
La iustice sainct Ma
gloire.

Les Prisons.

Prison de la Bastille
Du Chastelet.
Du petit Chastelet.
De la Côciergerie.
Du for l'Euesque
De sainct Eloy.
Du Tēple, & autres
prisons, ou sōt les
iurisdictiōs cy des
sus nommees.

*Les noms des Rues, Eglises, Chappelles, & colle-
ges de la Cité, Ville, & Vniuersité de Paris.*

La Cité.

LA Cité com-
mence sur le
pont au Change, &
les enuirons, finis-
sent au paruis no-
stre Dame.
Le pont au chan-
ge.
La trauerse du pōt
Le pont aux mus-
niers.
La rue sainct Leu-
froy iusques en cha
stelet.
L'Eglise sainct Leu
froy
La rue de la vieille
pelleterie.

La rue sainct Barthelemy.
En icelle est l'Eglise de sainct Barthelemy.
Vne ruelle deuant l'horloge du Palais.
La rue deuant le palais, dicte la Babillerie.
Dans le palais est la saincte Chappelle royalle.
La Chappelle nostre Dame dessous la Saincte Chappelle.
La chappelle sainct Michel.
L'eglise S. Eloy deuant le palais, & en la sauaterie.
La rue de la vieille drapperie.
En icelle sont les eglises de sainct Pierre des assis, & saincte croix.

La rue de la sauaterie.
Sainct Marcial.
La rue sainct croix
Rue au feure.
Rue de la Calende.
Sainct Germain le vieil.
Le pont sainct Michel.
Le neuf marché tãt de poisson d'eaue douce que saline, & boucherie, le long de la riuiere.
La rue de la iuifrie.
L'Eglise de la Magdaleine.
La rue de la lanterne.
En icelle est sainct Denys de la chartre
La rue Geruais laurens.
Le carrefour dumarchepalu, deuant nostre Dame de Paris.

D d iij

Vne ruelle descendante du marchepalu à la riuiere de Seine.
Vne rue pres l'hostel Dieu, descédant en ladicte riuiere.
La rue neuue nostre Dame, iusques au paruis
La rue des dixhuict le paruis nostre dame.
La grand Eglise nostre dame de Paris.
S. Iean le rond dedās le paruis nostre Dame.
Le grād hostel Dieu de Paris.
L'Eglise saincte Geneuiefue des ardés.
La rue sainct Christophle.
L'eglise sainct Christophle.
Vne ruelle pres la porte nostre dame.
La rue des champs rouziers.
La rue de la licorne
La rue des canettes
La rue de parpignā
Rue des marmouzets.
La rue sainct Symphorian.
En icelle est S. Simphoriam.
La rue de Glatigny.
La rue des hauts moulins.
La rue sainct Lādry
En icelle est l'Eglise sainct Landry.
Vne ruelle qui n'a qu'vn bout,
Rue de la coulōbe.
En icelle est la chappelle de monsieur de Paris, & sainct Aignan.
Le port sainct Landry.
Vne descente sur la riuiere à degrez.

DE PARIS.

Vne autre descente pres la porte sur la riuiere.
La rue sainct Pierre aux bœufs.
En icelle sont les eglises sainct Pierre aux bœufs, & saincte Marine.
La rue des hermites
La rue du coquatrix
Le Cloistre nostre dame, ainsi qu'il se comporte de tous costez.

Dans le cloistre est l'Eglise S. Denys du pas, derriere nostre Dame.
La chapelle des notaires en la salle mōsieur de Paris.
Vne ruelle descendante sur la riuiere pres l'hostel monsieur de Paris.
Vne ruelle pres l'archediacre de Paris, descendant sur la riuiere.

L'Vniuersité.

La grand rue sainct Iaques.
En ladite rue est l'eglise sainct Estiēne des Grecs.
L'eglise & college des freres prescheurs, dits Iacobis
Sainct benoist.
Les Mathurins.

Sainct Seuerin.
Le colege du plessis
Le college de Marmoustier.
Rue de la grande Bretonnerie.
Rue de la petite Bretonnerie.
Rue sainct Estiēne des Grecs.

D d iiij

Le college de Montagu.
Le College de Lisieux.
La rue des Cholets.
Le college des Cholets
Le College sainct Michel, autrement dict Cenal.
Le college du Mas au dessous des Cholets.
La rue des cordiers
Le college & chappelle de Clugny.
Le college des dix-huict.
La rue de Clugny.
La rue des porees.
Le college & chappelle de Caluy, autrement dict petite Sorbonne.
La rue de Sorbōne.
La rue du palais au terme, autremēt des maçons.
La rue Frementel.
Le cloistre sainct Benoist.
La rue sainct Iean de latran.
L'Eglise sainct Ieā de latran.
Le college de Triguer.
Le college de Cambray.
Rue des Mathurins
La chappelle en la maison de Clugny.
La rue du foin.
La rue du bout de Brie.
Le college & chappelle de maistre Geruais chrestien.
La rue de la parcheminerie.
La ruelle qui va par dedans le cloistre sainct Seuerin.
La rue des prestres.
La rue des noyers.
La rue des Anglois.

La rue du plastre.
La rue sainct Iean de Beauuais.
En ladicte rue est l'Eglise & college sainct Iean de beauuais.
Les grãdes & petites escolles de decret.
La rue des Carmes.
En icelle est la chappelle & college de Presle.
La rue des lauandieres.
Là est le college de cornouaille.
Le carrefour sainct Seuerin.
Rue saillie en bien.
Rue de la huchette
La rue sacalie.
La rue Bertret descédãt sur la riuiere
Vne ruelle descendant sur la riuiere.
Le petit pont & derriere la boucherie,
ainsi comme il se comporte.
L'ancienne place au poissõ d'eau douce descendante sur la riuiere.
La rue de la galãde.
L'Eglise sainct blaise.
La rue de la boucherie.
Deux descentes sur la riuiere.
Rue au feurre.
En icelles sont les grandes escoles des quatre nations de frãce, Picardie, Normandie & Allemaigne.
La rue des rats.
Rue des deux portes.
La place Maubert, depuis le paué iusques à la croix Hemon, deuãt les carmes.

L'Eglise & college
des Carmes.
La rue perdue.
Le port &rue sainct
Bernard, depuis le
paué iusques à la
Tournelle.
La rue de bieure.
Les fauxbourgs de
sainct Victor, ainsi
qu'ils se comportết
Ausditsfauxbourgs
est l'Eglise & ab-
baye sainct Victor.
La rue sainct Victor
depuis la porte ius-
ques au coing de
l'abbaye.
La grand rue sainct
Victor, depuis la
Croix des Carmes
iusques à la porte
En ladicte rue est
l'Eglise sainct Re-
my & College du
Cardinal le moine.
La chapelle & colle
ge des bős enfans.

La rue versaille.
La rue du meurir.
Rue du bon puits.
Rue suceraisain.
Rue du paon.
Rue sainct Nicolas
du Chardonneret.
Rue des Bernar-
dins.
En icelle rue est l'E
glise & college des
bernardins.
L'Eglise S. Nicolas
du Chardonneret.
Le mốt saincte Ge-
neuiesue.
L'Eglise & abbaye
de saincte Geneuie
fue du mont.
L'Eglise sainct E-
stienne du mont.
Le college de l'Aue
Maria.
La chapelle & colle
ge de Nauarre.
La chapelle &colle
ge de la Marche.
La chapelle&colle-

ge de Laon.
La rue du champ-
gaillard.
Rue Iudas.
Rue du mót sainct
Hilaire.
En icelle est l'Egli-
se de sainct Hilaire
le College & cha-
pelle des lombards
le clos Bruneau ain
si comme il se com
porte.
la rue d'Ecoce.
Rue des charrettes.
En icelle est la cha-
pelle & college de
Coqueret.
le College & cha-
pelle saincte barbe.
La chappelle de
sainct Symphorian
martyr és vignes: il
est ainsi nommé,
parce que iadis le
lieu estoit tout en-
uironné de vignes.
La rue des aman-
diers.
Rue des sept voyes.
le college & chapel
le de Forteret.
le college & chapel
le de Reims.
Rue de la bordelle.
En icelle est la cha-
pelle & college de
Tournay.
la chapelle & colle-
ge de boncourt.
la rue trauersaine.
en icelle est le col-
lege des Allemans.
la rue des noyers.
Sur les fossez com-
mençant à la porte
Bordelle, & finis-
sant à la porte saint
Victor.
la rue du puits de
fer, autrement des
morfondus.
Rue neuue.
Rue maufetart.
Rue de copeaux.
Rue neuue d'aberõ

Rue du pot de fer.
Rue de l'arbaleſtre
La rue ſainct Mar-
ceau.
En ladicte rue eſt
l'Egliſe ſainct Mar
ceau.
L'Egliſe ſainct Me
dard.
La chappelle ſainct
Martin dans ſainct
Marceau.
L'Egliſe ſainct Y-
polite.
Vn hoſtel Dieu S.
Marceau pres la fau
ce porte.
La rue de l'orſine.
L'hoſpital ſainct
Medard.
La rue de Bourgon-
gne.
Rue des chartreux.
La rue ſainct Ypo-
lite.
La rue d'Orleans.
La rue du fer de
moulin.

Trois ruelles d'vn
bout du coſté ſaint
Marceau, aupres le
pont.
Les fauxbourgs de
ſainct Michel.
Auſdits fauxbourgs
eſt l'Egliſe & mona-
ſtere des chartreux
Sur les foſſez depuis
la porte ſainct Mi-
chel iuſques à la
porte S. Iaques.
La rue de la harpe.
En icelle eſt l'Egli-
ſe de ſainct Coſme
& S. Damien.
Le college & chapel
le de Halecourt.
La chapelle & colle
ge des Treſoriers.
La chapelle & colle
ge des bayeux.
La chapelle & colle
ge de Seez.
La chappelle & col
lege d'Arras.
La chapelle & colle

ge de Iustice.
La chappelle & college de Narbonne.
La chapelle & college de Cuſſy.
La chapelle & college de Tours.
La rue des Cordeliers.
L'egliſe & college des Cordeliers.
La chapelle & college de boiſy.
La chapelle & college de vinuille deuant ſainct Coſme.
La chapelle & college de bourgõgne
Rue de la hautefueille.
La chapelle & college de Premõſtray
La rue pierre Sarrazin.
Rue percee, dicte des deux portes.
Rue du battouer.
Rue de la ſerpente.

Rue poupee.
Rue du petit pet.
Vne rue derriere S. André des arts.
Rue de ſainct André des ars.
L'egliſe ſainct André des arts.
La chapelle & college d'Authun.
La rue de la vieille bouquelerie.
Rue de Maſcon.
Rue des Auguſtins, tout au long de la riuiere, depuis le pont ſainct Michel iuſques en Neſle, ou y à porte & põt, pour aller aux faux bourgs ſainct Germain des prez.
En ladicte rue eſt l'Egliſe & college des Auguſtins.
La petite Neſle ainſi qu'elle ſe cõporte.
La rue Gilles le

cueur.
Rue de l'arondelle.
Rue pauee d'an-
doilles.
Rue de l'abbé S.
Denys.
En icelle est la cha-
pelle & college S.
Denys.
La rue de l'esperõ.
Rue de la maison
de Reims.
Rue de la chapelle
Mignon.
En ladicte rue est
la chapelle & col-
lege Mignon.
La rue de l'Arche-
uesque de rouen.
Sur les fossez sainct
Germain, depuis la
porte iusques à la
riuiere.
Sur les fossez sainct
Germain, depuis la
porte iusques à la
porte S. Michel.
La rue de vaugirard

La grãd rue sainct
Germain des prez,
depuis la porte tout
au long iusques au
pilory.
En ladicte rue est
l'eglise & abbaye
sainct Germain des
prez.
L'eglise sainct Su-
plice.
La chapelle sainct
Pere & la malade-
rie.
La rue neuue.
Rue des mauuais
garçons.
Rue de deuant le pi
lory.
Rue de viracoublé.
Rue des iardins pres
sainct Supplice.
Les fauxbourgs de
S. Iaques depuis la
porte tout au long.
Ausditsfauxbourgs
est l'Eglise & mo-
nastere nostre Da-

me des champs.
L'eglise & hospital sainct Iaques du haut pas.
Vn hostel Dieu de nostre Dame des champs, pres la fauce porte.
La rue des mariolettes.
Rue du sançonnet, à la croix.

Les fossez depuis la porte sainct Iaques iusques à la porte Bordelle.
La rue des poteries sur les fossez.
Rue des postes depuis le coin de braque iusques à sainct Medard.
Rue du puis qui parle.

La Ville.

Le pont nostre Dame.
La rue de la tannerie.
Vne ruelle descendant à la riuiere.
Vne autre ruelle descendant sur la riuiere.
La rue des Recommanderesses.
Vne ruelle allant aux chambres maistre Hugues.
Vne autre ruelle descendante sur la riuiere.
La rue & place de mibray.
La rue de la haute vannerie.
Rue de la vanerie.
La place de Greue.
En icelle en la chapelle du sainct Esprit, & l'hostel de

la ville.
La rue sainct Iean en Greue.
En icelle est l'Eglise de sainct Iean en Greue.
La rue du martel S. Iean.
La rue de la mortellerie.
En icelle est l'eglise des Haudriettes.
L'eglise & conuent des religieuses de de l'Aue maria.
Sur la riuiere depuis Greue tout au long iusques à l'hostel de Sens.
La ruelle des Haudriettes descendante sur la riuiere.
La ruelle du petit port sainct Geruais descendante sur la riuiere.
La ruelle du port au bled descendante sur la riuiere
La rue au coin de la porte doree descendante sur la riuiere.
Pour aller au moulin de Maliuaut sur l'eau.
Vne autre ruelle descendante sur la riuiere.
Ruelle du port au foing descendante sur la riuiere.
Rue sainct Geruais.
L'eglise sainct Geruais pres la porte baudes.
L'hospital sainct Geruais aupres.
La rue de long pōt.
La rue des barres.
La rue Garnier sur l'eau.
La rue Geoffroy l'asnier.
Rue putigneuse.
Vne descente sur la riuiere.

Vne autre descente sur la riuiere.
La rue des nõnains d'Yerre.
Vne descente sur la riuiere.
Rue du figuier.
Vne descente sur la riuiere deuant l'hostel de Sens.
Vne autre descente sur la riuiere deuãt l'Aué Maria.
La rue des fauconniers.
Rue des iardins
Rue des barrieres,
Vne descente sur la riuiere, deuãt sainct Paul.
Rue sainct Paul.
L'eglise saint Paul.
Rue de iouy.
Rue de la petite pusse.
En ladicte rue est l'Eglise & monastere des Celestins.

La porte sainct Anthoine.
La grand rue sainct Anthoine.
En ladicte rue est l'eglise & monastere de saincte Catherine du val des escoliers
L'eglise sainct Anthoine le petit.
La Bastille.
Rue des tournelles.
Rue saincte Catherine, pour aller droit à la porte S. Anthoine.
Rue royalle.
Rue petit musse.
Rue de la royne.
Rue d'Orleans.
La rue Iean beau sire.
Rue de balles.
Rue parcee.
Vne ruelle deuant sainct Anthoine.
La rue de Iean tizõ

Rue regnaur le fe-
ure.
La vieille rue du
Temple.
Rue charron.
La rue du roy de
Cecile.
Rue de maudestour
Rue des escouffles.
Rue des Iuifs.
Rue du petit mari-
uaut.
La porte de braque
La rue des rosiers.
Vne ruelle qui est
au coing de la rue
des Iuifs.
La rue de la Bretõ-
nerie.
En icelle est l'Egli-
se & monastere des
religieux de saincte
croix.
La rue des Blancs
manteaux.
En icelle est l'egli-
se & monastere des
religieux des blãcs
manteaux.
La rue des singes.
Rue du puits.
Vne ruelle du costé
des blãcs mãteaux.
Rue de l'homme ar
mé.
Rue du plastre.
Rue de la chapelle
de braque.
En ladicte rue est
la chapelle de braq̃.
Vne ruelle deuant
ladicte chapelle.
La rue de Paradis.
Rue des poulles.
Rue des quatre fils
Aymon.
Rue portefoin.
Rue des haudriettes
La porte Baudes,
ainsi qu'elle se com
porte.
Le cloistre de saint
Iean, ainsi qu'il se
comporte.
Deux rues en la tis-
seranderie, & vne

autre au cheuet S. sainct Iean.
Vne descente dedans le S. Esprit, & respõdant en la place de Greue.
Rue du coq.
le carrefour Guillory.
la rue du monton.
Rue de la poterie.
Rue des coquilles.
Rue Ieã de l'espine
Rue de la coutellerie.
Rue Iean pain mollet.
Rue de la tacherie.
Rue de sainct Bon.
En ladicte rue est l'eglise sainct bon
la rue de mariuaux
Rue des prestres.
Rue des lombards.
Rue de Guillaume Iosse.
Rue de la verrerie.
Rue du renard qui presche.
la rue des Billettes.
En icelle est l'eglise & college des religieux des billettes.
Vne ruelle aboutissant à la verrerie.
la rue André malet
le vieux cymetiere sainct Iean.
Rue de boutibourg
la rue neuue sainct Merry.
Vne ruelle deuant la corne de cerf.
le cloistre de sainct Merry.
la rue brise miche, taille pain, & baillebou.
Rue de la baudrerie.
Rue de la pierre au laict.
Rue de la fontaine maubué.
Rue Geoffroy l'angeuin.

Ee ij

Vne ruelle deuant le petit paon.
Rue de beaubourg.
Rue Simon le franc
La rue de la bloquerie.
La rue aux menestriers.
La rue du cul de sac
La rue des petis champs.
La rue de sainct Iulien.
La rue des estuues aux femmes.
Le carrefour & la rue du Temple.
Rue saincte Auoye
En icelle est la chapelle saincte Auoye
L'eglise du Temple ou est nostre Dame de lorette.
La rue des bouchers
Vne ruelle pres l'eschiquier.
La rue pastourelle.
La rue des grauelíers.
La rue du verbois.
La rue des fontaines.
La rue de fripaux.
La rue chappon.
Rue de la court au vilain.
Rue de serpillon.
La rue Michel le cõte.
La rue au mire.
Rue traſſe nonnain
Les fauxbourgs de sainct Martin.
Ausdits faubourgs est l'Eglise de saint Laurens.
La grãd' rue sainct Martin.
En ladicte rue est l'eglise & monastere de sainct Martin des champs.
L'eglise sainct Nicolas des champs.
L'eglise sainct Iulien le menestrier.

L'eglife S. Merry.
La rue guerin boiffeau.
Rue de grenetal.
Rue de la plaftriere
Rue du petit huleu.
Rue du bourglabé.
La rue de huleu.
La rue du cymetiere fainct Nicolas.
La rue de Mõtmorency.
La rue du grenier fainct ladre.
La rue aux oues.
Vne ruelle derriere fainct leu & fainct Gilles.
La rue de quinquépoit.
La rue Bertaut qui dort.
Vne ruelle en quinquempoit deuãt la rue Bertaut qui dort.
La rue Aubry le boucher.

En icelle eſt l'Egliſe de S. Ioſſe, qui de antiquité eſtoit hoſpital du temps que ſainct Fiacre vint à Paris.
La rue des cinq diamans.
La rue de Veniſe.
Rue du haumar, & vieille conrairie.
La rue de la vieille monnoye.
La pierre au laict.
Rue de la ſauõnerie
La rue ſaint Iaques de la boucherie.
La rue du porche fainct Iaques.
Rue de la place aux veaux.
Rue de l'eſcorcherie.
Rue du pied de bœuf.
Rue de la vieille tãnerie deſcendante à l'eſcorcherie.

Ee iij

La porte de Paris,
& le tour de la bou
cherie.
Rue du char blanc
deuant la boucherie du cofté de faint
Iaques.
La grand rue fainct
Denys.
En icelle rue eft l'eglife faincte Oportune.
l'Eglife & hofpital
de fainte catherine.
l'Eglife & cymetiere de S. Innocent.
l'Eglife & chanoinerie du fepulchre.
l'Eglife & abbaye
de fainct Magloire.
l'Eglife fainct Leu
& fainct Gilles.
l'Eglife & hofpital
fainct Iaques.
l'Eglife de la Trinité.
l'Eglife fainct Sauueur.

La chapelle des filles Dieu, ou il y a
des religieufes qui
dōnent aux malfaicteurs la croix à baifer, & de l'eau benifte, pain & vin, dont
ils mangent trois
morceaux, quāt on
les meine pendre à
la iuftice.
Les fauxbourgs de
fainct Denys.
Sainct ladre.
Rue de la haucherie.
la rue Perrin Gaffelin.
Rue d'Auignon.
Rue Iean Iorier le
conte.
Rue de la heaumerie.
Rue de la tableterie
le cloiftre faincte
Oportune.
Rue des vifs.
La rue de trouffe

vache.
Rue de la ferronnerie.
Le cymetiere S. Innocent.
Rue au ferre.
Rue de la cossonnerie.
Rue aux prescheurs
La rue du cygne.
La rue de la chanuoirrerie.
La rue de la grande truanderie.
Rue du peronnet, la halle au pain tironnet, & teronne.
Rue de merderet.
La rue de la petite truanderie.
Rue de maudestour
Rue de mau-coseil
Le cloistre de l'hospital S. Iaques.
Vne rue qui trauerse par dedans l'hostel de Bourgōgne.
Rue du petit lyon.

La rue de la salle du Comte.
La rue du renard.
Vne ruelle pres la Trinité.
Rue sainct sauueur.
La rue des deux portes.
Rue de tireboudin.
La rue pauee, côtre l'hostel de Bourgō gne.
la rue de beau repaire.
Rue de Mont-orgueil.
En icelle est l'hospital S. Eustace.
La rue & porte de la Comtesse d'Artois.
La pointe S. Eustace.
En icelle place est l'eglise & paroisse de sainct Eustace.
Rue de la toillerie.
La rue de la fro-

E e iii

magerie.
La halle au bled.
La halle au fruict.
La fripperie.
La toillerie.
La rue des ieux de
paume, entre les
halles.
La rue de la linge-
rie ou gâterie.
La rue de la chauſ-
ſeterie.
La rue de la toille-
rie nouuelle.
La rue de la halle
aux porees.
La rue ſous les pil-
liers depuis le coíg
de la Coſſonnerié,
tout a l'entour.
Rue de la lingerie.
La rue de Mont-
martre.
En icelle eſt l'Egli-
ſe de ſaincte Marie
Egyptienne.
La rue des vieux Au
guſtins.

Rue de la plaſtrerie
Rue breneuſe.
La place aux chats,
pres S Innocent.
Les faux-bourgs de
ſainct Honoré.
La grãd'rue ſainct
Honoré.
En icelle eſt l'E-
gliſe de S. Honoré.
L'Egliſe des quin-
zevingts aueugles.
La rue des bourdõ-
nois.
Rue de la limace.
Rue de mauuaiſes
paroiles.
Rue de betiſi.
La rue des deſchar-
geurs.
Rue de la cordon
nerie.
Rue tirechape.
Rue des prouueles.
Rue des deux eſ-
cus.
Rue du four.
Rue de la vielle.

Rue de la brehaigne, & preſſoir du bret.
Rue des eſtuues.
La rue des deux haches.
Rue d'Orleans.
En icelle eſt l'Egliſe & monaſtere des filles repenties.
Rue de ſeiour.
La croix neuue.
La porte coquillelere depuis la porte iuſques ſur les foſſez.
La rue des francs bourgeois.
Rue de grenelle.
Rue de poil de cõ.
La rue des petits champs.
Le cloiſtre de S. Honoré.
La ruelle des bons enfans, pres ſainct Honoré.
Vne ruelle deuant la rue Frementeau, en la rue ſainct Honoré.
Rue du Coq.
Rue de Beauuais.
Rue de chãp fleury.
Rue Iean de ſainct Denis.
Rue de fremeteau.
La cour ſainct Nicolas.
En icelle court eſt l'egliſe & college ſainct Nicolas du Louure.
La rue ſainct Thomas.
En ladicte rue eſt l'egliſe ſainct Thomas du Louure.
L'allee depuis la tour ſur les foſſez, depuis le marché aux moutons, iuſques aux lices pres le chaſteau du Louure.

La rue de l'Autru-
che.
En ladicte rue est
la chappelle de mō
sieur de Bourbon,
contre le logis de
Villeroy, pres le
chasteau du Louure
& la chappelle du
Roy dedans ledict
Chasteau.
La rue des poullies.
La rue d'Aueron.
La rue Iean tiron.
La rue de l'arbre
sec.
En ladicte rue est
l'eglise sainct Ger-
main l'Auxerrois.
Le cloistre S. Ger-
main de l'Auxer-
rois.
La rue du coup de
baston.
Rue des fossez S.
Germain.
La rue gloriette.
La rue baillet.

Vne ruelle pres le
gros tournois.
Vne ruelle deuant
le cloistre.
L'escole S. Germaī.
La grand' rue S.
germain.
En icelle est la iu-
risdiction teporelle
de l'Euesque de Pa-
ris, & est nommee
le For l'euesque.
La rue du port au
foin.
Rue de la mōnoye.
Vne rue qui trauer-
se par dedans ladi-
cte monnoye.
En ladicte trauerse
est la chappelle de
la monnoye.
Vne ruelle pres la-
dicte monnoye.
La rue Thibaut ou-
det.
La rue des estuues
aux femmes.
Rue bertin poree.

La rue des deux boules.
La rue Iean lointier.
La rue des Quenoilles.
Vne ruelle aupres.
la rue des deux portes.
En icelle est la chapelle des orfeures.
la rue des hautes brieres.
la rue des lauãdieres.
l'abbreuoir popin.

Vne rue deuant la maison ou est l'enseigne des Quinze vingts, pres l'abbreuoir popin.
la rue de la petite sonnerie.
la vallee de misere.
la vallee de pie.
le carrefour des boutiques au poisson.
la rue de la pierre au poisson.
la Megisserie tout au long de l'eau.

Fin des rues.

Les principales maisons & hostels des grands Seigneurs, iadis edifiez à Paris.

L'Hostel du Roy derriere le Palais.
Le chasteau du Louure.
La Bastille.
Les Tournelles.
l'hostel de Nesle.
L'hostel de Bourbon.
l'hostel de Fládres
l'hostel d'Artois & Bourgongne.
l'hostel la Royne.
l'hostel S. Paul.
l'hostel de Bretaigne.
l'hostel de Grauille.
l'hostel de Clichõ.
l'hostel d'Orleans, à S. Marceau.
l'hostel de Vendosme.
l'hostel de Lágres.
l'hostel de Bauieres.
l'hostel d'Anjou.
l'hostel d'Albret.
l'hostel de Lorraine.
l'hostel de Neuers.
l'hostel d'Aléçon.
l'hostel de Sens, sur la porte duquel sont les armoiries, & escrit dessouz, Tristan Estienne, Archeuesque de Sens.
L'hostel de Reims.
L'hostel de Cluny.
l'hostel S. Denis.
l'hostel d'Auxerre.
l'hostel de Laon.
l'hostel de Barbou.
l'hostel de lion.

L'hostel de Fescāp.
L'hostel d'Eureux.
L'hostel de Tison.
L'hostel de Beauuais.
L'hostel de Bourges.
L'hostel de la Cousture.
L'hostel de Rouë.
L'hostel de Sauoisy.
L'hostel de Clermont.
L'hostel des Vrsins.
L'hostel de Sauonnieres.
L'hostel de Chaalons.
L'hostel de Laual.

Il y a plusieurs Hostels en grand nombre, qui sont venuz en decadence, & en main d'autruy, par la mutatiō des temps: car anciennement n'y auoit Prince, Seigneur, ny prelat en France, mesmement des douze pairs, qui n'y eust son hostel pource que les Roys s'y tenoient ordinairement. Il y a, de present, autres excellens bastimens, faits à la Romanesque, à la Grecque, & à la moderne, dont ie laisse les noms, chose impossible à les nombrer. Et aussi que tous les iours on en edifie de nouueaux, tellement qu'il semble à voir que la ville de Paris ne sera iamais acheuee.

ANTIQVITEZ

Les portes de Paris.

La porte de Nesle.
la porte de Bussy.
la porte S. Germain
la porte S. Michel.
la porte S. Iaques.
la porte S. Marceau
autremēt dicte Bordelle.
la porte S. Victor.
la porte sainct Anthoine.
la porte du Tēple.
la porte S. Martin.
la porte S. Denis.
porte royale.
la porte de Montmartre.
la porte S. Honoré.
la porte neuue vis à vis de la porte de Nesle.

Les ponts de Paris.

Le pont nostré dame.
le pont aux chāges.
le pont aux musniers.
le petit pont.
Le pont sainct Michel.

Les Fontaines.

La fontaine de la Royne.
la fontaine sainct Innocent.
la fontaine Maubué
la fontaine du Pōceau.
la fontaine en la

rue des cinq diamans.
la fontaine de la croix du tiroir.
la fontaine des halles.
la fontaine de la porte Baudes.
la fõtaine S. Auoye.
la fontaine sainct Martin.

la fontaine du Tẽple.
la fontaine S. Iulié.
la fontaine de Paradis.
la fontaine de la barre du Bec.
la fontaine de S. Ladre.
la fontaine destournelles.

Les Faux-bourgs.

Les faux-bourgs sainct Germain.
les faux-bourgs S. Michel.
les faux-bourgs S. Iaques.
les faux-bourgs S. Marceau.
le faux-bourgs S. Victor.

les faux-bourgs du Temple.
les faux-bourgs S. Martin.
les faux-bourgs S. Denis.
les faux-bourgs de Mont-martre.
les faux-bourgs S. Honoré.

FIN.

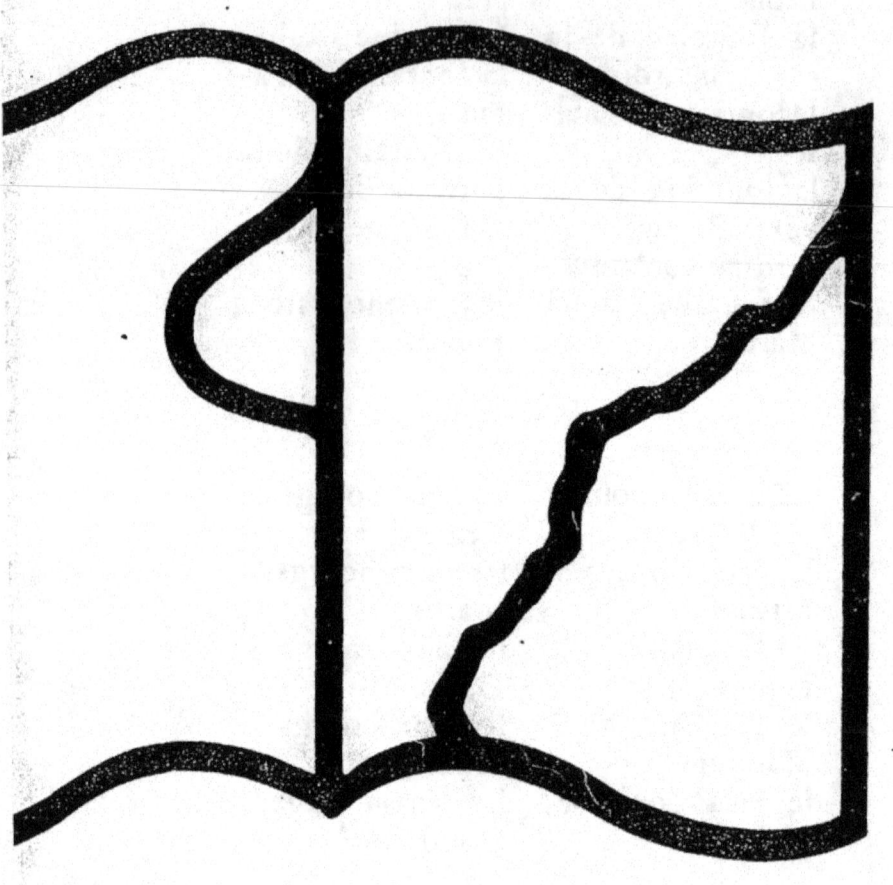

Texte détérioré — reliure défectueuse

NF Z 43-120-11

www.ingramcontent.com/pod-product-compliance
Lightning Source LLC
Chambersburg PA
CBHW050239230426
43664CB00012B/1754